A DIALÉTICA INVERTIDA E OUTROS ENSAIOS

FUNDAÇÃO EDITORA DA UNESP

Presidente do Conselho Curador
Mário Sérgio Vasconcelos

Diretor-Presidente
José Castilho Marques Neto

Editor-Executivo
Jézio Hernani Bomfim Gutierre

Superintendente Administrativo e Financeiro
William de Souza Agostinho

Assessores Editoriais
João Luís Ceccantini
Maria Candida Soares Del Masso

Conselho Editorial Acadêmico
Áureo Busetto
Carlos Magno Castelo Branco Fortaleza
Elisabete Maniglia
Henrique Nunes de Oliveira
João Francisco Galera Monico
José Leonardo do Nascimento
Lourenço Chacon Jurado Filho
Maria de Lourdes Ortiz Gandini Baldan
Paula da Cruz Landim
Rogério Rosenfeld

Editores-Assistentes
Anderson Nobara
Jorge Pereira Filho
Leandro Rodrigues

EMÍLIA VIOTTI DA COSTA

A DIALÉTICA INVERTIDA
E OUTROS ENSAIOS

editora
unesp

© 2013 Editora Unesp

Slave Images and Realities
Copyright © 2006, John Wiley and Sons

The Portuguese-African Slave Trade – A Lesson in Colonialism
Copyright © 1985, *Latin American Perspectives*

Direitos de publicação reservados à:
Fundação Editora da Unesp (FEU)

Praça da Sé, 108
01001-900 – São Paulo – SP
Tel.: (0x11) 3242-7171
Fax: (0x11) 3242-7172
www.editoraunesp.com.br
www.livrariaunesp.com.br
feu@editora.unesp.br

CIP-Brasil. Catalogação na publicação
Sindicato Nacional dos Editores de Livros, RJ

C871d
Costa, Emília Viotti da
  A dialética invertida e outros ensaios / Emília Viotti da Costa. – 1.ed. – São Paulo: Editora Unesp, 2014.

  ISBN 978-85-393-0533-9

  1. Brasil – Historiografia. 2. Brasil – História. I. Título.

14-13043
CDD: 981
CDU: 94(81)

Editora afiliada:

SUMÁRIO

7 Apresentação

9 A dialética invertida: 1960-1990

29 Primeiros povoadores do Brasil: o problema dos degredados

53 O tráfico de escravos – uma lição sobre colonialismo

81 Escravos: imagens e realidade

113 História, metáfora e memória: a revolta de escravos de 1823 em Demerara

135 A nova face do movimento operário na Primeira República

157 Estruturas *Versus* Experiência – Novas tendências na história do movimento operário e das classes trabalhadoras na América Latina: o que se perde e o que se ganha

177 Alguns aspectos da influência francesa em São Paulo na segunda metade do século XIX

209 O historiador e a sociedade

221 Referências bibliográficas

APRESENTAÇÃO

Reunimos neste livro alguns ensaios de história e historiografia que abordam questões relativas aos degredados, à população escrava e ao proletariado brasileiro. Foram escritos em tempos diversos: alguns, como o estudo sobre os degredados, datam dos anos em que a autora iniciava seus primeiros passos como historiadora, enquanto os ensaios sobre a historiografia do proletariado datam dos anos mais recentes. Apesar da distância que os separa, inegavelmente existe uma constante preocupação em manter vivos a realidade histórica e o reconhecimento de que são os homens e mulheres que fazem a história, embora não a façam em condições por eles escolhidas, pois atuam sobre uma realidade que já encontram definida pelos antepassados – e é a partir dessa realidade, tal como a percebem, que atuam, cabendo ao historiador, portanto, recuperar tanto quanto possível esse processo.

Emília Viotti da Costa

A DIALÉTICA INVERTIDA: 1960-1990[1]

"*Mai 68, on a refait le monde. Mai 86, on refait la cuisine*",[2] o dístico bem-humorado de um anúncio publicado em maio de 1986 no jornal francês *Le Monde*, por uma companhia que vende cozinhas modernas aos consumidores franceses, captura um momento de transição da cultura engajada ao consumismo que, à primeira vista e a um observador incauto, parece, de fato, encontrar correspondência na transformação da historiografia europeia nos últimos anos, transformação essa que, tendo em vista a nossa dependência em relação aos centros hegemônicos da cultura, provoca inevitavelmente ecos na América Latina. É bem verdade que se pode questionar a radicalidade de Maio de 68 e duvidar que tenha de fato refeito o mundo (como sugere o anúncio), mas não se pode duvidar de que essa era a intenção de milhares de jovens (e alguns não tão jovens) que se reuniram naquela ocasião nas ruas de Paris e em outras capitais do mundo. Por outro lado, pode-se também duvidar de que a mentalidade consumista, individualista e fundamentalmente conservadora sugerida pelo anúncio represente acuradamente o estado de

---

1 Publicado originalmente em *Revista Brasileira de História*, v.14, n.24, 1994, p.9-26.

2 Maio de 68, refez-se o mundo. Em Maio de 86, reforma-se a cozinha.

espírito das novas gerações. É provável que o anúncio revele mais o desejo dos empresários e vendedores do que o comportamento real dos consumidores. Não há dúvida, no entanto, de que o anúncio, posteriormente reproduzido na capa de um volume da *Radical History Review*, publicado nos Estados Unidos em 1987 e dedicado ao estudo do impacto das novas formas de capitalismo consumista na cultura e na política contemporânea, caracteriza bem o estado de espírito de muitos historiadores e militantes quando estes confrontam as novas tendências, seja no campo da política, seja no campo da História.

Preocupados com as novas tendências que deslocaram os estudos históricos dos caminhos tradicionais ampliando enormemente as áreas de interesse, questionando os métodos e as abordagens tradicionais e frequentemente se associando a propostas políticas novas, alguns historiadores reagem como se de fato essas tendências representem uma ruptura perigosa e uma ameaça ao projeto de construção de uma sociedade mais humana. Essa preocupação é ainda mais visível entre os que se dedicam ao estudo da história do trabalho, no passado, um campo preferido por militantes. Um grande número de artigos e resenhas publicados recentemente, criticando a nova história social do trabalho, atesta essa preocupação e faz da história do trabalho um campo ideal para se estudar esse fenômeno. O campo parece dividir-se em dois grupos. De um lado, estão os que encaram com suspeita e reserva as novas tendências e continuam a reproduzir em seus trabalhos abordagens estruturalistas típicas dos anos 1960, sem dar ouvidos às novas propostas. Do outro, estão os que prosseguem no trabalho de demolição das posturas dos anos 1960, convencidos da validade do novo, simplesmente porque é novo, sem se preocuparem em examinar as possíveis limitações e implicações das novas abordagens.

Tanto uma postura quanto a outra me parecem igualmente equivocadas. Uma porque se recusa a integrar a teoria às transformações extraordinárias que ocorreram no mundo contemporâneo nos últimos trinta anos, apegando-se a esquemas teóricos que não dão mais conta do real, perdendo assim a capacidade de recrutar seguidores entre as novas gerações; a outra porque, no seu afã de originalidade, ao inverter simplesmente os postulados

A DIALÉTICA INVERTIDA E OUTROS ENSAIOS 11

da historiografia dos anos 1960 em vez de integrá-los numa síntese mais rica, corre não só o risco de recriar, sob aparência do novo, um tipo de História bastante tradicional, mas o que é mais sério, no afã de buscar novos temas, pode deixar inteiramente de lado aspectos que são fundamentais para a compreensão da vida do indivíduo em sociedade, deixando-o desprovido dos referenciais necessários para que ele possa se situar no presente e projetar a construção de uma sociedade mais livre e mais justa. A historiografia transforma-se então num exercício puramente estético e retórico, ou, o que é pior, num exercício meramente acadêmico que acaba por servir – a despeito da intenção explícita dos autores em sentido contrário – a propósitos eminentemente conservadores. Nesse campo assim polarizado, parece-me que é de suma importância nos determos para refletir sobre essas tendências, não para retornar às abordagens e práticas que foram obviamente superadas pela própria História contemporânea, nem para simplesmente celebrar as novas abordagens, mas com o objetivo de abrir caminhos para uma nova síntese mais fecunda.

Para entender-se a ruptura epistemológica que ocorreu na historiografia nos últimos trinta anos, é necessário examinar as profundas mudanças que afetaram a sociedade e, ao mesmo tempo, alteraram as condições de produção intelectual. Para isso é preciso lembrar, em primeiro lugar, que sinais das tensões que vieram à tona nos últimos anos podem ser traçados já nos fins dos anos 1950. As obras de Sartre, *Crítica da Razão Dialética* e de seu adversário Merleau-Ponty, *Humanismo e Terror* e as *Aventuras da Dialética*, se bem que respondessem de maneira diversa aos desafios de seu tempo, continham já as perplexidades e dúvidas que desembocaram no impasse teórico com que se defrontam hoje os historiadores. Num ensaio publicado nos anos 1960, Merleau-Ponty observava que a dialética também tem sua história. Depois de chamar a atenção para a tensão entre liberdade e necessidade que existe no interior da dialética, ele observava que, dependendo da práxis social dos vários momentos, os agentes históricos são levados ora a enfatizar o papel do sujeito e, portanto, da sua subjetividade, da sua vontade e da sua liberdade, ora o das forças históricas. De fato, quando se examinam as mudanças que ocorreram na historiografia nos últimos trinta anos observa-

-se um deslizamento progressivo de um momento estruturalista que privilegiava a necessidade para um momento antiestruturalista que dá ênfase à liberdade. De uma ênfase no que se definia como "forças históricas objetivas", para uma ênfase na "subjetividade" dos agentes históricos. De uma preocupação com o que nos anos 1960 se conceituava como "infraestrutura", para uma preocupação com o que então se conceituava como "superestrutura".

O que começara como uma crítica salutar e necessária a mecanicismos e reducionismos economicistas e à separação artificial entre infra e superestrutura – separação essa habilmente criticada por Raymond Williams –, assim como as críticas feitas por E. P. Thompson ao estruturalismo de Althusser, acabaram, contrariamente às intenções daqueles autores, numa total inversão da dialética. O cultural, o político, a linguagem, deixaram de ser determinados para serem determinantes. A consciência passou a determinar o ser social. Assim também a crítica bastante válida às noções essencialistas de classe e às relações mecânicas entre classe e consciência de classe, corretamente problematizadas na importante obra de Goran Therborn, *Ideologia e Poder ou o Poder da Ideologia*,[3] e os novos caminhos que essa crítica abriu para uma investigação dos processos de construção das múltiplas e frequentemente contraditórias identidades (étnicas, religiosas, de classe, de gênero, de nacionalidade) desembocaram em posições que levaram ao completo abandono do conceito de classe como categoria interpretativa. A válida crítica ao objetivismo positivista que postulava uma total autonomia do objeto em relação ao sujeito e que confiava cegamente no caráter científico da História, e o necessário reconhecimento de que o historiador constrói o seu próprio objeto, frequentemente levaram a um total subjetivismo, à negação da possibilidade de conhecimento e, até mesmo, ao questionamento dos limites entre História e Ficção.[4]

---

3 Therborn, *The Ideology of Power and the Power of Ideology*.

4 White, The Value of Narrativity in the Representation of Reality, *Critical Inquiry*, p.6-27 e do mesmo autor: The Structure of Historical Narrative, *CLIO*, p.5-20, e ao mesmo volume: The Historical Text as Literary Artifact, p.41-62.

A DIALÉTICA INVERTIDA E OUTROS ENSAIOS 13

No meu entender, tanto as abordagens tradicionais hoje submetidas à crítica quanto as novas posturas são profundamente antidialéticas. Elas não só postulam uma separação artificial entre objetividade e subjetividade (ou liberdade e necessidade) esquecendo que uma está implicada na outra, mas também ignoram um princípio básico da dialética que afirma que são os indivíduos (homens e mulheres) que fazem história, se bem que a façam em condições que não foram por eles escolhidas. O resultado desse movimento de uma postura teórica para outra foi que se passou simplesmente de um tipo de reducionismo a outro. Ao reducionismo econômico substituiu-se um novo tipo de reducionismo: cultural ou linguístico, tão insuficiente e equivocado quanto o anterior, apenas se inverteram os termos do discurso historiográfico. A um tipo de reificação opôs-se outro. O que se assistiu foi a uma mera inversão de duas posturas igualmente insatisfatórias, nenhuma das quais faz jus à complexidade da dialética e da teoria da práxis.

No processo de liquidação das abordagens tradicionais houve outras vítimas. Uma delas foi a noção de processo histórico. Insatisfeitos (e com bastante razão) com uma História teleológica que enxergava cada momento como uma etapa necessária de um processo histórico linear que automaticamente conduziria a um fim já explicitado de antemão, um grande número de historiadores passaram a negar que a História obedecesse a qualquer lógica. Ao mesmo tempo, abandonaram qualquer esforço de totalização. Isso levou ao descrédito e abandono de todos os modelos teóricos, fossem eles emanados das teorias de modernização, da teoria da dependência ou das teorias sobre os modos de produção. Consequentemente, as questões teóricas que no passado frequentemente se ressentiam de falta de embasamento empírico e se perdiam em debates escolásticos, estéreis e infrutíferos, passaram a um segundo plano, quando não foram totalmente esquecidas. O empirismo virou moda novamente. Não mais como um momento necessário da teoria, mas como um fim em si mesmo. Como se a História inocentemente se revelasse a quem quer que se debruce sobre os documentos. De um processo dedutivo, não dialético, que demonstrava mais do que investigava e que já parecia saber a História de antemão, passou-se a um processo indutivo que jamais se alça ao nível teórico, e que quando muito se funda na esperança de que a acumulação de dados e monografias venha um dia a permitir a elaboração de uma teoria. Passou-se também a privilegiar o acidental, o imprevisível, o inesperado, o irracional, o espontâneo, chegando-se ao ponto de se negar pura e simplesmente a existência de um processo histórico. A História *tableau*, as histórias da vida cotidiana, que pareciam ter sido há muito enterradas, foram ressuscitadas, sob uma nova roupagem terminologicamente mais sofisticada. Mas sob essa roupagem a velha história da vida cotidiana, tão em moda nos anos 1950, volta a circular. Assim também a memória e o depoimento tomaram cada vez mais o lugar ocupado pela História. Porque a historiografia tradicional negligenciara, erroneamente, a subjetividade dos agentes históricos, (transformando-a num epifenômeno), a nova historiografia fez desta o centro de sua atenção. Fazer História do ponto de vista do participante passou a ser o novo lema. A História oral passou a ser o gênero favorito. Multiplicaram-se os estudos fundados exclusivamente em memórias, depoimentos e entrevistas, como se estes contivessem toda a História, ou, em outras palavras, como se a História se resumisse numa confusão de subjetividades, uma espécie de torre de babel. Os mais extremados chegaram a imaginar que a única saída era permitir que cada um contasse a sua verdade. O trabalho do historiador neste caso se limitaria a registrar as várias versões. Simultaneamente, a atenção dos historiadores deslocou-se da preocupação com as estruturas globais de dominação, os processos de acumulação do capital, o papel do Estado e as relações entre as classes sociais, que haviam preocupado a historiografia tradicional, para as chamadas microfísicas do poder.[5]

Essa tendência que deve muito a Foulcault representou uma extraordinária expansão das fronteiras da História: a loucura, a anorexia, a criminalidade, a prostituição, a homossexualidade, a feitiçaria, o carnaval, o cheiro, as procissões, os mistérios e os rituais, a teatralidade do poder, os mitos, as lendas, as formas

---

5 Para maiores detalhes, ver: Costa, Estruturas Versus Experiência – Novas tendências na história do movimento operário e das classes trabalhadoras na América Latina: o que se perde e o que se ganha, presente nesta edição (p.157-76).

individuais e cotidianas de resistência, que no passado apenas marginalmente tinham interessado aos historiadores, absorveram grande parte da energia dos jovens. No entanto, com raras e notáveis exceções, os que em número crescente se devotaram a esses estudos raramente tentaram estabelecer uma conexão entre a micro e a macrofísica do poder. Na historiografia em geral esses dois tipos de abordagens (com raras exceções, por exemplo no livro de Carlo Ginzburg, *O queijo e os vermes*, ou de Natalie Davis, *A Volta de Martin Guerre*), continuaram a correr paralelas sem jamais se tocarem. O resultado foi que, apesar da extraordinária expansão das fronteiras da História e do enriquecimento inegável da nossa compreensão da multiplicidade da experiência humana através dos tempos, a macrofísica do poder permaneceu na sombra. Quando o poder está em toda a parte, acaba por não estar em lugar nenhum. Além de que, o método de análise derivado de uma leitura simplificada e seletiva da obra de Foucault, embora tenha contribuído para esclarecer e ampliar a compreensão dos vários locais onde o poder se exerce, recusa-se a explicar como e por que ele se constitui, se reproduz e se transforma. As conexões entre o cotidiano e a macrofísica do poder são esquecidas. Contrariamente à intenção original de Foulcault, as micro-histórias frequentemente ficam como peças coloridas de um caleidoscópio quebrado, sem se juntarem, sem se articularem num desenho, não passando de fragmentos de uma experiência sem sentido.

As formas de contestação que no passado se baseavam na crítica do Estado e das estruturas econômicas e sociais não foram validadas pela nova prática historiográfica, talvez melhor seria dizer que foram desqualificadas. Outras práticas encontraram justificativa nessa nova História que vê em cada gesto uma forma de resistência, celebra o espontaneismo, a resistência cotidiana, as armas dos fracos (*weapons of the weak*) no dizer de James Scott, e prega a subversão da linguagem.[6] No entanto, o que potencialmente pode significar emancipação também pode facilmente se transformar num beco sem saída, pois é difícil posicionar-se numa História arbitrária, caótica, sem sentido nem direção.

---

6 Scott, *Weapons of the Weak. Everyday Forms of Peasant Resistance.*

Nenhuma das tendências citadas até aqui contribuiu tanto para a inversão da dialética quanto a excessiva ênfase no discurso, seja ele o discurso dos oprimidos ou dos opressores, dos reformistas ou dos conservadores – tendência que levou ao que um autor chamou de linguicismo grosseiro (*vulgar linguicism*).[7] Essa tendência bastante generalizada nos vários campos da História apareceu em toda sua plenitude em estudos que nasceram de preocupações feministas. Brian Palmer em *Descent into Discourse*, depois de reconhecer o enorme valor e significado desses novos estudos, chama a atenção para o fato de que embora muitos deles se utilizem da teoria do discurso, a grande maioria não fez senão importar uma terminologia que serve apenas para enfeitar os textos de História social que continuam, no mais, a seguir metodologias bastante convencionais. Discursos, linguagem, simbólico, desconstrução, passaram a ser expressões de uso corrente, se bem que frequentemente mais como parte do vocabulário do que da teoria.[8]

O passo seguinte foi a reificação da linguagem. Essa tendência aparece claramente nos estudos sobre a classe operária.[9] Stedman Jones, por exemplo, autor de um controvertido estudo sobre o cartismo,[10] depois de afirmar que não há realidade social fora ou anterior à linguagem, conclui que a classe é construída numa complexa retórica de associações metafóricas, inferências causais e construções imaginárias.[11] Criticando Stedman Jones por não ir às últimas consequências dessa metodologia, Joan Scott[12] vai

---

7 Comentário de Myra Jehlen em *Radical History Review*, citado por Palmer em *Decent into Discourse*, p.163-4.

8 Palmer, op. cit.

9 Gray, The Desconstructing of the Working-Class, *Social History*, n.11; e Foster, The Declassing of Language, *New Left Review*, n.150.

10 Jones, *Languages of Class: Studies in English Working-Class History*.

11 Leia a crítica a Stedman Jones em Kirk, In Defence of Class. A Critique of Recent Revisionist Writing Upon de Nineteen Century Working--Class, *International Review of Social History*, n.37, 1987, p.2-47. Ainda em: Pickering, Class Without Words: Symbolic Communication in the Chartist Movement, *Past and Present*, n.112; e Epstein, Rethinking Categories of working-class History, *Labour Le Travail*, n.18.

12 Scott, On Language, Gender, and Working Class History, *International Labor and Working-Class History*, n.31, 1987, p.1-14.

A DIALÉTICA INVERTIDA E OUTROS ENSAIOS

ainda mais longe ao propor um método de análise que mostre como ideias tais como classe convertem-se através da linguagem em realidades sociais (*ideas such as class become through language, social realities*). Segundo ela, a linguagem determina a forma das relações sociais em vez do reverso;[13] Scott dá prioridade ao *conceito* de classe sobre a *experiência* de classe ao afirmar que antes que indivíduos possam se identificar como membros de uma classe e agir coletivamente como tal, eles precisam ter o conceito de classe – o que evidentemente representa uma inversão das posturas teóricas tradicionais.[14]

Com isso não quero dizer que a análise do discurso não seja uma técnica imprescindível ao trabalho do historiador. Ou que a retórica não seja uma importante, e mesmo fundamental, via de acesso à compreensão histórica. Mas reconhecer isto não é o mesmo que dizer que a análise do discurso é suficiente para a compreensão da História. E muito menos, como querem alguns, que o que existe são apenas textos sobre textos, e que o trabalho do historiador é semelhante ao do crítico literário e não passa de uma deconstrução *ad infinitum*.[15]

Descrevendo os sucessos de 68 e a emergência do pós-estruturalismo, Terry Eagleton comenta com ironia que, incapaz de subverter as estruturas do poder do Estado, a geração de 68 subverteu a linguagem. Numa resenha do livro de Furet sobre a Revolução Francesa, Lyn Hunt comentava em 1981 que a história da Grande Revolução há muito associada à violência, fome e conflito de classe foi transformada num "evento semiológico". Ignorando as estruturas de poder e a maneira pela qual elas medeiam a linguagem e a ação humana, Furet construíra uma nova metafísica.[16]

---

13 Críticas a Joan Scott in *Internation Working and Labor Class History*, 31, 1987, particularmente Christina Stansell, p.24-30.

14 "Concepts like class are required before individuals can identify themselves as members of such a group, before they can act colectively as such". Scott, A Reply to Criticism, *International Labor and Working-Class History*, 32, 1987, p.39-45.

15 A anedota das tartarugas em Geertz, A *interpretação das culturas*.

16 Palmer, op. cit.

A historiografia contemporânea revela uma preocupação crescente com problemas epistemológicos, com o discurso do próprio historiador. Essa tendência também não é nova. Em 1956, numa conferência pronunciada nos Estados Unidos, na Universidade Johns Hopkins, Derrida afirmava: "precisamos interpretar a interpretação mais do que interpretar as coisas". Seu apelo encontraria um grande número de seguidores que se ocuparam mais em discutir os limites da consciência histórica do que a própria História que, dessa forma, ficou cada vez mais inacessível. O questionamento das categorias explicativas utilizadas pelo historiador levou a uma obsessiva indagação sobre a validade de se aplicar nossas categorias a outros espaços, outros tempos, outras culturas. Podem as categorias nascidas da experiência europeia serem aplicadas ao Oriente?[17] Pode o colonizador falar sobre o colonizado? Podem os homens falar sobre a experiência das mulheres, ou brancos sobre negros? É possível escrever sobre a história das classes subalternas ou deverão os subalternos falar por si mesmos? Podem os subalternos falar?[18] Serão as teorias sobre a divisão sexual do trabalho adequadas ao estudo das regiões centrais do capitalismo aplicáveis às regiões periféricas?, indaga uma autora num ensaio recentemente publicado na *Latin American Research Review*.[19] As dúvidas se multiplicam. Aqui também e mais uma vez, o que pode ser uma reflexão salutar sobre as distorções que o viés do historiador impõe à construção da História pode também facilmente levar à total negação da sua possibilidade. Estamos longe, evidentemente, das muitas certezas que caracterizavam os anos 1960. O que pode ser bom, mas também pode ser mau.

Que a produção historiográfica derivada de certa leitura positivista dos autores clássicos da dialética deixava muito a desejar é uma observação bem antiga. De certa forma, muito do que se caracteriza hoje como pós-moderno, pós-estruturalista, encontra suas raízes na obra de um filósofo francês que exerceu

---

17 Said, *Orientalismo*.
18 Este é o título de um ensaio de Gayatri Chakravorty Spivak, publicado em: Nelson, Grossberg (eds.), *Marxism and the Interpretation of Culture*.
19 Phillips, Rural Women in Latin America: Directions for Future Research, *Latin American Research Review*, v.25, n.3, p.89-108.

A DIALÉTICA INVERTIDA E OUTROS ENSAIOS   19

um fascínio extraordinário nos anos 1960, mas que, curiosamente, foi colocado no ostracismo, provavelmente pelas suas vinculações políticas com PCF. Talvez não seja por acaso que enquanto o silêncio recaiu sobre a importante obra de Jean-Paul Sartre, quem tomou o seu lugar foi um adversário político seu, o jornalista e panfletista Raymond Aron, cuja obra os intelectuais dos anos 1960 desprezavam pela falta de profundidade de suas ideias, mas que desde então passou a ser o guru de uma nova geração. (Há algum tempo, o *New York Times* dedicou uma página inteira a Raymond Aron, escrita por um conhecido intelectual de direita.) No entanto, qualquer um que se dê ao trabalho de ler a introdução escrita por Sartre da *Razão Dialética*[20] encontrará aí uma crítica perspicaz da historiografia marxista francesa do seu tempo, uma crítica certamente mais rica e estimulante do que a feita muitos anos antes por Nietzsche à historiografia do seu próprio tempo. No entanto, foi este e não Sartre quem, juntamente com Raymond Aron, foi reciclado nos últimos anos, não obstante ter sido Nietzsche um dos ideólogos que serviu de inspiração aos nazistas.

Foi Sartre quem nos anos 1960 criticou o intelectual marxista que acreditava servir seu partido violentando a experiência e negligenciando os detalhes, simplificando grosseiramente os dados e conceitualizando o evento antes mesmo de tê-lo estudado.[21] Sartre denunciou também a transformação de um método de investigação em metafísica. Os conceitos abertos, diria ele, se fecharam, não são mais chaves, esquemas interpretativos, eles se apresentam como saber já totalizado. A pesquisa totalizadora cedeu lugar a uma escolástica da totalidade. O princípio eurístico: buscar o todo através das partes foi transformado nessa prática terrorista de liquidar a particularidade.[22] Analisando a obra de

---

20 Sartre, *Crítica da razão dialética: precedido por Questões de método.*
21 *"Pendant des anées l'intelectuel marxiste crut qu'il servait son parti, en violant l'experience, en negligeant les détails genants, en simplifiant grossièrement les données et surtout en conceptualisant avant de l'avoir etudié."*
22 *"Les concepts ouverts se sont fermés, ce ne sont plus des clés, des schèmes interpretatifs, ils se posent pour eux-mêmes comme savoir déjà totalisé. La recherche totalisatrice a fait place a une scholastique de la totalité... Le principe euristique chercher le tout a travers le parties est devenu cette pratique terroriste liquider la particularité."*

Daniel Guerin intitulada *La Lutte des Classes Sous la Première Republique*, Sartre comentava: "Esse método não nos satisfaz, ele é, *a priori*; não tira seus conceitos da experiência que quer decifrar, está certo de sua verdade antes mesmo de começar [...] seu único objetivo é fazer entrar os acontecimentos, as pessoas e seus atos em moldes pré-fabricado". Sartre criticava a redução do político ao social, assim como a incapacidade dos historiadores de integrar na História a perspectiva dos agentes históricos, e criticava ainda a redução da ideologia aos interesses de classe. Acusava esse tipo de História de dissolver os homens reais num banho de ácido sulfúrico. Sartre questionava ainda as abordagens que estabeleciam uma relação mecanicista entre indivíduo e classe social e entre classe social e consciência, entre práxis imaginária e real. Ele insistia na importância das mediações e condenava o caráter teleológico das explicações. Numa famosa frase ele sintetizava toda a sua crítica: "Valéry é um intelectual pequeno burguês, mas nem todo pequeno burguês intelectual é Valéry";[23] essa observação, segundo Sartre, definia a insuficiência do marxismo de seu tempo. Foi Sartre também quem denunciou a falta de estudos sobre a infância: os historiadores, dizia ele, "agem como se os homens experimentassem a alienação e a reificação primeiramente no trabalho, quando de fato cada um vive a alienação primeiramente como criança, no trabalho dos pais".[24] Foi Sartre quem chamou a atenção para a importância da história da sexualidade que na sua opinião não era senão uma maneira de viver num certo nível, e da perspectiva de uma certa aventura individual, a *totalidade* de nossa condição.[25] Sartre criticou também as abordagens essencialistas, funcionalistas e estáticas que ignoram o significado das contradições e a importância do processo histórico diacrônico. Já nos anos 1960, Sartre propunha-se a recuperar o homem no

---

23 Sartre, op. cit., p.44.

24 *"Le marxistes d'aujourd'hui n'ont souci que des adultes: on croirat à les lire que nous naisson à l'âge où nous gagnons notre premier salaries, ils ont oublié leur propre enfance... comme si les hommes éprouvaient leur alienation et leur réification dans leur propre travail d'abord, alors que chacun la vit d'abord, comme enfant, dans le travail des ses parents."*

25 *"N'est qu'une manière de vivre à un certain niveau et dans la perspective d'une certaine aventure individuelle la totalité de notre condition."*

A DIALÉTICA INVERTIDA E OUTROS ENSAIOS   21

interior do marxismo. Foi esse projeto que ele tentou desenvolver no seu livro sobre Flaubert. Sua companheira Simone de Beauvoir foi igualmente pioneira. Foi ela quem na década de 1960 levantou a bandeira do novo feminismo. Portanto, no bojo dos anos 1960 já se podiam detectar as perplexidades e as diretivas que desembocaram na historiografia contemporânea, via Barthes, Foucault, Lacan e Derrida.[26]

A historiografia dos nossos dias ergueu-se contra os defeitos assinalados por Sartre, se bem que ao tentar evitá-los não seguiu os caminhos por ele indicados. Foi Nietzsche quem capturou a imaginação da nova geração com seu esteticismo. Sua ideia de que é apenas como fenômeno estético que a existência e o mundo se justificam e que os fatos e as coisas são criados pelo próprio ato de interpretar pareceu mais atraente do que a proposta sartreana que se mantinha ainda dentro dos limites do marxismo.

A insurreição contra a historiografia tradicional e seus métodos e abordagens se evidencia de forma mais clara nos estudos contemporâneos sobre a história do trabalho. É aí também que se dão os maiores confrontos entre os representantes dos dois grupos mesmo porque, neste caso, o que está em questão não é apenas qual a melhor interpretação do passado, mas também qual a melhor estratégia no presente. Enquanto a historiografia dos anos 1960 focalizava as macrofísicas do poder e se preocupava com as estruturas econômicas e o papel do Estado e das lideranças operárias na formação da classe operária, privilegiando os momentos de conflito entre capital e trabalho, a historiografia contemporânea focalizou os rituais, a linguagem, as formas cotidianas de resistência e de lazer. Enquanto a historiografia tradicional se preocupava em estudar o impacto que a transformação industrial e o Estado tiveram no movimento operário, a nova História inverteu a questão e passou a preocupar-se mais em examinar o impacto que a mobilização operária teve tanto na economia quanto na organização do Estado. Enquanto a historiografia

---

26 No entanto, apesar da diferença que existe entre eles, esses autores, com exceção de Sartre e Simone de Beauvoir, tendem a ser anti-humanistas e a-históricos. Veja isso em: Soper, *Humanism and Anti-Humanism problems in Modern European Thought.*

tradicional concentrava sua atenção na classe operária, à qual atribuía uma predisposição revolucionária, a nova historiografia problematizou e historicizou a noção de classe, questionando tanto a visão essencialista da classe operária característica da historiografia tradicional como a inevitabilidade previamente assumida da sua vocação revolucionária. Questionou também a existência de uma solidariedade natural da classe operária, expondo os conflitos internos entre vários tipos de identidade: político-partidária, nacional, religiosa, étnica, sexual, que na prática se articulam de várias formas à identidade de classe, às vezes reforçando-a, às vezes enfraquecendo-a. A nova historiografia repudiou também as abordagens teleológicas que assumiam que a História caminhava inevitavelmente e de forma unilinear para o socialismo e que viam em cada momento histórico uma nova etapa nessa direção. O foco de atenção deslocou-se do movimento operário, dos partidos políticos e dos sindicatos para os operários; da classe operária para os trabalhadores; da fábrica para a casa e a rua; do operário para a família operária; do trabalho para as atividades recreativas e para a cultura.

A partir dessa reavaliação da experiência operária reexaminaram-se as relações entre lideranças e liderados, entre a elite sindical e os trabalhadores e entre as lideranças sindicais e os governos no período populista. Questionaram-se as abordagens que assumiam uma conexão automática entre os tipos de atividades exercidas pelos operários e as formas de consciência, ao mesmo tempo que se descartaram os conceitos de hegemonia e falsa consciência frequentemente utilizados pela historiografia tradicional. A massa de trabalhadores urbanos não industriais que escassamente interessara a historiografia tradicional passou a ser foco de novas pesquisas. Dessa forma, alargaram-se os horizontes da historiografia, que passou a interessar-se pelos movimentos sociais; a incluir as mulheres e a questionar a validade de uma historiografia que, ao conceituar a classe operária em países em que mulheres e grupos étnicos diversos compunham a maioria dos operários, frequentemente os ignorara em benefício do trabalhador masculino e branco, uma historiografia que deixava de lado o papel importante desempenhado pela mulher na produção e reprodução da classe operária. Nesse processo de revisão, alguns autores chegaram a sugerir uma reinterpretação feminista da formação da classe operária.[27]

A inversão da dialética tem provocado nos últimos anos um grande número de debates e algumas reações negativas. Num ensaio cujo título revela as preocupações do autor, "Em busca de um 'Novo' sujeito histórico: o fim da cultura operária, do movimento operário e do proletariado",[28] Michael Schneider caracteriza esse conflito que tem lugar dentro dos debates sobre a Social-Democracia e sua política na Alemanha pós-guerra.

Dentro desse novo contexto, alguns escritores como André Gorz chegaram mesmo a argumentar que nesta era pós-industrial o proletariado desapareceu, tornou-se uma minoria privilegiada. Em seu lugar apareceram outros grupos. A partir dessa conjuntura, as formas tradicionais de consciência proletária não têm condições de emergir. Esses autores chegam a vaticinar o fim do movimento operário e a emergência dos movimentos sociais tais como os movimentos em prol da paz (*peace movements*), os movimentos de moradores, os movimentos ecológicos, os movimentos de mulheres etc. Outros olham com nostalgia para um passado que eles descrevem como um momento em que a cultura operária era integrativa e radical e culpam as práticas da Social-Democracia pelo seu desaparecimento. Outros ainda, como Schneider, afirmam que a inclusão da Social-Democracia e dos sindicatos no período de pós-guerra ao sistema político democrático e na economia de mercado contribuiu para uma melhoria das condições de vida dos trabalhadores, o que, somada à nova legislação sobre relações trabalhistas, levou à erosão da consciência de classe.[29] À medida que o reformismo social conseguiu uma maioria parlamentar, diminuiu a convicção de que o processo de emancipação humana reside no proletariado. O declínio numérico do proletariado e as dificuldades, senão impossibilidade, de criar uma consciência de classe levaram à redefinição das estratégias políticas de transformação

---

27 Para maiores detalhes: Costa, op. cit.

28 Schneider, Search of a "New Historical Subject": The end of working-class culture, the Labor Movement, and the Proletariat, *ILWCH*, 1987, p.46-58.

29 Processo análogo foi registrado na Inglaterra nas duas décadas que se sucederam à Segunda Grande Guerra. Cronin, Schneer (eds.). *Social conflict and political crisis in Modern Britain.*

social e simultaneamente à busca de novos paradigmas historiográficos orientados para o estudo da política do cotidiano, o que deu margem ao florescimento da nova história social do trabalho.

Analisando as consequências dessas novas práticas políticas e historiográficas, Schneider observa que a solidariedade de pequenos grupos de trabalhadores, ou de habitantes de uma parte da cidade (grupos de vizinhança), sem dúvida cria ilhas alternativas de cultura e reforma social, mas não pode substituir um programa político mais inclusivo. Para ele, o projeto de se estudar a vida cotidiana, que tem por objetivo descobrir o potencial político na vida do homem comum e que enfatiza apenas os aspectos negativos das organizações classistas e político-partidárias mais inclusivas, pode facilmente levar a um beco sem saída. Mesmo quando se refere ao movimento operário, a História que não vai além da vida cotidiana valoriza os atos isolados de resistência, e tem como resultado o enfraquecimento da dimensão política do movimento operário. Depois de apontar as deficiências metodológicas dessa nova História, Schneider conclui que muitos desses estudos locais e regionais que se justificam em nome de dar voz aos oprimidos e preencher os pontos de silêncio do discurso oficial desembocam numa compilação não crítica e assistemática de detalhes, cuja relevância nunca é questionada, um cemitério de fontes, um repositório de curiosidades. Finalmente, diz Schneider, existe sempre o perigo de que os historiadores que cultivam esse tipo de História sejam eles próprios incapazes de avaliar criticamente a sua própria situação e sua própria vulnerabilidade.[30]

Essa crítica vinda de um historiador alemão ao analisar as tendências da historiografia em seu país merece atenção, se bem que se possa argumentar que o autor não parece visualizar um momento seguinte em que uma síntese mais rica seja possível, parecendo escapar-lhe que o que hoje lhe parece derivativo é um momento necessário que a longo prazo pode ter como resultado a produção de uma nova História e uma nova prática mais eficaz.[31]

---

30 Schneider, op. cit., p.16-58.
31 Alf Ludtke tenta estabelecer uma ponte entre o novo e o velho em: Ludtke, The Historiography of Every-Day Life: The Personal and the Political. In: Raphael-Samuel, Stedman-Jones (Orgs.), *Culture, Ideology, and Politics*, p.38-54 (Essays for Eric Hobsbawn).

A DIALÉTICA INVERTIDA E OUTROS ENSAIOS 25

Para que essa síntese seja possível, no entanto, é necessário dar ouvidos a essa crítica que hoje se ergue contra as tendências da historiografia contemporânea. É preciso que se reconheça a necessidade de trabalharmos na direção de uma nova síntese. Isso parece tanto mais necessário quando se pensa do ponto de vista das sociedades latino-americanas, em que as modas historiográficas europeias ou americanas se reproduzem não necessariamente como resultado das perplexidades nascidas das condições estruturais internas, mas como produto de importação de modas intelectuais nascidas de outras realidades. Esse fenômeno muitas vezes rotulado de dependência cultural tem apenas se acentuado num mundo em que não só a economia como o próprio trabalho intelectual são cada vez mais internacionalizados e em que esse processo de internacionalização continua, em grande parte, a passar pelos centros hegemônicos da produção cultural.

Não quero com isso dizer que devemos isolar-nos ou interromper o diálogo fecundo que se estabelece com os intelectuais do mundo desenvolvido. Essa postura resultaria inevitavelmente num empobrecimento. Mas é preciso que passemos da posição de passivos consumidores de categorias interpretativas para a de produtores, e para isso é necessária uma avaliação crítica do que é produzido em outras partes do mundo – tanto no centro como nas periferias, remetendo as categorias às circunstâncias de sua criação, analisando as semelhanças e diferenças de processos históricos específicos para então se indagar da validade da aplicação dessas categorias a nossas realidades.

Quando ouço Michelle Perrot, uma das historiadoras de vanguarda na França, dizer numa entrevista que a sociedade pós--moderna é uma sociedade em que as possibilidades de expressividade individual se multiplicaram, que o impacto do sistema político e os modelos culturais têm sido exagerados e que afinal de contas as pessoas ainda têm sua vida privada, que suas faculdades críticas são cada vez mais desenvolvidas porque um maior número de pessoas são educadas, eu me pergunto se de fato essa observação se aplica às camadas populares tanto nos países periféricos quanto no centro. Mas quando Perrot afirma que a sociedade pós-moderna é uma sociedade em que as pessoas têm um respeito muito maior umas pelas outras, eu me pergunto em que mundo ela tem vivido. Racismo, torturas, massacres de lideranças, guerrilhas, esquadrão da morte, problemas de sobrevivência que afetam o dia a dia de homens e mulheres das periferias, a violência do cotidiano, a manipulação da mídia, esses e tantos outros problemas que são o dia a dia de milhares de pessoas nas periferias do mundo não parecem ter entrado no universo de Michelle Perrot e de muitos outros intelectuais de vanguarda dos países desenvolvidos.[32] Visto da periferia, o narcisismo celebratório e as formas de militância dessa nova vanguarda europeia que ignora o que se passa nos confins de suas ex-colônias parecem suspeitos, e isso me leva a indagar da validade de categorias interpretativas nascidas de uma experiência tão diversa e a perguntar até que ponto elas são úteis para entender a nossa realidade. Com isso não quero dizer que se deva simplesmente descartá-las, mas sim, que é necessário manter uma postura crítica em relação a elas.

As tendências historiográficas europeias e americanas contemporâneas que têm encontrado receptividade crescente entre nós nasceram de situações bastante concretas, algumas semelhantes às nossas, outras, bastante diversas, o que é necessário ter em mente ao decidirmos o grau de credibilidade que merecem quando aplicadas às nossas realidades. Elas se relacionam diretamente à crise do sovietismo e, por associação, à crise de certa leitura do marxismo do período de pós-guerra e a concomitante crítica da organização e estratégias dos partidos de esquerda comprometidos com a União Soviética. Nas periferias do mundo esse processo de revisão foi acelerado pelo clima repressivo desencadeado pela Guerra Fria. Os vários insucessos de regimes *soi-disant* socialistas no continente africano e os acontecimentos na China geraram novas dúvidas e muita perplexidade que nem a Revolução Cubana ou a Nicaraguense conseguiram minimizar.

Durante anos, a polarização Leste/Oeste tornou difícil uma avaliação crítica das posições e contribuiu para a formação de uma ortodoxia dissociada das transformações que ocorriam no mundo. É dentro desse contexto que as gerações mais novas bus-

---

32 Grazia, New Subjects, New Social Commitments: An Interview with Michelle Perrot by Laura Frader and Victoria de Grazia, *Radical History Review*, n.37, 1987, p.27-40.

A DIALÉTICA INVERTIDA E OUTROS ENSAIOS   27

caram novas formas de ação política e a historiografia europeia buscou novos caminhos, repudiando as categorias tradicionais nascidas de uma realidade diversa. Mas esse é apenas um lado da história. O outro é muito mais difícil de se analisar e tem a ver com a internacionalização da economia, a industrialização das periferias e o consequente processo de desindustrialização que ocorreu no centro; a adoção de técnicas industriais novas que economizam mão de obra e tem como resultado a diminuição do proletariado nos países centrais do mundo capitalista; o crescimento do terciário, a presença de um número crescente de trabalhadores migratórios (italianos, portugueses e espanhóis, por exemplo, na França e na Alemanha) e a melhoria das condições de vida de certos setores do proletariado a expensas de outros (brancos *versus* pretos, nos Estados Unidos, nacionais *versus* estrangeiros na Inglaterra, França ou Alemanha) e a consequente multiplicação de conflitos étnicos que dificultam a coesão de classe; a expansão do setor informal (no qual os trabalhadores não têm nem poder nem direitos); o extraordinário aumento da participação da mulher na força de trabalho (gerando novos problemas na esfera doméstica e levando ao questionamento das noções tradicionais sobre a classe operária e à rebelião feminista); a adoção, por parte dos industriais, de novas técnicas de controle de mão de obra com a renovação de *putting out systems* característicos das primeiras fases da Revolução Industrial e o inevitável isolamento das trabalhadoras; as transformações do padrão residencial com o desaparecimento de bairros exclusivamente operários, dificultando o desenvolvimento de uma consciência proletária; as mudanças nas práticas de lazer, a crescente importância da mídia e o consequente isolamento dos indivíduos; e, finalmente, a generalização do consumismo que intensifica a tensão entre privação e desejo e enfatiza o individual às expensas do social, tudo isso tem forçado a redefinição da prática e da teoria, da política e da historiografia.[33] É dentro desse quadro, extremamente complexo e que varia de uma sociedade para outra, que se constituiu a nova História.

---

33 Sobre o impacto do consumismo, ver o volume 37 da *Radical History Review*, principalmente p.29-93.

Para nós, a questão que se coloca é simples: se a nova historiografia nasceu de condições históricas específicas, até que ponto é válida dentro do nosso contexto? (Como comparar, por exemplo, a situação do trabalhador da América Latina com os trabalhadores europeus e americanos, e a situação dos consumidores nas duas áreas? Como comparar os direitos do cidadão europeu ou americano com a suposta cidadania do homem comum na América Latina?)

Não há dúvida de que a simples reprodução das interpretações tradicionais (e, diga-se de passagem, elas próprias também importadas de forma não muito crítica) originadas em experiências bastante diversas das atuais não é suficiente para dar conta desse real. Nesse sentido, 1968 foi realmente um divisor de águas. Mas o contraste inicialmente sugerido pelo dístico em que comecei esta fala: *Maio 1968 refez-se o mundo, Maio 1986 refaz-se a cozinha*, militância e consumismo, pode ser mais aparente do que real e é certamente reversível. Os acontecimentos em curso na Europa e a recorrente crise do mundo capitalista, sentida de forma particularmente aguda nas periferias, sugerem que estamos entrando num novo período da História. O momento favorece uma nova síntese que evite todas as formas de reducionismo e reificação, sejam eles econômicos, linguísticos ou culturais, uma síntese que não perca de vista a articulação entre microfísica e macrofísica do poder, que reconheça que a subjetividade é ao mesmo tempo constituída e constituinte, uma síntese enfim que seja centrada na teoria da práxis enriquecida pelas novas experiências e que leve a uma nova historiografia e a uma nova estratégia (que permita coordenar os vários movimentos sociais sem retirar-lhes a autonomia), e que a partir de uma reflexão sobre o passado e o presente prepare os caminhos do futuro. O momento convida à reflexão e foi este o propósito desta falta.[34]

---

34 Adamson, Leftist Transformations: A Clash Between the Feasible and the Desirable, *Radical History Review*, 1987, 37, p.94-100.

PRIMEIROS POVOADORES DO BRASIL: O PROBLEMA DOS DEGREDADOS[1]

Os esforços feitos na História do Brasil para esclarecer a fase obscura do início do povoamento e colonização estão ainda longe de satisfazer. A grande dificuldade reside na documentação que, em sua maior parte, encontra-se nos arquivos portugueses. Dentre as contribuições dos historiadores contemporâneos, valiosas foram as de Hélio Viana e particularmente as de J. F. de Almeida Prado em seu livro *Primeiros povoadores do Brasil*. A questão permanece, entretanto, insuficientemente tratada. Quais teriam sido os primeiros povoadores do Brasil? Quais os motivos que os teriam levado a emigrar, deixando uma vida estabelecida por uma aventura num mundo desconhecido e selvagem a respeito do qual as mais estranhas lendas corriam? Terra do El-Dorado e das Amazonas,[2] onde os pequenos núcleos de povoamento branco eram frequentemente dizimados pelos ataques dos ferozes canibais "tão cruéis que ainda não acabavam de matar um homem quando o despedaçavam e comiam".[3]

---

1 O presente texto foi publicado na *Revista de História da USP*, em 1956.

2 Sousa, *Tratado descriptivo do Brasil em 1587*, p.9.

3 Ibid., p.51-2. A crônica dos primeiros povoados, uma crônica de lutos e desesperos, de choques entre brancos e indígenas, divulgou, num exagero nascido do pavor, chocantes cenas de canibalismo. A própria cartografia inseria o Brasil como pátria de "terrificantes canibais". Dias, *História da colonização portuguesa*, p.31.

Terra onde homens marinhos[4] mordem e afogam os navegantes cujos corpos aparecem nas praias despedaçados, onde lobos d'água – jaguaruçus, no pitoresco dizer do cronista – "maior que nenhum boi" possuindo "dentes de grande palmo, andam dentro e fora d'água e matam gente",[5] e monstros de estranhos aspectos – como o que teria aparecido em 1564 na capitania de São Vicente, com garras, escamas, cara de tigre e andando nas duas patas traseiras, trazem desassossego à população local.[6] Terra longínqua a exigir muitos dias de viagem em péssimas condições de transporte, onde a fragilidade das embarcações, a inexperiência, o excesso de carga, provocaram um sem-número de naufrágios, povoando de horror os primeiros anais da história da navegação europeia no Atlântico. Aí está a *História Trágico Marítima* como testemunho. Condições bem pouco atraentes para provocar o povoamento espontâneo da nova colônia. A terra de Caminha, "muito chã e muito formosa" cujas "águas são muito infindas", e em tal maneira graciosas que a querendo aproveitar daria tudo "por bem das águas que tem",[7] não teria, nestes primeiros tempos, encantos suficientes para atrair colonizadores. O ingênuo panegírico cedo se defrontou com as lendas que a credulidade do homem do povo se incumbiu de divulgar e que se somaram às dificuldades reais da conquista da terra. Nem mesmo as promessas miraculosas da possibilidade de se descobrir riquezas – ouro e prata – conseguiram estimular esse primeiro povoamento.

Bem sabemos as dificuldades com que a princípio contou a Coroa portuguesa para vencer o temor do desconhecido e a recalcitrância daqueles que eram arrolados quase à força para as viagens nas armadas destinadas a essas novas terras. A literatura da época o demonstra: leiam-se as peças de Gil Vicente. A crônica histórica o confirma.

Em 1537 quis-se mandar à Índia o infante D. Luís com uma grande armada. Foi tal a dificuldade para se recrutarem elementos que o acompanhassem que se desistiu de enviar o infante e se

---

4 Sousa, op. cit., p.330.
5 Cardim, *Tratados da terra e gente do Brasil*, p.90 e 102.
6 Assis Cintra, *Nossa primeira História (Gandavo)*, p.111.
7 Cortesão, *A carta de Pero Vaz de Caminha*, p.239-40.

A DIALÉTICA INVERTIDA E OUTROS ENSAIOS   31

decidiu por uma esquadra menor sob a chefia de Garcia de Noronha, nomeado vice-rei. Embora se tratasse de uma expedição muito mais modesta, reproduziu-se a dificuldade. Para arrolar seus companheiros, foi necessário publicar-se o perdão das penas aos que embarcassem na armada e fossem réus de quaisquer crimes, excetuados os contra a religião e os de lesa-majestade. Como isso não bastasse, mandou el-Rei "por todas as cadeias e prisões do reino que todos os homens que estivessem presos, degradados e ainda sentenciados à morte levassem às prisões de Lisboa a fim de embarcarem ali para a Índia, comutando aos sentenciados à morte a pena em degredo perpétuo para aquelas partes".[8] E isso acontecia já em 1537, numa expedição destinada às Índias – essa região miraculosa onde o tesouro das especiarias enriquecera tantos aventureiros! Que pensar dos primeiros anos do Brasil?

Motivos surgiram posteriormente a modificar essa atitude desconfiada e hostil: maior conhecimento da terra, notícias da descoberta de novas fontes de riqueza. A tal ponto que já um século e meio depois a Coroa legislava no sentido de impedir o despovoamento do Reino. Mas, na primeira fase da colonização, o quadro era bem outro. Tanto que ela fora obrigada a recorrer à política do degredo como meio para povoar a terra recentemente descoberta.

Ao lado dos degredados, quais teriam sido os primeiros colonizadores do Brasil? Há os que se sentiram atraídos pela possibilidade de enriquecer, burgueses (artesãos ou comerciantes) e até mesmo nobres empobrecidos que, desde aquela época, iam atrás da miragem do ouro, vinham "fazer a América". Ou os que, movidos pelo espírito de aventura, fugiram à severidade da vida em Portugal, ensaiaram-se em novas terras. Há os oficiais reais, capitães, governadores e outros, empossados de uma missão da Coroa, exercendo cargo de funcionários, muitos dos quais, ao que parece, pertenciam à pequena e média nobreza. Soldados; náufragos; aqueles que aqui aportavam em virtude de atracações forçadas; desertores, estes últimos numerosos, tanto que o caso chega a ser previsto nos regimentos, como, por exemplo, o da

---

8 Almeida, *História de Portugal*, p.574.

Nau Bretoa, onde figura uma cláusula especial a esse respeito.[9] Finalmente, os religiosos e os cristãos-novos. Aqueles, responsáveis pela cristianização da colônia, estes, fugindo às perseguições e massacres desencadeados em toda a Península Ibérica. Escapando à Inquisição instalada em Portugal em 1536[10] por D. João III, procuravam refúgio nas terras longínquas e inexploradas, onde dificilmente seriam incomodados nas suas crenças religiosas, nos seus costumes, protegidos pela vastidão da terra, pelo isolamento. Imaginamos terem sido estes numerosos. Quantos, como e onde se localizaram de preferência, se é que houve tal, seu papel no desenvolvimento do Brasil, nas suas várias fases – por exemplo, durante o domínio holandês, como se tem por vezes insinuado –, são problemas que em geral permanecem apenas no campo das hipóteses bem argumentadas. Mas a sua presença no Brasil e em número relativamente grande é inconteste.

Muitos seriam aqueles que, da Espanha ou Portugal, teriam melhor sorte do que certo Manuel Lopes, preso pela Inquisição de Lima e acusado de observar a lei de Moisés, varrer o aposento às sextas-feiras, limpar os candieiros, guardar os sábados, vestindo nesse dia camisas limpas etc.[11] Os autos registrados em Lima acusavam frequentemente a presença de cristãos-novos portugueses que andavam pelo Potosí, Tucumán ou Rio da Prata.[12] No que são reforçados pelas reiteradas queixas dos jesuítas do Guairá contra os bandeirantes, a quem acusavam de profanar as igrejas, arrojar ao solo as vestes sagradas e os santos óleos, rasgar as imagens, quebrar as pias, ferir os sacerdotes,[13] dar aos índios nomes do Velho Testamento, levar nos sapatos imagens da Virgem e dos Santos.[14] Acusações todas de alta gravidade que

---

9 Abreu, *Desenvolvimento do Brasil*, e Almeida Prado, *Primeiros povoadores do Brasil: 1500-1530*, p.75-7.

10 Almeida Prado, op. cit., p.139.

11 Medina, *Historia del Tribunal del Santo Oficio de la Inquisición de Lima*, p.192.

12 Id., *La Inquisición en el Rio de la Plata*.

13 Relatório de Hernandarias de Saavedra, citado em: Gandia, *Missiones Jesuíticas*, p.68.

14 Ibid., p.63.

A DIALÉTICA INVERTIDA E OUTROS ENSAIOS   33

levaram, em certas ocasiões, o secretário do Conselho das Índias, reunindo os depoimentos chegados da América, provindos das autoridades administrativas ou dos padres, ao opinar sobre as causas e perigos dos ataques paulistas ao Guairá, a observar que a maioria deles eram cristãos-novos, judeus conversos, aliados aos holandeses luteranos.[15]

Embora tenhamos que encarar esses depoimentos com certa reserva e desconfiança, fruto que foram de hostilidades recíprocas entre bandeirantes e jesuítas, servem para sugerir a possibilidade de ter havido, por vezes, algum fundamento nessas acusações e que algum judeu aparentemente converso, livre da sanção social, daria impunemente vazão às suas tendências.

As visitações do Santo Ofício no Brasil, a primeira realizada em 1591, a segunda em 1624, registram casos de judaizantes, embora não muito numerosos. Isto se explica. Essas relações provavelmente são pouco expressivas pelos entraves ao funcionamento desse tribunal no Brasil. A maior parte dos casos deveria ter passado despercebida, valendo-se das distâncias, dificuldades de transporte e comunicações e da solidariedade de grupo que os ocultavam facilmente dos olhos da Inquisição. Por outro lado, muitos fugiam para províncias vizinhas, particularmente o Prata.

Tudo nos leva a supor a importância do contingente de cristãos-novos que, ao lado dos náufragos, desertores, soldados, aventureiros, mulheres de vida duvidosa, fidalgos, funcionários reais, órfãos, religiosos e finalmente degredados, lançou os fundamentos de uma nova sociedade na qual muitas das suas características primitivas foram abandonadas.

O problema dos degredados tem sido abordado por todos os que se interessam pela História do Brasil no período colonial. Todos acabam por afirmar que "várias eram as culpas que no século incorriam a pena, porém nem todas infamantes",[16] ao mesmo tempo que frisam as transformações sofridas pela noção

---

15 Ibid., p.76.
16 Almeida Prado, op. cit., p.71.

de criminalidade e da ética social coletiva, através dos tempos. Atos considerados criminosos e que hoje deixaram de o ser e também punições severas para crimes hoje vistos como de menor importância refletem, ambos, mudanças nas concepções e no julgamento da sociedade. Rigorosas foram as penas que, no código filipino, são castigadas com degredo para o Brasil, "culpas muito leves e até simples pecados", diz Varnhagen.[17] Nem era infamante, afirma Oliveira Lima,[18] pois personagens como Francisco Manuel de Melo incorreram na pena, e nem degredado era sinônimo de criminoso na nossa moderna concepção – havia os culpados de delitos insignificantes e nada infamantes e bem assim por motivo que chamaríamos políticos.

Afirmações dessa ordem multiplicam-se. Para Simonsen,[19] a pena de degredo era facilmente imposta a qualquer crime de caráter político ou religioso. Não se poderia, portanto, considerar os degredados vindos para o Brasil como criminosos em face da legislação atual. E Gilberto Freyre, ao se referir ao caráter excessivamente rigoroso da legislação portuguesa do tempo, cita o Barão Homem de Melo: "é de se admirar que a nação inteira não fosse degredada".[20]

Essas considerações repetem-se de autor para autor quase sem alteração. Mas, ao defrontarmos com elas, nossa curiosidade fica sempre insatisfeita. Teriam sido numerosos esses degredados enviados para o Brasil? Qual a importância real desse grupo entre nossos primitivos colonizadores? Teriam sido elementos perturbadores da ordem na nova colônia ou aqui chegados se regenerariam? E, finalmente, fala-se e repete-se a insignificância dos crimes que o rigor das *Ordenações Filipinas* punia com o degredo. Mas quais seriam esses crimes? Que se considerava crime nessa época?

---

17 Varnhagen, *História Geral do Brasil*, p.286.
18 Oliveira Lima, *Nova Lusitânia – História da colonização portuguesa no Brasil*, p.280.
19 Simonsen, *História Econômica do Brasil*, p.228, n.2.
20 Freyre, *Casa Grande e Senzala*, e Pinheiro, O que se deve pensar do sistema de colonização..., *Revista do Instituto Histórico e Geográfico Brasileiro*, 1871, v.34, n.2.

A primeira questão é difícil de ser resolvida. Seria necessário para isso que se compulsassem os arquivos portugueses, e, mesmo assim, o resultado é hipotético. Quando muito poderemos raciocinar imaginando que o número de criminosos, por mais severa que fosse a legislação da época, não seria nunca muito elevado e que, dentre aqueles que cometiam crimes, nem todos estavam sujeitos à pena de degredo. Muitos furtar-se-iam às condenações, refugiando-se nos coutos ou homizios, tão frequentes em Portugal. Esses elementos, portanto, não deveriam ter constituído o principal núcleo dos primeiros povoadores do Brasil.

Sabemos que a política de degredo para o Brasil atuou com persistência, e muitos foram os que dessa forma aportaram na colônia portuguesa da América. Com o primeiro governador geral Tomé de Souza vieram seiscentos degredados[21] e, em certas ocasiões, como a população da colônia era muito escassa, a sua proporção pesava no total. Em algumas capitanias hereditárias, tão grande chegou a ser a proporção de degredados "que em 1549, em sua viagem de inspeção ao Sul, o ouvidor geral Pero Borges teve de determinar, em Porto Seguro, Espírito Santo e São Vicente, que nenhum degredado pudesse servir nos ofícios da justiça".[22] Anualmente, vinham novos contingentes que, embora pouco expressivos, acabariam por pesar numa população tão escassa como era a do primeiro século brasileiro – em 1600 com um total aproximado de 10 mil brancos.[23]

Se nos parece quase impossível, nas condições atuais, calcular a importância numérica dos degredados, muito mais fácil é resolver a outra questão: quais os crimes que incorrem no degredo para o Brasil? Para esclarecer o problema, basta consultar a legislação da época: as Ordenações.

Na primeira edição das *Ordenações Manuelinas*, que regiam a sociedade em Portugal na época do descobrimento, não havia casos de degredo para o Brasil.[24] Fora em 1535 que se estendera ao Brasil essa penalidade antes restrita a São Tomé e Príncipe e,

---

21 Abreu, *Capítulos de História Colonial*, p.51.
22 Vieira, *Estudos de História Colonial*, p.47, citando Porto Seguro.
23 Abreu, op. cit.
24 Varnhagen, op. cit., p.284.

a partir de então, particularmente em 1551 e 1564, essas foram ampliadas.[25] As *Ordenações Filipinas* ou *Código Filipino*, que nada mais foram que uma nova edição, recompilada e aumentada do Manuelino, apresentam, no livro V – o do Código Penal e processo das causas crimes –, os elementos de que necessitamos: a relação dos crimes punidos com o degredo para o Brasil.

Há cerca de cinquenta casos em que, de maneira explícita, indica-se essa penalidade. Sem falar daqueles em que a pena de morte prevista acabará sendo comutada em degredo, ou daqueles em que uma falta aparentemente de pequena importância poderia ser agravada conforme as circunstâncias e considerada crime passível de incorrer naquela punição. Isso porque degredo para o Brasil era uma das penalidades mais sérias para a época. Aparece sempre logo após a de morte e galés, em casos onde há alguma atenuante, e é sempre aplicado nas situações agravantes de crimes cujas penas normalmente determinariam degredo para a África. É o caso, por exemplo, daquele

> que cortar árvore de fruto em qualquer parte que estiver (sic), pagará a estimação dela a seu dono em tresdobro. E se o dano, que assim fizer nas árvores, for valia de quatro mil reis, será açoutado, e degradado quatro anos para a África. E se for valia de trinta cruzados, e daí para cima, será degradado para sempre para o Brasil.[26]

Exemplos como este se repetem. É o caso "dos que compram colmeias para matar as abelhas" e dos que "matam bestas", os quais, sendo o dano de quatro mil réis, deveriam ser açoitados e degredados quatro anos para a África, sendo de "trinta cruzados e daí para cima", degredados para sempre para o Brasil[27] – crimes aparentemente de somenos, diante da moderna concepção. Tal é o caso também "dos que fazem assuada ou quebram portas ou as fecham de noite por fora" – para os quais se estabelecem severas punições.[28]

---

25 Ibid.
26 *Ordenações e Leis do reino de Portugal recompiladas por mandado d'El Rei D. Filippe, o primeiro*, tomo III, p.337.
27 *Ordenações Filipinas*, op. cit., p.343.
28 Ibid., p.294.

A DIALÉTICA INVERTIDA E OUTROS ENSAIOS   37

Igual rigor para os que cortassem árvores de fruto ou sovereiros ao longo do Tejo, que, se o dano fosse de trinta cruzados para cima, acabariam dando com os costados no Brasil – degredados para sempre.

Finalmente, um exemplo sugestivo de comutação de pena mais séria para a de degredo no Brasil. Rezam as ordenações:

> Defendemos outrossim que pessoa alguma, em todos nossos Reinos e Senhorios, não traga de dia, nem de noite, nem tenha em sua casa Arcaluzes de menos cumprimento, que de quatro palmos em cano, sendo peão o que o trouxer, seja açoitado e degradado para sempre para as galés. E sendo pessoa de maior qualidade seja degradado para o Brasil para sempre. E sendo escravo morra morte natural... etc.[29]

Regra geral a maior parte dos crimes punidos com a morte, quando possuem atenuantes, incorrem no degredo para o Brasil. Isso está claro, por exemplo, no título CXL, item 4:

> quando alguns delinquentes forem em nossas relações possuem atenuantes, incorrem por aução nova condenados para Galés, alegando que são escudeiros, ou daí para cima ou de menos que dezesseis anos, ou de mais de cinquenta e cinco, ou que tem tal enfermidade, porque não possam, nem devam servir nas Galés, e provando-o os Desembargadores, que na sentença foram, poderão comutar delas para o Brasil, tendo respeito que um ano de Galés se comute em dois para o Brasil e assim os outros anos a este respeito.[30]

Além dos casos previstos em lei, que incorriam nessa penalidade e que aparecem nas *Ordenações* claramente enunciados, há os que davam margem à interpretação, contribuindo para uma ampliação do número de degredos para o Brasil. É o que sucede, por exemplo, com os mercadores que quebravam e os que "levantavam" (roubavam) com fazenda alheia,[31] que deveriam ser tidos

---

29 Ibid., p.355.
30 Ibid., p.503.
31 Ibid., título LXVI.

"por públicos ladrões, roubadores e castigados com as mesmas penas" que, nas *Ordenações* e no Direito Civil, eram castigados os ladrões públicos. A situação se repete quando se trata "dos oficiais del Rei que lhe furtavam ou deixavam perder sua fazenda per malícia",[32] os quais deveriam incorrer na pena de ladrão.

Todas essas sutilezas possibilitavam o aumento dos casos de degredo para o Brasil, e a justiça da época deve ter se aproveitado amplamente dessa margem legalmente concedida para multiplicá-los, principalmente por ser de interesse da Coroa o povoamento das novas terras e essa, a maneira mais simples de o fazer.

O degredo poderia ser temporário ou perpétuo, conforme a gravidade do crime cometido, mas os que se destinavam ao Brasil não o seriam por menos de cinco anos. Quando as culpas fossem de qualidade que não merecessem tanto tempo de degredo, este seria cumprido na África, ou em Castro Marim, ou nas Galés, ou fora do Reino, ou simplesmente fora da Villa e Têrmo onde se achava o criminoso.

Na maioria das vezes, a pena inicialmente de caráter temporário se perpetuava. Aqui chegando, dificilmente conseguiria o degradado a soma necessária para a viagem de volta. Se a vinda lhe fora custeada pela Coroa, a volta seria por sua própria conta. E ele por aqui se deixava ficar, sujeito às contingências econômicas, à distância e às dificuldades de transporte, e muitas vezes, quem sabe, atraído pela vida desregrada e sem constrangimentos da colônia, onde a severidade da legislação se abrandava e a sociedade se tornava complacente. Bem poucos teriam voltado. Além de que a maior parte dos casos de degredo para o Brasil já trazia o selo da perpetuidade.

Não há dúvida de que o critério de criminalidade e responsabilidade variou através dos tempos e em parte somos levados a concordar com aqueles que acentuam a insignificância, diante do julgamento hodierno, de certas faltas cometidas naquela época e duramente punidas pelas *Ordenações*. Crimes sujeitos a sérias penalidades no século XVI possuem para nós o sabor do

---

32 Ibid., título LXXIV, p.337.

A DIALÉTICA INVERTIDA E OUTROS ENSAIOS 39

pitoresco, ou nos escandalizam pelo rigor das condenações. Eis, por exemplo, os que falavam mal do Rei:[33]

> O que disser mal de seu Rei, não será julgado por outro juiz senão por ele mesmo, ou pelas pessoas a quem a ele em especial cometeu. E ser-lhe-á dada a pena conforme a qualidade das palavras, pessoa, tempo, modo e tenção com que foram ditas. A qual pena se poderá estender até morte inclusive, tendo as palavras taes qualidades, por que a mereça.

Tanta severidade, evidentemente, justifica-se, se lembrarmos que dos crimes mais nefandos, os quais incorriam em pena infamante e não gozavam o direito de homizio e coito, extensivos a quase totalidade, era o de Lesa-Majestade dos mais graves:

> *Lesa-Majestade* define o Quinto Livro das Ordenações quer dizer traição cometida contra a pessoa do Rei ou seu Real Estado, que é tão grave e abominável crime que os antigos sabedores tanto estranharam que o compararam a lepra porque assim como esta enfermidade enche todo o corpo sem nunca mais se poder curar e empece ainda aos descendentes de quem a tem e aos que com eles conversam, pelo que é apartado da comunicação da gente, assim o erro da traição condena o que a comete e empece e infama os que de sua linha descendem, posto que não tinham culpa.[34]

Entre os vários tipos de crimes de Lesa-Majestade, havia alguns realmente sérios, como o dos que se rebelavam contra ordens reais ou em tempo de guerra se aliassem aos inimigos, ou tentassem contra a vida do rei ou qualquer membro da sua família ou comitiva. Considera-se crime de Lesa-Majestade se "algum em desprezo do Rei quebrasse ou derrubasse alguma imagem de sua semelhança ou armas reais, postas por sua honra e memória!".

Quaisquer desses crimes eram punidos com a morte, e todos os bens do condenado sofreriam confisco e os filhos ficariam

---

33 Ibid., p.242, Título VII.
34 Ibid.

infamados para sempre:[35] "de maneira que nunca possam haver honra de cavalaria, nem de outra dignidade, nem Ofício, nem poderão herdar a parente nem a estranho abistetado, nem por testamento, etc. E esta pena haverão pela maldade de que seu pai cometeu o tido crime".

Compreendemos hoje, ao penetrarmos no conteúdo social, político e psicológico daquela época, que crimes ofensivos à realeza fossem dos mais severamente punidos. O poder real, absoluto, de caráter divino, que atingira sua expressão com D. João II – o príncipe perfeito –, encontrava-se ainda em pleno vigor e era o centro de toda organização do Estado português dessa época. Ponto vital que precisava ser defendido contra a mais leve agressão. Mas o excesso de certas leis da época é, por vezes, mais difícil de ser analisado e compreendido hoje. Por exemplo a lei que estabelece punição para os que "nos arruídos chamam outro apelido senão o do Rei".

> Ninguém seja tão ousado que em arruído ou briga que se levante, chame outro apelido, salvo aqui do Rei. E o que outro apelido chamar, seja degradado com pregão na audiência por cinco anos fora do lugar e termo onde isto acontecer.[36]

Ou ainda, a lei que castiga transgressões às pragmáticas sobre o luto. Depois de descriminar minuciosamente as vestes do enlutado, o prazo de duração e as pessoas por quem se pode trazer luto, proíbe-se que se traga: "luto por outro de algum parente em qualquer grão que seja sob pena de multa e degredo por dois anos para a África!".[37]

Para faltas consideradas mais graves, como fraudes contra a Coletividade, chega-se mesmo a decretar pena de morte:

> Qualquer carreteiro, almocreve, barqueiro ou outra pessoa que houver de entregar ou vender pão ou levar de uma parte para outra e lhe lançar acintemente terra água, ou outra qualquer para lhe

---

35 Ibid., p.238.
36 Ibid., p.293.
37 Ibid., p.383.

A DIALÉTICA INVERTIDA E OUTROS ENSAIOS   41

crescer e furtar o dito crescimento, se o dano e perda, que se receber do tal pão, valer dez mil reis, morra por isso. E se for de dez mil reis para baixo, seja degredado para sempre para o Brasil.[38]

Embora ações semelhantes continuem a ser julgadas criminosas em nossos dias, espanta-nos o rigor do castigo.

Diverte-nos encontrar a legislação do século XVI preocupada, por exemplo, em reprimir os mexeriqueiros,[39] os que escrevem cartas difamatórias,[40] os que dão músicas[41] a noite e um grande número de outros fatos semelhantes, particularmente quando ela nos vem no enrolado dizer da época. Não podemos nos furtar ao prazer de citar uma dessas "Dos mexeriqueiros":

> Por se evitarem os inconvenientes que dos mexericos mandamos que se alguma pessoa dizer a outra que outrem disse mal dele, haja a mesma pena, assim cível, como crime que mereceria, se ele mesmo lhe dissesse aquelas palavras, que diz, que o outro terceiro dele disse, posto que queira provar que o outro o disse.

Regra geral, entretanto, essas faltas insignificantes não se incluem entre as que determinavam a vinda para o Brasil. Essa penalidade aplicava-se a casos considerados na época relativamente graves, o que nem sempre – como tivemos ocasião de verificar – significa que para nós o sejam. Trata-se de climas mentais diversos. De qualquer forma, embora certas penalidades pareçam-nos hoje excessivas ou certas atitudes criminosas de outrora se nos apresentem irrisórias, não se deve esquecer que aquele que as praticava ou assumia era quase sempre um desajustado social, um rebelde, um revoltado contra as leis e disposições aceitas e consagradas pela maioria da sociedade. Seriam bons ou maus elementos como povoadores? Essa é outra questão.

Há, entre os casos que preveem o degredo para o Brasil, crimes que poderíamos enquadrar naqueles que constituem

---

38 Ibid., p.312.
39 Ibid., p.358.
40 Ibid., p.359.
41 Ibid., p.352.

42 EMÍLIA VIOTTI DA COSTA

atentados à Igreja. Não são, como se poderia imaginar, os mais numerosos. A religião deitara raízes profundas na Península Ibérica e se associara ao trono na defesa da estabilidade social, política e religiosa. Sua influência estendera-se à vida cotidiana do indivíduo, ao pensamento do século. Seus representantes assumiam altos postos e no Brasil e demais colônias portuguesas foram grandes responsáveis pela construção de uma nova sociedade. A rigidez dos princípios religiosos ainda muito medievais transparece em toda a legislação do tempo, mas são relativamente raros os crimes previstos nas *Ordenações* como agressões diretas à Igreja ou à religião. Não se pode esquecer que estas contavam com um tribunal seu, uma justiça própria e independente. Essa é provavelmente a razão. São condenados nas *Ordenações* os hereges e apóstatas, os benzedores, "os que arrenegam ou blasfemam de Deus ou dos Santos". Desses, apenas os feiticeiros, que eram punidos até com a morte, tinham como penalidade – nos casos onde havia uma atenuante – o degredo para o Brasil.

As práticas de feitiçarias deveriam ser usuais num país onde o caldeamento dos mais variados povos fez convergir tradições múltiplas, pagãs, gentílicas, mouras e outras. Sabemos nós a resistência ao tempo, oferecida pelas superstições que atravessam os séculos. Muitos feiticeiros devem ter vindo acabar os seus dias a adivinhar a sorte alheia e fazer mandingas no Brasil, onde provavelmente teriam alargado suas práticas e conhecimentos em contato com a magia indígena.

A segunda ordem de crimes que determina o degredo para o Brasil é a que chamaríamos de crimes contra o Estado ou administração. Degredados perpetuamente para o Brasil são, por exemplo, os escrivães que alteravam o texto das subscrições das Cartas ou Provisões apresentadas ao Rei para que as assinasse.[42] Com o intuito de poupar a leitura longa e fastidiosa desses documentos, costumava-se exibir apenas uma espécie de minuta, resumo do seu conteúdo, o que, evidentemente, possibilitava a fraude. Daí o rigor da punição.

Igual pena para os fazedores de moeda falsa ou cerceadores da verdadeira. Regra geral, era condenado à morte natural pelo

---

42 Ibid., p.246.

A DIALÉTICA INVERTIDA E OUTROS ENSAIOS

fogo, além do confisco de todos os bens, "todo aquele que moeda falsa fizesse ou a isso desse favor, ajuda, ou conselho, ou fosse dele sabedor e não descobrisse". Tão grave era considerada essa falta que ninguém gozava de qualquer privilégio ou imunidade. Fosse lá quem fosse. Todo aquele que na compra ou venda ou pagamento dispendesse moeda falsa deveria pagar com a vida, se a quantia montasse a mil réis. Essa mesma pena seria aplicada a quem se provasse ter por três vezes ou mais comprado ou dispendido moeda falsa no valor de quinhentos réis. E o que menos quantia de moeda falsa comprasse ou dispendesse, sabendo que era falsa, seria degredado para sempre para o Brasil, além de ter todos seus bens confiscados. Igual penalidade para quem cerceasse moeda de ouro no valor inferior a mil réis.

Vinham também para o Brasil os que falsificavam sinal ou selo oficial. Se fosse selo-del-Rei seriam condenados à morte, nos demais casos, degredados para sempre para o Brasil.[43] Igual era a sorte dos que resistissem ou desobedecessem aos oficiais de justiça, ou lhes dissessem palavras injuriosas. Se houvesse ferimento: pena de morte; em caso simples de resistência, degredo perpétuo, às vezes associada ao decepamento da mão.[44]

Havia ainda os que faziam escrituras falsas ou usavam delas[45] ou os que davam testemunhos falsos aos oficiais reais que recebiam serviços – "peitas" das partes –, bem como os que os tentavam comprar.[46] Os oficiais que cobrassem mais do que era estipulado pela lei, para determinados serviços.[47] Os naturais do Reino que aceitassem navegação fora dele, fossem eles pilotos, mestres ou marinheiros.[48] Os que sem licença do rei fossem ou mandassem alguém à Índia, Mina, Guiné, ou os que, embora possuindo autorização para isso, não obedecessem aos seus regimentos. Todos estes eram punidos quer com a morte, quer com o degredo para o Brasil, conforme a gravidade da transgressão.

---

43 Ibid., p.306.
44 Ibid., p.299 e 301.
45 Ibid., p.307.
46 Ibid., p.332.
47 Ibid., p.335.
48 Ibid., p.382.

Igual destino era dado aos que vendessem aos mouros coisas proibidas, como armas, materiais de construção de navios ou qualquer outro elemento que os infiéis pudessem aproveitar em ato de guerra,[49] ou aqueles que fossem à terra de mouros sem licença del-Rei. Finalmente incorriam nessa pena os que levassem para fora do Reino, sem licença real, trigo, farinha, cevada, milho, ou outro cereal qualquer, couros vacuns, peles de cabras etc.

Na maioria dos casos, quando o dano material é muito grande, decretada a pena de morte, esta seria comutada em degredo para o Brasil quando reduzidas as suas proporções.

De todos os crimes punidos com o degredo, são os atentados à sociedade, particularmente os crimes sexuais, os mais numerosos (note-se que estes são às vezes considerados ofensas à religião). Gilberto Freyre e outros chamaram a atenção para esse fato. Aquele tentara mesmo sugerir o interesse que a Coroa teria em enviar hipersexuais para a nova colônia, onde um aumento de população era de se desejar. Fosse esta ou não a razão, o fato é que quase todos os crimes sexuais eram assim castigados, salvo aqueles mais raros, que incorriam na pena de morte.

Crimes sexuais deveriam ser muito comuns numa sociedade dada a excessos, como bem o documenta toda a crônica do tempo e mesmo dos séculos anteriores. Leia-se para isso Garcia Resende – *Crônica de El Rei D. João II* –, que registra a frequência das violações de castidade, fidelidades conjugais, extravagâncias até mesmo do clero. Abusos que parecem ter se agravado nos fins do século XVI.

As *Ordenações* desfiam um não acabar de faltas desse tipo, que determinam o degredo para o Brasil:

Aquele que entrasse em mosteiro ou tirasse freira ou dormisse com ela,[50] se fosse peão, morreria por isso; se de "mor qualidade", seria degredado para sempre para o Brasil. Aquele que dormisse com mulher virgem ou viúva honesta ou escrava branca de guarda,[51] ou com sua tia, prima co-irmã, ou outra parente de segundo grau, cunhada ou órfãs menores que estivessem a seu

---

49 Ibid., p.403.
50 Ibid., p.253.
51 Ibid., p.284.

A DIALÉTICA INVERTIDA E OUTROS ENSAIOS

cargo. Neste último caso deveria o criminoso pagar seu casamento em dobro, só sendo degredado se não pudesse fazê-lo. Além desses, os casos de adultério, geralmente punidos com a morte, podiam apresentar certas circunstâncias atenuantes. Por exemplo, quando o marido da adúltera a quisesse perdoar. Neste caso, rezam as Ordenações, "'como' pareceria escândalo ao povo, sendo a adúltera reconciliada com seu marido ser o adúltero justiçado, havemos por bem, que quando o marido perdoar a mulher e acusar o adúltero ele não morra morte natural mas seja degredado para sempre para o Brasil". "Sendo provado 'que algum homem consentia a sua mulher que lhe fizesse adultério', seriam ele e ela açoutados com senhas capelas de cornos e degredados para sempre para o Brasil."[52]

O adultério era castigado mesmo quando a mulher era "casada de feito e não de direito", havendo neste caso para os culpados a penalidade de degredo para o Brasil em diferentes Capitanias! Isso sugere bem o quanto as distâncias constituíam sérios entraves para as comunicações entre as várias partes do Brasil.

Finalmente as barregãs de clérigos ou de outros religiosos no caso de reincidência seriam degredadas para o Brasil, bastava para isso que se provasse estar acusada: "Em voz e fama de barregã e assim que em espaço e seis meses contínuos, foi visto o clérigo entrar em sua casa ou ela em casa dele, sete ou oito vezes, posto que cada uma das ditas vezes se não prove, senão por uma só testemunha".

Há também todos os tipos de alcoviteiros que só escapavam da morte ou degredo para o Brasil muito raramente, e quando houvesse atenuantes tais que permitisse isso. Neste caso, deveriam as alcoviteiras trazer sempre: "polaina ou enxaravia vermelha na cabeça fora de sua casa",[53] para assim serem facilmente identificadas. Essa condenação nos faz lembrar a obrigação que tinham mouros e judeus, ao sair à rua, de usar certos distintivos: os primeiros, uma lua de pano vermelho cosida no ombro direito, na capa e no pelote, e os segundos, carapuça ou chapéu amarelo.

---

52 Ibid., p.269.
53 Ibid., p.281.

Entre os crimes de agressão ou ofensa à moral social ou à coletividade, há os de caráter mais sério: tentativas de morte, assassinatos e casos vários de roubos e fraude, muitos dos quais são punidos com o degredo para o Brasil. E aqui não se poderia dizer que, em face do conceito atual, estes não seriam criminosos.

Degredados eram os que em rixas ferissem com armas, espingarda ou besta, farpão, palheta, seta, viratão ou virote ferrado, sem matar (pois, se houvesse morte, o criminoso pagaria com a vida). O mesmo sucedia aos que matassem a mulher por encontrá-la em adultério.[54] E aos que servissem de intermediários em caso de desafio de duelo.[55]

Entre os casos de fraude e roubo castigados com o degredo para o Brasil estão os partos falsos: "toda mulher, dizem as *Ordenações*, que se fingir prenhe sem o ser, e der o parto alheio por seu, seja degradada para sempre para o Brasil e perca seus bens para nossa Coroa".

Ladrões e falsificadores são de igual forma punidos: ourives que falsificassem suas obras; comerciantes que utilizassem pesos e medidas falsas; pessoas que fossem apanhadas em intenção de furto ou arrombamento, mesmo aqueles que depois do sino de recolher ter soado fossem encontrados com alguns "artifícios que se mostre que são para abrir ou quebrar áreas, ou portas [...]", seriam presos e enviados ao Brasil. Igual sorte tinham os assaltantes de estradas quando o dano produzido fosse inferior a cem réis (se fosse superior seriam condenados à morte); aqueles que arrendassem ou vendessem propriedade alheia por sua, ou os mercadores que se alevantassem com dinheiro ou dívida ou qualquer fazenda alheia. Em todos esses casos, seguia-se sempre o critério de, conforme o valor do roubo ou fraude, a condenação de morte prevista ser comutada em degredo para o Brasil.

Ao lado desses criminosos, todos os desocupados e jogadores desonestos que falsificassem dados ou cartas ou com elas jogassem ou vivessem de tabolagem seriam mandados ao Brasil.

---

54 Ibid., p.287.
55 Ibid., p.293.

A DIALÉTICA INVERTIDA E OUTROS ENSAIOS   47

Nessa legislação, multiplicam-se os privilégios da nobreza: abrandamento das penas, direito de apelo à justiça real etc. A desigualdade social imperava. Tomadias, tenças, coutias, isenções de impostos, moradias e finalmente os privilégios legais davam à nobreza uma posição extremamente invejável que ajuda a explicar o desejo de nobilitação do português seiscentista e setecentista, característica acentuada pela literatura e por todos os cronistas do tempo. Por isso, dizia Gil Vicente na *Farsa dos Almocreves*: "Cedo não há de haver vilão/ Todos del-rei, todos del-rei".

Essa ambição de ser nobre não se apoiava apenas no prestígio social que gozava essa classe. Também se fundamentava nos direitos e cláusulas de exceção que usufruíam. É o caso, por exemplo, do crime de sedução. Se o sedutor fosse fidalgo ou pessoa posta em dignidade ou honra grande e o pai da moça fosse pessoa plebeia "de baixa maneira, assim como alfaiate, sapateiro, ou outro semelhante, não igual em condição, nem estado, nem linhagem ao levador",[56] o levador (sedutor) seria riscado dos livros da Coroa e perderia qualquer terça que tivesse, sendo outrossim degredado para a África até mercê real. Qualquer outro de qualidade social diversa que cometesse o mesmo crime era condenado à morte.

Dessa forma, a legislação consagrava as diferenças sociais. O mesmo sucede nos casos de bigamia, adultério, resistência a oficiais reais, ou outros crimes. A pena de decepamento da mão, relativamente frequente na legislação do tempo, não se estendia aos fidalgos ou cavaleiros, que, se cometessem falta cuja punição devesse ser essa, receberiam outra em substituição.[57] Até mesmo nos casos graves, como, por exemplo, os assassinatos, cuja pena em geral era de morte, repetia-se a intervenção real, beneficiando a nobreza. Diziam nesse sentido as *Ordenações*:

se algum fidalgo de grande solar matar alguém não seja julgado a morte sem no-lo saber para vermos o estado, linhagem e condição da pessoa, assim do matador como da morte e qualidade e

---

56 Ibid., p.300 – "levador" é empregado por sedutor, na linguagem da época.
57 Ibid., p.283.

circunstâncias da morte e mandarmos o que for serviço de Deus e bem da República.

Essas distinções refletem bem a mentalidade da época que igualmente possuía um critério especial para julgar a mulher. Sua personalidade jurídica era diversa da do homem. Quando aplicadas a mulheres, as penalidades são muito frequentemente abrandadas. Isso quando elas se apresentam totalmente isentas de responsabilidade jurídica. Este fato era tão generalizado que, ao se pretender estende-las às mulheres, costumava-se especificar no texto da lei: "Esta lei queremos que também se estendam e haja lugar nas mulheres".[58]

A necessidade de enunciar assim tão claramente no texto da lei a sua aplicação às mulheres sugere bem o seu caráter excepcional. Isto se explica facilmente por se tratar de uma sociedade de caráter profundamente patriarcal como era a portuguesa, no século XVI. À mulher eram concedidas certas imunidades em virtude da sua irresponsabilidade, social e legalmente reconhecida, própria do seu sexo. A lei consigna a desigualdade entre homem e mulher, característica dos regimes patriarcais. Menores direitos, menos obrigações e deveres perante a sociedade.

As faltas que determinavam o degredo para o Brasil eram, pois, da mais variada ordem, desde aquelas que nos nossos dias perderam o caráter criminal às que ainda o conservam e são severamente punidas. Seria difícil afirmar-se que a maioria era insignificante. O contrário é a verdade.

Ao lado desses elementos que eram obrigados a se exilar, há os criminosos que espontaneamente emigravam para o Brasil, fugindo às penalidades merecidas, aproveitando-se do direito de homizio, atribuído às capitanias desde o início da colonização[59] por um alvará especial que declarou cada capitania coito

---

58 Ibid., p.250.

59 O direito de homizio concedido frequentemente pelo rei a certas províncias portuguesas era até disputado por aquelas cuja população era muito rala. Não se fazia, pois, uma inovação no Brasil ao se estender às capitanias essa medida. Em 20 de agosto de 1534 foi pela primeira vez concedida no Brasil a Francisco Pereira Coutinho, ampliando-se depois às demais.

A DIALÉTICA INVERTIDA E OUTROS ENSAIOS 49

e homizio para todos os criminosos, mesmo os já condenados à pena de morte, com exceção daqueles crimes-heresia, traição, sodomia e moeda falsa, que eram, depois do de Lesa-Majestade, os mais graves e nefandos da legislação penal do tempo. Esses homiziados teriam vindo somar-se aos degregados, contribuindo com um contingente relativamente numeroso para o primeiro povoamento do Brasil.

A fiscalização exercida sobre os que haviam incorrido na pena de degredo era perfeita. Procurava-se, de todas as formas, evitar qualquer possibilidade de fuga, desde o local onde fora julgado e aprisionado o criminoso até o porto de embarque. A esse respeito dizem as *Ordenações*:

> Não hajam de ir soltos em fiança, tanto que forem juntos na dita cadeia (sendo pelo menos seis), o corregedor ou Ouvidor os fará trazer pelo Juiz de Fora do lugar onde a dita cadeia estiver, com o Meirinho ou Alcaide do tal e com um tabelião e mais gente que for necessária para virem seguramente até o outro primeiro lugar do caminho de Lisboa em que houver Juiz de Fora, o que tornará entrega deles e desta maneira irão de Juiz de Fora em Juiz de Fora até chegar a dita chegada.[60]

O ritual não se encerrava aqui. As medidas de segurança continuavam: navio algum poderia partir de Lisboa para o Brasil sem o fazer saber ao Regedor da Casa da Suplicação para este ordenar os degregados que cada navio havia de levar. Depois, ao passar pela Torre de Belém, deveriam exibir a certidão do Regedor que tornara ciência da sua partida. Finalmente, aqueles que partissem sem tomar essas providências incorriam em severas penalidades.

Os degredados que fossem cavaleiros ou escudeiros levariam cadeias nos pés enquanto os demais as usariam no pescoço. Se algum degredado tentasse fugir ao chegar ao local do exílio, seria severamente punido se não exibisse, quando reclamado, a certidão de já ter cumprido a pena. O degredo se agravaria. Se

---

60 *Ordenações Filipinas*, op. cit., p.507.

era para a África, passara a ser para o Brasil. O prazo também dobrava. Se fosse degredo perpétuo para o Brasil, incorreria na pena de morte. Todos os cuidados eram poucos para realizar o bom funcionamento do sistema.

Teria este sido eficaz nas suas verdadeiras finalidades: provocar o povoamento da Colônia? Teriam sido os degregados elementos perniciosos para o povoamento, ou, livres das sanções de uma sociedade onde eram desajustados e contra a qual se haviam rebelado, ao construir uma nova vida ter-se-iam regenerado? É difícil saber. Apenas podemos fazer suposições. Haveria casos de regeneração. Em nossos dias são múltiplos, principalmente em se tratando de criminosos acidentais. Mas haveria também os que, devido a sua má formação de caráter, taras, desvios, jamais se transformariam em bons elementos. Provavelmente seriam estes que provocaram as queixas que a crônica coeva registra. Queixas de donatários, oficiais da Coroa portuguesa, ou de jesuítas. A célebre carta de Duarte Coelho, datada de dezembro de 1546, que, pela riqueza de informações, merece ser transcrita em parte, sugere essa conclusão.

Outro sim Senhor já por três vezes tenho escrito... dado conta a V. A. acerca dos degredados e isto Senhor digo por mim e por minhas terras e por quão pouco serviço de Deus e de V. A. é de bem e aumento desta Nova Lusitânia mandar que tais degradados como de três anos para que me mandam porque certifico a V. A. e lhe juro pela hora da morte que nenhum fruto nem bem fazem na terra mas muito mal e dano e por sua causa se fazem cada dia males e temos perdido o crédito que até aqui tínhamos com os índios por que os que Deus nem a natureza não remedeia como eu o posso remediar, senhor, senão em cada dia os mandar enforcar o qual é grande descrédito e menoscabo com os índios e outro sim não para nenhum trabalho, nem pobres e nus não podem deixar de usar de suas manhas e nisto cuidam e treinam sempre em fugir e em se irem, creia V. A. que são piores que na terra que peste pelo qual peço a V. Z. Que pelo amor de Deus foi peçonha e a não mande porque é mais destruir o serviço de Deus e seu e o bem meu e de quantos estão comigo que não usar de misericórdia com tal gente porque até nos navios que vem fazem mil males e como vem mais

A DIALÉTICA INVERTIDA E OUTROS ENSAIOS 51

dos degradados que de gente que mereça; os navios levantam-se e fazem mil males e achamos que menos dois navios que por trazerem muitos degradados são desaparecidos, torno a pedir a V. A. que tal gente que não mande e que me faça mercê de mandar as suas justiças que os não meta por força nos navios que para minhas terras vierem porque é senhor, deitarem-me a perder.[61]

Dificilmente se poderia, depois de tão exaltado libelo, dizer que os degredados punidos por crimes insignificantes não constituíam maus elementos na primeira fase da colonização. Embora possamos, repito, reconhecer que muitos se regeneraram. Provavelmente por isso Duarte da Costa, da capitania de Pernambuco, em 3 de março de 1555, solicita perdão para quatro degredados "porque terra tão nova como esta e tão minguada de coisas necessárias é digna de muitos perdões e mercês para se acrescentar".

Eis outro ponto de vista. Esta carta, entretanto, não apaga a primeira impressão, a qual é reforçada por outros depoimentos contemporâneos.

Nóbrega, numa carta ao Padre Mestre Simão, datada de 1549, dizia: "Trabalhe Vossa Reverendíssima por virem a esta terra pessoas casadas porque certo é mal empregada esta terra em degradados, que cá fazem mal e já que cá viessem havia de ser para andarem aferrolhados nas obras de Sua Alteza".[62]

Com o que concorda Mem de Sá em carta ao Rei em janeiro de 1560:[63] "Deve V. A. lembrar que povoa esta terra de degradados e malfeitores que os mais deles merecem a morte e não tem outro ofício se não urdir males".

Diante desses testemunhos, somos levados a concluir que os degredados contribuíram, muitas vezes, para formar na nova colônia um ambiente de desregramento, vícios e pecados, provocando escândalo dos religiosos. As cartas de Nóbrega, Anchieta, Simão Rodrigues e tantos outros o evidenciam. Com o passar dos tempos, muitos daqueles desajustados se adaptaram e lançaram os

---

61 Dias (Org.), op. cit., p.314-6.
62 Idem, p.372.
63 Manuel da Nóbrega, *Cartas do Brasil*, p.196.

fundamentos de uma nova sociedade em que a mancha da origem foi apagada. É o que nos sugere um diálogo travado entre Alviano e Brandônio, no *Diálogo das grandezas do Brasil*. Respondendo ao primeiro que dissera ter sido o Brasil inicialmente povoado por degredados e gente de mau viver, portanto faltos de qualidades, diz Brandônio:

> Nisso não há dúvida, mas deveis saber que esses povoadores primeiramente vieram a povoar o Brasil a poucos lanços pela largueza da terra deram em ser ricos e com a riqueza foram largando de si a ruim natureza de que as necessidades da pobreza que padeciam no Reino os faziam usar. E os filhos dos tais, já entronizados com a mesma riqueza e governo da terra despiram a pele velha como cobra usando em tudo de honradíssimos termos como se ajuntar a isso terem vindo depois a este Estado muitos homens nobilíssimos e fidalgos os quais casaram nele e se ligaram em parente com os da terra em forma que se há feito entre todos uma mistura de sangue assas nobre.

O TRÁFICO DE ESCRAVOS – UMA LIÇÃO SOBRE COLONIALISMO[1]

Quando comparamos os primeiros contatos entre europeus e nativos na África, na América do Norte e na América do Sul, vemos surgir semelhanças surpreendentes dentro da diversidade das experiências coloniais. Os colonizadores tinham origens distintas: alguns eram ingleses puritanos, como os que se estabeleceram em Massachusetts, ou anglicanos, como os colonos da Virgínia; outros, a exemplo dos conquistadores do México e do Peru, eram católicos espanhóis; outros ainda eram portugueses católicos, como os donos de plantações no Brasil e os mercadores e burocratas da Coroa na África Ocidental. Os primeiros povoadores haviam migrado para os novos territórios por uma grande variedade de razões e com diferentes propósitos em mente. Os puritanos estavam escapando de perseguições políticas e religiosas; condenavam a corrupção em sua terra natal e tinham a esperança de criar uma "cidade dos santos" no Novo Mundo. Os missionários espanhóis e portugueses também queriam criar uma comunidade cristã perfeita, mas colocaram todas as esperanças na conversão dos índios, muitos dos quais,

---

1 Publicado originalmente em inglês: The Portuguese-African Slave Trade – A Lesson in Colonialism. *Latin American Perspectives*, Issue 44, v.12, n.1, 1985, p.41-61. Tradução de Renato Prelorentzou.

de início, lhes pareciam viver em estado de inocência. Muitos portugueses na África, espanhóis na América e ingleses na Virgínia haviam escapado da pobreza e da degradação social na terra de origem e sonhavam com a pilhagem das terras descobertas e com a exploração do trabalho dos nativos. Outros eram animados pelo desejo de servir ao rei e de lhe aumentar o patrimônio, enquanto acumulavam ouro e outras riquezas para si mesmos – como Cortés fez no México e Pizarro no Peru. Também havia mercadores que buscavam expandir seus negócios. E, por fim, havia os degredados enviados como colonos ao Novo Mundo por astutos administradores reais, que viram a chance de fornecer mão de obra às colônias e, ao mesmo tempo, livrar a terra natal de elementos que pareciam ameaçar a ordem pública.

Os colonizadores fundaram cidades na Nova Inglaterra, *plantations* no Brasil e na Virgínia, entrepostos comerciais na África, e cidades, *haciendas* e campos de mineração no México e no Peru. Da África eles exportavam escravos, marfim e especiarias; do México e do Peru, ouro e prata; do Brasil, madeira e açúcar; e da Virgínia, tabaco. Em uma primeira etapa, o empreendimento era mais comercial no Brasil, na África e na Virgínia, mais militar no México e no Peru e mais religioso na Nova Inglaterra. Em quase todos os lugares, o lucro e a religião foram motores importantes no início. Entretanto, mais cedo ou mais tarde, o comércio e a ganância prevaleceram sobre as motivações religiosas, e a força militar se fez ainda mais necessária para acabar com as resistências, conferindo um grau de uniformidade a essas colônias inicialmente diversas.

As populações nativas também apresentavam uma grande variedade de características culturais e étnicas. Havia diferenças fundamentais entre os índios paleolíticos da costa brasileira e os sofisticados astecas, maias e incas, cujas complexas civilizações impressionaram os conquistadores. Os colonizadores também encontraram grupos em diferentes estágios de desenvolvimento ao longo de toda a costa da África.[2] Os muçulmanos da costa

---

2 Davidson, *The African Slave Trade: Pre-Colonial History, 1450-1850*; Rodney, *A History of the Upper Guinea Coast: 1545-1800*.

A DIALÉTICA INVERTIDA E OUTROS ENSAIOS   55

nordeste tinham pouco em comum com os grupos que viviam no Congo; a população que circundava o entreposto comercial de Elmina era drasticamente distinta dos jagas de Angola. Suas organizações econômicas, políticas e sociais diferiam, assim como seus graus de desenvolvimento tecnológico, seus recursos econômicos e suas crenças e rituais religiosos.

Apesar dessa extraordinária multiplicidade de propósitos e condições, expectativas e realidades, os primeiros contatos entre europeus e nativos produziram padrões de comportamento, estereótipos e frustrações com notáveis semelhanças. O que Edmund Morgan[3] diz a respeito da Virgínia vale para todos os demais lugares: os colonos não faziam jus às próprias expectativas. Eles pensavam estar fazendo História, mas a história escapou ao seu controle. Por toda parte, a esperança inicial de relações pacíficas com os nativos, expressa amiúde em recomendações oficiais e em documentos de missionários, foi frustrada. E também por toda parte os colonizadores exploraram as rivalidades internas que dividiam os nativos, fazendo alianças com algumas tribos ou grupos sociais contra outros. Os nativos fizeram o mesmo. Exploraram as rivalidades entre os colonizadores para criar um espaço próprio e, muitas vezes, transformaram as instituições que os colonos criavam para controlá-los em meios de resistência e sobrevivência.[4] Em todos os lugares, líderes nativos que almejavam se beneficiar das novas parcerias logo perceberam que haviam caído na armadilha de alianças pouco vantajosas, o que os tornou cada vez mais hostis. De um jeito ou de outro, todos foram por fim subjugados pelos colonizadores. Em todas as colônias havia nativos prontos a trocar suas tradições por costumes novos, na esperança de melhorar de vida. E em todas as colônias havia europeus que, fascinados pelo modo de vida primitivo ou seduzidos pelos encantos de uma civilização estrangeira, fugiam das restrições de suas próprias sociedades, renunciavam à sua herança cultural

---

3 Morgan, *American Slavery, American Freedom: The Ordeal of Colonial Virginia.*

4 Stern, *Peru's Indian Peoples and the Challenge of Spanish Conquest, Huamanga to 1640.*

e adotavam os costumes dos nativos – para o horror de seus compatriotas. Em ambos os casos, os indivíduos que trocaram sua cultura pela do outro quase sempre foram fundamentais para o estabelecimento da dominação colonial. Mais raramente, chegaram a ser líderes das revoltas que desafiaram as autoridades nas colônias.

Com a exceção daqueles poucos que adotaram o estilo de vida autóctone, a maioria dos europeus desprezava a cultura local e considerava os nativos preguiçosos, traiçoeiros, violentos e promíscuos. Até mesmo quando, de início, haviam ficado comovidos pela "inocência primitiva" dos índios – a exemplo do que aconteceu com Bartolomé de las Casas no México e Manuel da Nóbrega no Brasil – ou admirados com sua arquitetura, riqueza material e complexa organização social – como os espanhóis no México e no Peru –, os europeus logo abandonaram quaisquer opiniões positivas e encontraram um jeito de se convencerem da inferioridade e da depravação dos nativos. Isto ocorreu, sobretudo, com os rituais religiosos (os sacrifícios humanos no México, por exemplo, ou os rituais canibais dos índios brasileiros) e com as diferentes formas de conceber a propriedade, o trabalho, a família e a sexualidade. Convencidos, salvo em raras exceções, da própria superioridade, os colonizadores tentaram impor sua religião e seus costumes aos nativos e não conseguiam entender quando estes se apegavam a suas próprias tradições ou regressavam a elas depois de terem sido "civilizados" ou "cristianizados".

Por toda parte também havia, inicialmente, uma contradição entre uma moralidade cristã ainda medieval e a lógica do lucro. Os colonos tinham de fazer acrobacias mentais e retóricas para racionalizar a ganância e justificar a exploração dos outros. Nesse processo, tanto a cristandade quanto o lucro foram redefinidos, novas formas de legitimação das desigualdades sociais, baseadas em diferenças raciais, tomaram o lugar das justificativas religiosas e culturais anteriores, e o que originalmente fora entendido como saque se tornou mercadoria.

Este artigo analisa os primeiros contatos entre portugueses e africanos nos séculos XV e XVI. Embora não seja um estudo comparativo, faz uma comparação implícita. Meu objetivo não é reconstituir o processo de expansão colonial que levou os

A DIALÉTICA INVERTIDA E OUTROS ENSAIOS 57

portugueses à África. Muito já se escreveu sobre essa questão.[5] Em vez disso, procuramos enfocar as características do contato português-africano que parecem fazer parte de um padrão universal, aspectos que relembram as explorações europeias em outras áreas do globo e que talvez sejam denominadores comuns do colonialismo moderno.

Quando Azurara, o mais importante cronista do Infante Dom Henrique, o Navegador, escreveu seu relato das primeiras expedições portuguesas à África, atribuiu ao príncipe uma série de razões.[6] Dom Henrique fora impelido por seu fervor em servir a Deus e ao rei. Ele queria negociar com os africanos, o que, na opinião de Azurara, iria trazer vultosos lucros a seus compatriotas. E também ansiava obter mais informações sobre os africanos, pois "todo sábio é obrigado por natural prudência a almejar conhecimento do poder de seu inimigo". Movido por seu grande desejo de "avultar a fé em nosso Senhor Jesus Cristo e de trazer a ela todas as almas que se quisessem salvar", Dom Henrique buscava príncipes cristãos na África a quem pudesse se aliar na luta contra os inimigos da fé. E, por último, mas não menos importante, ele fora guiado rumo a suas aventuras pelas rodas da Fortuna – ou, nas palavras de Azurara, pela "inclinação das rodas celestiais":[7]

> Porque seu ascendente foi Áries, que é casa de Marte e de exaltação ao sol, e seu senhor está na XIª casa, em companhia do sol. E porque o dito Marte estava em Aquário, que é a casa de Saturno, e em casa da esperança, significou que o Senhor deveria labutar em conquistas altas e fortes, especialmente na procura das coisas que estavam escondidas dos outros homens e em segredo, segundo a natureza de Saturno, em cuja casa ele está. E pelo fato

---

5 Wallerstein, *O sistema mundial moderno, v.2: O mercantilismo e a consolidação da economia-mundo europeia, 1600-1750*; Godinho, *L'Économie de l'émpire portugais au XVè et XVIè siècles*; Oliveira Marques, A. H. de. *History of Portugal, v.1: From Lusitania to Empire*.

6 Azurara, The Chronicle of the Discovery and Conquest of Guinea, v.1. In: Beazley, Prestage (Orgs.), *The Hakluyt Society*, 95, p.27-30.

7 Ibid.

de ser acompanhado pelo sol, como disse, e o sol estar na casa de Júpiter, significou que todos seus tratos e conquistas seriam feitos com lealdade, segundo a felicidade de seu Rei e Senhor.[8]

Para nós, é claro que a Fortuna, Marte e Saturno tinham menos a ver com tudo isso que o espírito de aventura e cruzada ou o desejo de riqueza e poder. Podemos desconfiar das convenções literárias de Azurara: escrevendo desde uma perspectiva aristocrática, dentro das tradições clássicas e medievais de proezas militares e cavaleirescas, ele tendia a ver todo o empreendimento como uma façanha de cavaleiros. Ainda assim, não podemos duvidar do fato de que a fé, a glória e o comércio eram motivos importantes na decisão do príncipe de explorar a costa da África. Também sabemos que não foram os sonhos do infante, mas sim os meios disponíveis – o capital inicial investido, o aperfeiçoamento da arte da navegação – o que determinou o sucesso da iniciativa. Aqueles que se associaram ao príncipe estavam em busca de metais preciosos, marfim e especiarias, de cereais, açúcar e corantes – e talvez até mesmo de lenha ou madeira para carvão. Os mercadores queriam novos espaços para comerciar; a nobreza, preocupada com o declínio das receitas senhoriais, estava ávida por descobrir novas fontes de renda; e a Coroa, sobrecarregada com as crescentes atribuições, queria aumentar seu próprio tesouro.

No começo do projeto, havia muito medo e ceticismo. O príncipe tinha de confiar no espírito aventureiro de seus cavaleiros, no empreendedorismo e no capital de alguns mercadores e na coragem e na cobiça dos marujos que ousavam enfrentar os perigos da navegação oceânica e explorar a desconhecida costa africana. Mas, quando as notícias sobre as riquezas e honrarias que se haviam acumulado depois da primeira viagem chegaram aos ouvidos dos mais cautelosos, estes também quiseram participar daquela aventura lucrativa: "alguns para servir, outros para

---

8 N. T.: Os trechos de Azurara são citados em inglês pela autora. As traduções para o português aqui presentes foram feitas com base em Azurara, *Chronica do descobrimento e conquista de Guiné* (disponível em: http://www.brasiliana.usp.br/bbd/handle/1918/00242400).

A DIALÉTICA INVERTIDA E OUTROS ENSAIOS

ter honra, outros com esperanças de ganhos".[9] Como Azurara observou com perspicácia, "cada uma dessas duas coisas trazia a outra consigo, pois, ao servir, eles acumulavam ganhos para si próprios e acresciam também suas honras".[10]

No primeiro contato, os portugueses, sob as ordens do príncipe Henrique, capturaram vários nativos e os levaram a Portugal, para que dessem informações sobre a terra e servissem de intérpretes nas próximas viagens. Que os exploradores caíssem sobre os "Mouros" – como chamavam os nativos – gritando "Portugal e Santiago! Santiago e São Jorge!" a plenos pulmões já sugeria seu comprometimento com Deus e com o rei.[11] Descrevendo o primeiro grupo de azenegues que os portugueses encontraram, Azurara se refere a eles com palavras que muitos outros viriam a usar depois: uma "raça bárbara e bestial".[12] (Ele acrescentou, no entanto, que, quando resistiam aos inimigos, demonstravam astúcia em seu comportamento.)

Quando os primeiro cativos chegaram a Portugal, o papa, que já ouvira as boas novas, conferiu à Ordem de Cristo o direito de fazer a guerra contra mouros e outros inimigos da fé. Ele concedeu àqueles que se engajariam nessa "guerra justa" o perdão por todos os pecados, contanto que fossem verdadeiros penitentes e tivessem se confessado.[13] Por três vezes em apenas quatro anos, as bulas papais legitimaram a conquista portuguesa da África. Em 1452, na *Cum Diversas*, Nicolau V autorizou o rei de Portugal, Afonso V, a atacar, conquistar e subjugar sarracenos, pagãos e outros infiéis "hostis" a Cristo, a tomar seus bens e seus territórios, a lhes impor escravidão perpétua e a transferir suas terras e propriedades ao rei de Portugal e seus sucessores.[14] Em 1455, *Romanus Pontifex* especificou que os infiéis de regiões entre o Marrocos e as Índias poderiam ser subjugados e convertidos.[15] No ano seguinte, na *Intercaetera*, Calisto III confirmou os termos

---

9 Azurara, op. cit., v.1, p.61; Brasio, *Monumenta missionaria africana*, p.104.
10 Azurara, op. cit., v.1, p.58.
11 Ibid., p.66.
12 Ibid., p.49.
13 Ibid., p.53.
14 Brasio, op. cit., v.1, p.269.
15 Ibid., p.277.

da *Romanus Pontifex* e concedeu à Ordem de Cristo jurisdição espiritual sobre todas as áreas conquistadas.[16]

As justificativas do papa para a escravidão (em algumas circunstâncias) eram acompanhadas por uma legitimação do monopólio de Dom Henrique sobre a África. Em 1443, seu irmão, o rei de Portugal, lhe concedeu direitos exclusivos sobre a região recém-descoberta, "pois ninguém deveria ir para lá sem sua licença ou mandato especial".[17] As concessões de monopólio sobre a terra e de direito de escravizar nativos em guerra justa fluíam, em teoria, do papado para a Coroa e depois para Dom Henrique e a Ordem de Cristo. Mas, na verdade, a iniciativa se moveu na direção contrária: de Dom Henrique para a Coroa e daí para o papado.

Sancionada pela Igreja e pela Coroa, a escravização de nativos africanos foi entendida pelos portugueses como um empreendimento totalmente legítimo e até mesmo providencial. Assim, em suas primeiras viagens para a África, eles apanharam mulheres, crianças e todos os homens que tiveram ao alcance das mãos, "agradecendo a Deus a boa sorte, a qual haviam conseguido por intermédio de sua Graça", felizes por terem dominado os inimigos da fé. Parecia que Deus, que "socorreu aqueles que estavam a Seu serviço nos perigos e labutas", ficava satisfeito ao ver cristãos derrotando e aprisionando "Mouros".[18]

Essa ideia de que as incursões africanas eram batalhas entre cristãos e mouros se adequava à tradição histórica dos portugueses. Além de a guerra contra os mouros ter sido uma experiência costumeira em Portugal, a própria escravatura fora, por séculos, uma instituição usual e sancionada pela lei e pela religião.[19] As referências a escravos mouros são frequentes nas fontes medievais, mas a legislação portuguesa do período mostra que os mouros não eram os únicos a serem escravizados. Havia uma série de circunstâncias pelas quais qualquer indivíduo poderia se tornar

---

16 Ibid., p.384.
17 Ibid., p.266-7, 391-4.
18 Azurara, op. cit., vol.1, p.72-6.
19 Almeida, *História de Portugal*, v.3, p.213-31; Heleno, *Os escravos em Portugal*.

escravo. Além dos prisioneiros de guerra justa contra os mouros, qualquer pessoa nascida de uma mãe escrava também seria escravizada, de acordo com a teoria do *partus sequitur ventrem*. Também os devedores que não conseguiam pagar os credores poderiam ser feitos escravos, assim como aqueles que não conseguiam cumprir contratos de serviço ou cláusulas de testamento. Qualquer um poderia ser condenado à escravidão por violar o direito de asilo ou por sequestrar crianças ou escravos da pequena nobreza para vendê-los aos infiéis. Cristãos que vendiam armas, ferro, madeira ou seda aos inimigos da fé também eram condenados à escravidão, assim como servas que tinham filhos de clérigos. O mesmo destino cabia a qualquer alforriado ingrato perante seu benfeitor e a quem se casasse com um escravo. Além de todos esses casos, os extremamente pobres podiam optar pela escravidão, trocando sua liberdade por segurança e comida. Na legislação medieval, os escravos apareciam ao lado de mulas, aves, vinho e cavalos. Eles também eram mencionados em testamentos e cartas de doação.

A partir do século XIII, as expedições ao litoral norte da África se tornaram a principal fonte de escravos. Depois da conquista de Ceuta, em 1415, as incursões portuguesas se intensificaram na região, continuando a prover escravos mouros a Portugal. A justificativa básica para os ataques residia no fato de que os nativos eram infiéis. Invocando essa longa tradição, Azurara pôde se comover com a trágica separação de pais e filhos durante o primeiro leilão de africanos e, ao mesmo tempo, se regozijar com sua salvação:

> Que coração, por duro que pudesse ser, não ficaria pungido por um sentimento piedoso ao ver aquela companhia? Pois uns tinham as cabeças baixas e os rostos lavados de lágrimas, olhando uns para os outros. Uns outros grunhiam muito dolorosamente, olhando para os céus... Outros feriam seus rostos com as palmas, lançando-se estendidos ao chão... E então sobreveio a partilha... não se mostrou respeito qualquer aos amigos nem aos parentes, cada um seguia sua sorte... Os filhos, vendo os pais seguindo outro destino, levantavam-se com muita energia e se lançavam para eles. As mães apertavam os outros filhos nos braços e se jogavam no chão por sobre eles, recebendo golpes com pouca piedade de sua própria carne... o Infante estava lá, montado sobre um poderoso

62 EMÍLIA VIOTTI DA COSTA

garanhão e acompanhado de seu séquito, fazendo a distribuição de seus favores, como um homem que queria apenas um pequeno tesouro de sua parte; pois das quarenta e seis almas que eram seu quinto ele muito brevemente fez a partilha; pois sua principal riqueza era sua vontade; pois ele refletia com grande contentamento sobre a salvação das almas que antes estavam perdidas.[20]

Na opinião de Azurara, a escravidão dava aos mouros a chance de se converterem ao cristianismo. Não devemos duvidar de sua sinceridade quando ele diz que, uma vez escravizados, os africanos realmente se tornavam cristãos com muito pouco esforço e seus filhos e netos nascidos em Portugal eram cristãos tão bons e verdadeiros quanto os nascidos na fé. Azurara provavelmente também estava falando a verdade ao dizer que os mestres não faziam distinção entre esses escravos e os servos nascidos no país. Eles lhes ensinavam as artes mecânicas, os libertavam após alguns anos e os casavam com portuguesas nativas.[21]

Azurara estava convencido de que os africanos eram libertados pela escravatura: eles eram resgatados do pecado eterno e trazidos para a civilização.

Antes viviam em perdição de alma e corpo: das almas enquanto ainda eram pagãos sem os costumes dos seres sensatos, pois não tinham conhecimento do pão e do vinho; do corpo, pois não tinham a cobertura das vestes e o abrigo das casas; e, pior de tudo, pela grande ignorância que entre eles havia, pois não tinham entendimento do bem, sabiam apenas viver em uma indolência bestial.[22]

Essas palavras expressam a profunda convicção que Azurara compartilhava com a maioria dos europeus em seus contatos com os africanos. Embora reconhecessem que todos os homens eram filhos de Adão e, portanto, seres racionais que podiam ser salvos, os europeus acreditavam na absoluta superioridade de sua própria cultura e religião. Uns poucos, a exemplo de Sepúlveda

---

20 Azurara, op. cit., v.1, p.83.
21 Ibid., p.84.
22 Ibid., p.85.

A DIALÉTICA INVERTIDA E OUTROS ENSAIOS 63

no mundo hispânico, acabaram por negar a racionalidade dos nativos. Alguns outros, como Manuel da Nóbrega, um jesuíta do Brasil do século XVI, afirmou a igualdade de todos os homens perante Deus e disse que as diferenças dos costumes se explicavam pelas diferentes formas de criação.[23] Mas tanto uns quanto outros pareciam pensar que a superioridade cultural de um povo sobre os outros era uma graça de Deus. Outros ainda, seguindo Aristóteles, acreditavam – como Azurara – que, embora todos os homens fossem filhos de Adão e compostos pelos mesmos elementos, havendo recebido todos eles uma alma, "em alguns corpos os instrumentos não eram tão bons para gerar virtudes como naqueles a quem Deus, por sua Graça, havia concedido tal poder". E quando aos homens faltavam os princípios básicos, dos quais dependiam os mais elevados, "eles levavam uma vida pouco mais que bestial".[24]

Independentemente dos significados que atribuíam às diferenças culturais, os europeus que chegavam às áreas recém--descobertas quase sempre ficavam chocados com a forma como os nativos viviam. Em toda parte, encontramos as mesmas observações, feitas por puritanos na Nova Inglaterra, proprietários de terra na Virgínia, missionários no Brasil e traficantes de escravos na África. Os nativos viviam como animais, diziam eles. Não davam valor à propriedade; eram preguiçosos e promíscuos; não tinham modos, comiam comidas estranhas, eram imundos, supersticiosos, traiçoeiros, inconstantes, desleais, violentos e afeitos à mentira. Acima de tudo, eles eram presa fácil para o Diabo. Esses estereótipos são encontrados em todos os lugares, até mesmo no México e no Peru, onde a admiração inicial pelas conquistas culturais dos nativos foi contrabalançada pelo desprezo dos europeus por suas práticas religiosas. Lá, como em todas as demais colônias, a admiração logo cedeu lugar ao menosprezo.

Ao descrever os nativos africanos da costa oeste, Azurara[25] observou que eles cobriam os rostos mas andavam completamente

---

23 Nóbrega, *Diálogo sobre a conversão do gentio*, p.90.
24 Azurara, op. cit., v.1, p.109.
25 Azurara, The Chronicle of the Discovery and Conquest of Guinea, v.2. In: Beazley, Prestage (Orgs.), *The Hakluyt Society*, 100, p.231.

nus – e, a partir disso, deduziu sua "bestialidade". Ele criticou as mulheres mouras por andarem nuas "como quando saíram do ventre de suas mães" e também por fazerem sinais "indecentes" para os brancos, demonstrando seu desejo de se deitarem com eles.[26] Cadamosto,[27] que viajou pela África sob as ordens do príncipe Henrique entre 1455 e 1456, também ficou escandalizado com os costumes sexuais dos africanos: "Tanto os homens quanto as mulheres são excessivamente lascivos", escreveu. Ele também criticou o costume de comer no chão, "feito animais", e descreveu os negros da região do Senegal como limpos no trato pessoal, "mas sujos ao comer" e "rudes". "Em geral, são grandes mentirosos e trapaceiros." Comentando a respeito de outro grupo de africanos, os azenegues, escreveu que eram "mentirosos, os maiores ladrões do mundo e excessivamente traiçoeiros". Mais raramente e de quando em quando, ele elogiou os nativos por sua hospitalidade e aptidões. Reconheceu que "nas matérias nas quais não têm experiência, eles são crédulos e desajeitados, mas naquelas nas quais têm costume, são iguais aos nossos homens mais hábeis". Cadamosto também os elogiou por serem caridosos, "recebendo de boa vontade os estrangeiros e lhes oferecendo abrigo da noite e uma ou duas refeições, sem por isto cobrar".

Mais de um século depois, um relato sobre a região de Elmina salientou a necessidade de educar os negros, pois estes não tinham quaisquer modos e lhes faltavam entendimento e indústria. Eles deveriam ser forçados a trabalhar porque eram o povo mais indolente do mundo e afeitos ao ócio.[28] Repetidas vezes e por toda parte, outros colonizadores fizeram comentários parecidos. Usando categorias psicoanalíticas, podemos argumentar com alguns historiadores que pesquisam a história da fronteira americana e dizer que os europeus estavam projetando sobre os nativos as ansiedades e frustrações oriundas de sua moralidade cristã: eles viam os outros caindo nas tentações que mais temiam e contra as

---

26 Azurara, op. cit., v.1, p.111.

27 Cadamosto, The Voyages of Cadamosto and Other Documents on Western Africa in the Second Half of the Fifteenth Century, In: Crone (Org.), The Hakluyt Society, n.80, 1937, p.19, 32, 33, 38.

28 Brasio, op. cit., v.3, p.107.

A DIALÉTICA INVERTIDA E OUTROS ENSAIOS   65

quais mais lutavam.[29] Também podemos interpretar o comportamento europeu como uma expressão de seu etnocentrismo, de sua dificuldade em entender outras culturas, e ver tudo isto em termos psicoanalíticos como a criação de mecanismos de frustração e agressão. Por fim, podemos considerar os estereótipos dos nativos criados pelos conquistadores como meras racionalizações da conquista e da dominação de outros povos. Independentemente do mecanismo, fica claro que os argumentos sobre a inferioridade dos nativos não foram projetados, no começo, em termos raciais – pelo menos não nos modos como concebemos o racismo hoje em dia. A superioridade dos colonizadores e a inferioridade dos índios ou dos africanos não se definiam em termos biológicos, mas em termos religiosos e culturais. Com o tempo, porém, as relações sociais inicialmente sancionadas por uma ideologia não racial encorajaram a emergência do racismo como princípio central da ideologia colonial europeia.

Certos da superioridade de sua cultura – embora incorporassem, às vezes, técnicas nativas de controle do ambiente –, os europeus estavam dispostos a impô-la aos nativos e esperavam que estes reconhecessem a própria inferioridade e acolhessem a fé e a civilização. Os europeus também acreditavam que sua "superioridade" lhes dava direitos sobre as terras, os bens e os povos. Mas, embora a teologia católica lhes permitisse escravizar mouros e outros infiéis, ela lhes negava o direito de escravizar bárbaros que jamais houvessem sido expostos ao cristianismo ou que não atacassem os cristãos. Por isso, quando os portugueses chegaram à Guiné e passaram a navegar mais ao sul pela costa africana, encontrando povos que não eram muçulmanos, eles tiveram de arrumar outro jeito de justificar o tráfico de escravos, o qual vinha se transformando em uma importante fonte de riquezas. O que fora pilhagem agora era um comércio lucrativo, e os escravos negros, antes vendidos como curiosidades, junto com macacos e papagaios, se tornaram mão de obra primordial, não apenas no continente, mas também nas ilhas recém-descobertas.

---

29 Salisbury, *Manitou and Providence: Indians, Europeans and the Making of New England, 1500-1643.*

A necessidade de escravos crescera, em parte, porque a legislação portuguesa a respeito da servidão havia mudado no século XIV, dificultando à nobreza conseguir gente para trabalhar em suas propriedades. A escassez de mão de obra se agravou por conta do declínio da população, causado pelas sucessivas epidemias que devastaram Portugal no século XV. Para piorar as coisas, havia uma crescente competição por mão de obra entre a nobreza rural e a burguesia urbana, cuja importância aumentava em consequência da expansão do comércio. Tudo isto fez com que os escravos se tornassem cada vez mais valiosos no continente.[30] Azurara contou que, entre a chegada dos portugueses à costa oeste e o término de sua narrativa (de 1434 a 1448), 927 africanos tinham sido mandados para Portugal e muitos mais foram enviados depois disso. Depois dos primeiros anos, relatou ele, "os negócios dessas partes foram doravante tratados mais como tráfico e barganha de mercadores e menos como bravura e labuta das armas".[31]

O rei português construiu seu primeiro posto avançado na África em Arguim, com o propósito explícito de salvar almas, lucrar e aumentar seu patrimônio. Essa feitoria logo se tornou um importante entreposto comercial de escravos. Os portugueses não tiveram dificuldades em obtê-los. A prática portuguesa era bastante simples, bastante eficiente, e encontrou uma espécie de ratificação indireta nas práticas e hábitos dos próprios africanos. Muitas tribos africanas já conheciam o comércio de escravos muito antes da chegada dos portugueses, e a escravatura, apesar de bem diferente da forma que se tornaria típica no Novo Mundo, não lhes era estranha.[32] Durante toda a Idade Média, houve um importante comércio entre cristãos europeus e muçulmanos do Magrebe no norte da África. Os árabes trocavam cavalos, seda e prata por escravos negros e, depois, os vendiam aos europeus na Sicília, Cirenaica ou Túnis. Ouro e, provavelmente, escravos vinham do interior da África para os portos mediterrâneos

---

30 Almeida, op. cit.
31 Azurara, op. cit., v.2, p.288-9.
32 Davidson, A *History of West Africa*.

pelas rotas transaarianas.[33] Quando os portugueses chegaram a Arguim, no século XV, compraram escravos dos árabes e dos chefes africanos. Cadamosto registrou que os portugueses levaram de Arguim cerca de mil escravos por ano. E também relatou que, depois de cruzar o rio Senegal pela região de Cayor e chegar às terras de um soberano chamado Budomel, tinha a intenção de negociar bens e cavalos que avaliava em trezentos ducados por cem escravos.[34]

A descrição de Cadamosto sobre seu primeiro contato com os negros e a reação destes aos invasores ilustra bem o que aconteceu muitas vezes depois em outras partes da África e em muitos lugares do Novo Mundo. Cadamosto relata que os nativos ficaram maravilhados com a pele branca e as roupas dele: "Alguns deles tocaram minhas mãos e meus braços, me esfregaram com saliva para ver se minha brancura era tinta ou pele mesmo. Quando viram que era pele, ficaram espantados".[35] Acima de tudo, eles se maravilharam com as proezas tecnológicas dos europeus e concluíram que o Deus dos brancos era mais poderoso que o deles, "pois somente Deus poderia ter concedido tantos dons úteis e valiosos e tanta destreza e conhecimento".[36] Cadamosto não chega a nos dizer isto, mas é fácil imaginar que os africanos procuraram se aliar a tais homens poderosos para ganhar a proteção de seu poderoso Deus. "Os negros se maravilharam grandemente com muitos de nossos haveres", escreveu ele sobre o Reino do Jolof do Senegal, "particularmente com nossas bestas e, acima de tudo, com nossos morteiros", mas também com o som de uma gaita de foles, que pensaram se tratar de "um animal vivo".[37] Os negros também ficavam admirados com a construção dos navios e fascinados com uma vela queimando no candelabro. Consideravam os portugueses "grandes feiticeiros, quase iguais ao Diabo".[38]

---

33 Cadamosto, op. cit., p.25.
34 Ibid., p.36.
35 Ibid., p.49.
36 Ibid., p.40.
37 Ibid., p.51.
38 Ibid., p.50-1.

A superioridade dos luxos e dos recursos tecnológicos dos portugueses seduziu os nativos e os fez querer coisas que somente os europeus podiam fornecer. Desse modo, a longo prazo, abriu-se a porta da dominação colonial. O processo que tornou os portugueses materialmente indispensáveis a algumas elites locais não teve mais volta. A ambição dos nativos em lucrar com as parcerias explica por que eles muitas vezes permitiram que os portugueses se estabelecessem em suas terras, trouxessem missionários e construíssem fortalezas – e também por que alguns chefes africanos ficaram ansiosos para se converterem ao cristianismo. O cronista português João de Barros era muito consciente dos verdadeiros motivos por trás das conversões rápidas. O rei do Benin, escreveu ele, pediu missionários não pelo desejo de se converter, mas porque estava ávido para se tornar mais poderoso que seus vizinhos.[39]

A conversão ao cristianismo levava consigo a esperança dos benefícios de uma aliança com os deuses poderosos que haviam se revelado nas maravilhas tecnológicas e na força dos europeus, mas, acima de tudo, era um pré-requisito para ganhar o apoio português. Ela trazia prestígio e também era entendida como uma honraria especial. Rui de Pina, outro cronista português do período, relatou que alguns homens importantes do Congo ficaram terrivelmente contrariados porque o rei os deixara fora da lista daqueles que viriam a ser convertidos.[40] Era uma desonra. O cristianismo foi, portanto, desde o início, um importante ingrediente na conquista da África, e muitos africanos estiveram propensos a aceitar o batismo, na esperança de assegurar o apoio português ou de ter acesso à sua tecnologia "superior".

Aonde quer que fossem, os capitães e mercadores portugueses que haviam recebido a licença especial do príncipe para irem à África operavam como seus emissários e também como emissários da Igreja. Eles diziam aos nativos o que Cadamosto também dissera: que tinham vindo "de uma terra distante para oferecer presentes dignos a seu rei ou senhor", em nome do rei de Portugal, "que desejava a paz e a amizade entre os povos".[41]

---

39 Brasio, op. cit., v.4, p.54.
40 Ibid., p.122-3.
41 Cadamosto, op. cit., p.60.

A DIALÉTICA INVERTIDA E OUTROS ENSAIOS   69

Em seguida, ofereciam mercadorias e uma aliança. Falavam de seu Deus e sua religião e quase sempre eram bem recebidos pelos chefes locais, que esperavam se beneficiar com essa parceria. As tribos locais eram muitas vezes divididas por rivalidades internas e problemas dinásticos. Os conflitos eram frequentes, e um dos lados, vendo os portugueses como aliados potenciais, não hesitava em lhes dar o que queriam.[42] Às vezes, um súdito rebelado contra seu senhor se aproximava dos portugueses, em busca de ajuda. Alguns africanos queriam poder, outros eram mais atraídos pelas mercadorias: seda, linho e outros tecidos, velas, cavalos e armas de fogo, anéis de bronze e cobre, espadas, facas, vasilhas, joias, bugigangas e barras de ferro.[43] Alguns poucos queriam os saberes dos portugueses, fosse na construção de embarcações, fosse em algum outro campo inusitado. Budomel, o rei polígamo de Cayor, "tomando conhecimento de que os cristãos sabiam como fazer inúmeras coisas", perguntou a Cadamosto, "inoportunamente", se ele por acaso não poderia lhe ensinar "os meios pelos quais satisfazer muitas mulheres" – informação em troca da qual ofereceu ao atônito capitão uma grande recompensa.[44]

Embora provavelmente contassem com a possibilidade de expulsar os invasores mais cedo ou mais tarde, os chefes africanos esperavam usar os portugueses por um tempo. Às vezes, mandavam os próprios filhos para estudar em Portugal.[45] Eles aprendiam a língua portuguesa e se convertiam ao cristianismo, e alguns deles, como Afonso I do Congo, até se vestiam com roupas europeias. Pareciam ávidos por assimilar os modos e as maneiras dos portugueses. Em suas primeiras correspondências com o rei de Portugal, alguns chefes africanos pediam artesãos e cirurgiões para ensinarem seus ofícios, missionários para pregarem ao povo e soldados para guerrearem contra seus inimigos. Alguns chegaram a se corresponder com o papa e enviar embaixadores

---

42 Brasio, op. cit., v.4, p.295.
43 Brasio, op. cit., v.1, p.650, 654, 689, 703, 723 (paginação correspondente à edição lisboeta de 1958-1964, em três volumes).
44 Cadamosto, op. cit., p.38.
45 Brasio, op. cit., v.1, p.87, 91; v.1, p.242-7 (esta última paginação corresponde à edição lisboeta de 1958-1964, em três volumes).

a Roma. Afonso I, que governou de 1506 a 1543 e que fora educado por missionários, era um grande adepto do cristianismo e se demonstrou entusiasmado para adotar o estilo de vida europeu. Um dos príncipes congoleses mandados para estudar na Europa se consagrou bispo-titular de Útica, em 1518. No começo do século XVII, o rei do Congo enviou um embaixador ao Vaticano. O embaixador morreu pouco depois de sua chegada e foi enterrado pelo papa, com honras de alto dignitário, na Igreja de Santa Maria Maggiore em Roma.[46] Os chefes africanos também aprenderam a lucrar com o comércio aumentando os preços. Em 1456, Duarte Pacheco reclamou que, no passado, os portugueses conseguiam trocar um cavalo por catorze escravos, mas que, tempos depois, os africanos ofertavam apenas sete.[47]

Nos primeiros contatos com os chefes africanos, os reis de Portugal os trataram como "iguais".[48] Ficavam felizes em satisfazer suas solicitações. Enviavam missionários, artesãos e soldados. Forneciam mercadorias. Recebiam seus filhos na corte portuguesa e lhes concediam pensões e outros privilégios honoríficos. Eles "reconheciam" a hegemonia dos chefes sobre os povos que já governavam e, em suas cartas, referiam-se a eles como "irmãos".[49] Mas os reis portugueses tinham o poder de decidir quem proteger e quem atacar, e suas decisões dependiam da boa vontade dos chefes em respeitar os acordos com a Coroa. Quando os chefes africanos se deram conta das trágicas consequências do tráfico de escravos – seus povos divididos e em guerra uns contra os outros, vassalos leais subitamente rebelados contra a autoridade dos soberanos, todos seduzidos pela ilusão de riqueza e poder trazida à África, e os portugueses demandando sempre mais mão de obra através do tráfico e expandindo a infraestrutura colonial –, já era tarde demais para voltar atrás e redefinir a relação com o rei português. Os chefes e seus povos haviam caído na armadilha de um processo que já não podiam controlar.

---

46 Ibid., v.5, p.122, 367, 417.
47 Ibid., v.1, p.723 (paginação correspondente à edição lisboeta de 1958-1964, em três volumes)
48 Ibid., p.529.
49 Ibid., v.1, p.253, 277, 287.

A DIALÉTICA INVERTIDA E OUTROS ENSAIOS

Típica é a carta do rei do Congo, que sempre mantivera boa relação com os reis de Portugal, a João III, em 1526. Por toda parte, escreveu ele, homens vendiam outros homens. Mercadores capturavam os filhos da nobreza e os protegidos de seus parentes. Ladrões e homens de má consciência, cobiçosos das mercadorias portuguesas, sequestravam seus súditos para vendê-los aos traficantes portugueses. A terra estava ficando despovoada. Ele pedia ao rei de Portugal para não mais enviar mercadores e mercadorias. Na verdade, explicou, eles só precisavam de missionários e algumas pessoas para ensinar nas escolas, e talvez vinho e farinha de trigo para os sacramentos.[50] Em resposta, o rei de Portugal enviou uma carta cordial, na qual relembrava ao rei do Congo que seria uma desonra não comerciar com os portugueses, que era melhor ver marfim e escravos embarcando todos os anos para outras regiões do que interromper o comércio que trouxera ao rei do Congo tanto poder e prestígio.[51] Nessa época, a exportação de escravos do Congo era estimada em 4 a 5 mil por ano. A maior parte desses escravos ainda vinha de regiões de fora do reino, mas Afonso I e seus sucessores passaram a se queixar cada vez mais de que os traficantes portugueses estavam tomando os congoleses como escravos.

É claro que, no início, as relações entre os portugueses e os chefes africanos não eram igualmente amigáveis em todos os lugares. Se, em algumas áreas, o conflito aberto só surgiu muito depois do primeiro contato, em outras, os portugueses foram recebidos com hostilidade desde o começo. Cadamosto descreveu vivamente um encontro desagradável que ele e seus homens tiveram com alguns negros da região do rio Gâmbia. Depois do discurso de praxe, anunciando sua boa vontade e suas intenções pacíficas, Cadamosto disse aos ameaçadores africanos que poderiam confiar e vir pegar as mercadorias que trouxera para comerciar. Mas os nativos logo responderam que tinham ouvido falar do comércio português com o povo do Senegal – que, "na opinião deles, só podiam ser gente má" por terem procurado a

---

50 Ibid., p.468-70.
51 Ibid., p.526-7.

amizade dos portugueses – e que acreditavam que os cristãos "só compravam negros para comê-los". De sua parte, declararam, não queriam amizade com os portugueses "em nenhuma condição" e iriam massacrá-los todos para dar seus bens ao rei local.[52] Mesmo que as atitudes dos súditos pudessem ser agressivas, mais cedo ou mais tarde seus chefes resolviam que era melhor ter os portugueses como aliados, e não como inimigos. Sempre que um chefe decidia resistir, os invasores encontravam um pretexto para declarar "guerra justa": dizer que os nativos haviam proibido as atividades missionárias na região, que tinham assassinado mercadores, soldados ou funcionários reais, que haviam atacado feitorias, queimado casas portuguesas ou se aliado aos inimigos dos portugueses. Todas estas eram formas de legitimar a guerra e a escravização dos prisioneiros. Os portugueses sempre encontravam uma justificativa teológica para suas guerras e ataques contra os africanos e sempre conseguiam algum aliado no continente.

No começo, os reis portugueses demonstraram grande preocupação em legitimar o tráfico de escravos.[53] A Coroa procurava comerciar em paz com os africanos e fazer a guerra contra eles apenas quando necessário – e com o devido respeito à teologia cristã. Os reis consultavam juristas e teólogos sobre a legitimidade da escravidão e do tráfico de escravos, recebiam de bom grado as denúncias contra os súditos que não respeitavam os preceitos cristãos no comércio com os nativos e também não hesitavam em punir funcionários reais acusados de fazer guerra injusta ou escravizar povos que, de acordo com as leis da Igreja, deveriam estar livres. Às vezes, embora muito raro, eles chegavam até a conceder manumissões aos negros que haviam sido escravizados injustamente. Em 1515, por exemplo, o rei Manuel libertou escravos em São Tomé porque havia dúvidas quanto à legitimidade de sua captura.[54] Um século depois, em 1622, o rei, informado de que alguns chefes africanos haviam sido injustamente vendidos no

---

52 Cadamosto, op. cit., p.60.
53 Brasio, op. cit., v.1, p.205, 331; v.3, p.146, 227; v.3, p.447 (esta última paginação corresponde à edição lisboeta de 1958-1964, em três volumes).
54 Ibid., v.1, p.331.

A DIALÉTICA INVERTIDA E OUTROS ENSAIOS   73

Brasil, mandou os governantes brasileiros localizá-los e enviá-los de volta a Angola.[55] Ainda que essas situações não tenham sido muito comuns, elas revelam a preocupação da Coroa com a "justiça" do tráfico de escravos.

Igualmente significativos são os comentários de João de Barros sobre a interrupção do tráfico em São Jorge da Mina, que fora, desde sua fundação, em 1481, um próspero entreposto comercial de escravos. Alguns anos depois, os portugueses não estavam apenas embarcando escravos para a Europa, mas também atuando como intermediários no comércio de escravos entre os africanos. O rei João III, "ainda mais zeloso com a salvação das almas que com seus próprios ganhos" (nas palavras de João de Barros), percebeu que os portugueses vendiam os pagãos a infiéis, "condenando suas almas para todo o sempre", e ordenou a cessação do comércio, mesmo que viesse a sofrer grandes perdas com isto.[56] Embora não possamos confiar na interpretação de Barros sobre os motivos do rei João, o fato de ele ter escrito em tais termos significa que esta era uma versão aceitável dos eventos e é indicativo dos escrúpulos que muitas pessoas ainda tinham a respeito do tráfico de escravos.

Na tentativa de acalmar as consciências de seus superiores em Portugal quanto às capturas na África, os missionários e funcionários da realeza escreveram tediosas cartas, nas quais normalmente relatavam que os escravos eram obtidos em permutas pacíficas entre chefes tribais e os mercadores portugueses.[57] Eles enfatizavam que os negros eram comprados em feiras realizadas por toda parte ou de mercadores que os traziam até os portos. Garantiam que os seres vendidos como escravos já eram cativos antes ou tinham sido capturados em guerras que os chefes africanos travavam contra seus inimigos, por razões justas. Alguns escravos eram criminosos condenados à morte que tiveram suas sentenças comutadas pela escravização. De um jeito ou de outro, não podiam pairar dúvidas quanto à legitimidade desse comércio

---

55 Ibid., v.6, p.64-6.
56 Ibid., v.1, p.54.
57 Ibid., v.3, p.146; v.4, p.560.

com os africanos. Além dos negros comprados junto aos nativos, havia aqueles capturados pelos portugueses em guerras justas.[58]

Em 1569, a Mesa da Consciência e Ordens resumiu os casos em que a guerra contra os nativos era considerada justa.[59] Os portugueses poderiam declarar guerra contra os africanos e escravizá-los sempre que estes matassem súditos portugueses; quando, depois de convertidos ao cristianismo, os africanos abjurassem a fé; quando não permitissem que os missionários pregassem o evangelho; quando não respeitassem as leis da hospitalidade; ou quando seus reis tiranizassem o povo ou tolerassem crimes de natureza sexual. A Mesa deixava claro que o objetivo principal dessas guerras tinha de ser a salvação das almas e não o desejo de estender o império ou aumentar a honra pessoal do rei.[60]

No entanto, preocupações teológicas, boa vontade e intenções honestas não eram suficientes para cessar os abusos que o tráfico de escravos e a busca por lucro e honrarias encorajavam. A teoria da guerra justa fornecia aos portugueses os argumentos de que precisavam para legitimar seus atos. Sob o véu da moralidade cristã, eles ainda iriam enviar milhões de escravos para o Novo Mundo.

No começo do século XVI, já havia muitos interesses envolvidos no tráfico, e sua legitimidade era cada vez menos questionada. As poucas vozes que, de quando em quando, ainda se opunham ao comércio de escravos não surtiam muito efeito. Em *Arte da guerra do mar*, publicado originalmente em 1555, Fernando Oliveira enumerou as tradicionais justificativas para a guerra e criticou o tráfico de escravos, dizendo que foram os portugueses que haviam inventado aquele "negócio perverso jamais visto ou ouvido entre os humanos".[61] Ele rejeitava o argumento de que os nativos estavam sempre em guerra uns contra os outros e vendiam seus prisioneiros. Se não fosse pela presença dos portugueses na África,

---

58 Ibid., v.2, p.520; v.3, p.221, 228; v.4, p.515, 560; v.6, p.21.
59 Ibid., v.2, p.551-2; v.3, p.407 (paginações correspondentes à edição lisboeta de 1958-1964, em três volumes).
60 Ibid., v.2, p.552 (paginação correspondente à edição lisboeta de 1958-1964, em três volumes).
61 Oliveira, *Arte da guerra do mar*, p.25.

A DIALÉTICA INVERTIDA E OUTROS ENSAIOS

asseverou ele, os negros não se envolveriam em tantas guerras. Oliveira recusava a ideia de que a escravatura oferecia aos pagãos a oportunidade de se converterem ao cristianismo. A salvação era só um pretexto, disse Oliveira. Se não fosse pelo interesse nos ganhos, os portugueses não iriam à África. Além disso, a maior parte dos donos de escravos não ensinava seus cativos a servir a Deus ou a respeitar os dias santos e não se importava com sua salvação. Em sua opinião, a maioria dos cativos fora capturada em guerras injustas ou escravizada por algum outro meio ilegítimo. E Oliveira concluiu relembrando a seus leitores as palavras de São João no Apocalipse: "Aquele que escraviza será escravizado". Mas parece que seu alerta não impressionou o público. O tráfico de escravos continuou em escala ainda maior. Igualmente ignorada foi a recomendação de um bispo de Cabo Verde, no século XVI, para que todos os negros convertidos ao cristianismo fossem libertos, pois a maioria dos africanos fora escravizada à força ou por engodo, e era impossível reduzir o número de negros capturados injustamente.[62] Mas as poucas vozes que denunciavam a injustiça da escravidão não conseguiam competir com os poderosos grupos de interessados que apoiavam a instituição. Navegadores, fornecedores, funcionários da realeza, mercadores em Portugal e na África, colonizadores do Novo Mundo, todos eram surdos a seus argumentos. Os reis de Portugal, que haviam encontrado uma importante fonte de receita no tráfico de escravos, tinham cada vez menos vontade de ouvir aqueles que questionavam sua legitimidade.

A Coroa portuguesa monopolizara o tráfico desde o princípio.[63] Os reis subsidiaram viagens à África, associaram-se a mercadores e fornecedores, construíram fortalezas e entrepostos comerciais, enviaram soldados e missionários, criaram uma burocracia real na África. Por certo, eles queriam lucrar sem pôr em risco suas almas e com o devido respeito à teologia, mas, assim como os reis africanos, eles também haviam iniciado um processo que não conseguiam controlar. Não havia muito o que pudessem

---

62 Brasio, op. cit., v.3, p.442 (paginação correspondente à edição lisboeta de 1958-1964, em três volumes).

63 Ibid, v.4, p.9.

fazer quanto à corrupção da burocracia real, à ineficiência e à cobiça do clero, à desonestidade dos mercadores portugueses e à inveja dos holandeses, franceses e britânicos que ameaçavam constantemente o monopólio da Coroa portuguesa. O tráfico de escravos criara uma realidade bem diferente das expectativas originais da realeza. No início, ela esperara estabelecer relações comerciais pacíficas com os africanos. Talvez os reis até imaginassem que esse relacionamento pudesse trazer benefícios mútuos – apesar de, às vezes, terem trocado um cavalo velho por 25 escravos, como o príncipe Henrique fez com Budomel.[64] Mas eles queriam lucrar, sim, e desde o princípio a lógica do lucro entrara em conflito com as intenções cristãs e humanitárias, que tinham uma lógica mais compatível com o mundo pré-mercantilista. Independentemente do que a teologia dissesse acerca da guerra justa, não havia tráfico de escravos sem violência, corrupção e exploração.

No século XV ainda era possível se dirigir ao rei do Congo em termos fraternais, e os portugueses podiam fazer permutas com os nativos usando as embarcações como "bases flutuantes". Mais tarde, tornou-se mais conveniente construir fortalezas, mesmo que a Coroa portuguesa ainda não exercesse jurisdição fora das muralhas. Depois da descoberta da América, a demanda por escravos cresceu gradualmente e a situação foi mudando à medida que o tráfico alcançava novas proporções. Contrabandistas estrangeiros se tornaram cada vez mais presentes ao longo da costa africana. Quando os contrabandistas ainda eram relativamente raros, Afonso V ordenara seus capitães a simplesmente apreender qualquer navio estrangeiro não autorizado e lançar a tripulação ao mar. Mais tarde, para proteger seus interesses das crescentes ameaças de contrabando, João III teve de fazer planos para a colonização. Ainda assim, em 1571, quando Paulo Dias recebeu uma enorme concessão em Angola para empreender uma missão colonizadora, ele levou consigo soldados, e não colonizadores.[65] O que originalmente fora concebido como um

---

64 Ibid., v.1, p.235-6 (paginação correspondente à edição lisboeta de 1958-1964, em três volumes).

65 Felner, *Apontamentos sobre a ocupação e início do estabelecimento dos portugueses no Congo, Angola e Benguela*, p.166.

A DIALÉTICA INVERTIDA E OUTROS ENSAIOS   77

empreendimento comercial se tornou uma conquista militar. As relações entre os portugueses e os africanos, amigáveis enquanto os portugueses estavam em menor número, logo ficaram tensas. Em 1577 houve um levante nativo e, daí em diante, Angola foi devastada por guerras. Os portugueses, em flagrante contradição com sua teologia, se aliaram aos jagas – um grupo de supostos canibais temido pelos outros africanos – para reprimir os rebeldes e obter os escravos que queriam. Ao que parece, a razão principal para os distúrbios foi o enorme crescimento do tráfico. De acordo com Abreu Brito, entre 1571 – quando Paulo Dias recebeu sua doação – e 1591, 52.053 escravos foram embarcados em Angola, dos quais 20.131 só entre 1587 e 1591.[66]

A crescente demanda por escravos também gerou problemas na região do Congo. A tensão ficou tão grande que, quando os holandeses invadiram Angola e Benguela, o rei católico do Congo e seu clero nativo, embora rejeitassem sistematicamente o calvinismo, ofereceram preces em suas igrejas católicas pela vitória dos holandeses protestantes contra os portugueses.[67] Em 1641, Garcia II, rei do Congo, decidiu expulsar todos os portugueses de seu reino e enviar um embaixador aos holandeses. As guerras coloniais haviam começado com ataques dos navios de guerra holandeses sobre as ilhas de São Tomé e Príncipe em 1598-1599. Os holandeses haviam se estabelecido no ano de 1612 em Mouri, na Costa do Ouro. Eles tinham atacado Elmina em 1625, tomado-a em 1638 e ocupado a costa de Angola e Benguela em 1641. Foram necessários vinte anos e uma expedição luso-brasileira para que os portugueses retomassem o controle sobre Angola, Benguela, São Tomé e Príncipe.[68]

Os reis portugueses não tinham de lutar apenas contra inimigos internos e externos, mas também encontravam dificuldade em manter o controle sobre os próprios súditos, que desconsideravam os privilégios da realeza e insistiam em comerciar sem a permissão da Coroa. Em 1518 a Coroa emitiu ordens expressas para que todos os brancos saíssem da Guiné, ameaçando confiscar

---

66 Ibid., p.139.
67 Boxer, *The Portuguese Seaborne Empire, 1415-1825*, p.123.
68 Ibid., p.112.

78 EMÍLIA VIOTTI DA COSTA

suas propriedades e entregá-los como escravos aos chefes africanos, caso desobedecessem. Essa medida drástica se justificava com o argumento de que aqueles que desobedeciam às ordens régias se tornavam "infiéis", desleais tanto à Igreja quanto à Coroa.[69] Menos punitiva, mas igualmente restritiva, foi a legislação baixada para São Jorge da Mina em 1520, a qual proibia súditos portugueses de comerciar escravos com qualquer branco exceto um agente da realeza.[70] Uma ordem real expedida em 1519 para regular o tráfico em São Tomé estipulava que escravos deveriam ser marcados com um "SR" e uma cruz no braço direito e proibia o uso dessa marca por quem não tivesse permissão especial, sob pena de perda do escravo.[71]

Essa legislação, entretanto, não foi suficiente para evitar que os negociantes brancos operassem sem licença. Eles continuaram a desafiar o monopólio régio, às vezes com a conivência das autoridades reais que colhiam os lucros do tráfico, sonegando impostos, distorcendo cifras, tomando parte em guerras particulares e distribuindo as terras dos chefes aos colonizadores portugueses, em flagrante desobediência às ordens régias. Também era difícil para o rei controlar a nova população de mulatos, filhos de colonos portugueses com nativos. Os mulatos muitas vezes serviam de intermediários no comércio e alguns deles se tornaram completamente nativos, "rasgando as roupas, tatuando o corpo, falando as línguas locais e participando de ritos fetichistas e celebrações".[72] Até os clérigos causavam problemas para a Coroa. Nas palavras de um frade descontente, Diego de Santíssimo Sacramento, muitos tinham "mais interesse em adquirir negros que em salvar almas".[73]

O tráfico de escravos atravancou o trabalho de conversão porque o cristianismo foi associado à dominação colonial. Se o cristianismo era, com frequência, um instrumento da elite nativa, que enxergava a conversão como um meio de obter o

---

69 Brasio, op. cit., v.4, p.113-4.
70 Ibid., p.136.
71 Ibid., p.124-33.
72 Boxer, op. cit., p.31.
73 Brasio, op. cit., v.3, p.297.

apoio português, a maioria do povo permaneceu alheia à fé e boa parte dos que foram batizados se converteu só de modo superficial. Os padres sempre reclamavam que os chefes africanos pediam missionários quando, na verdade, o que queriam eram mercadorias. Para os portugueses, a religião deixou de ser um agente civilizatório e se tornou arma estratégica para o cumprimento de suas metas de conquista ou comércio, e os missionários passaram a servir para pacificar a população conquistada. Em certo sentido, os missionários cristãos, como os reis africanos e portugueses, também haviam começado um processo sobre o qual não tinham controle. Ao participarem do processo de colonização, eles não puderam evitar sua subordinação a ele. E não apenas porque as tentações materiais eram gigantescas para a maioria dos clérigos, mas também porque as forças sociais mais amplas que guiavam a política da realeza escapavam de seu controle. Gradualmente, as primeiras tensões entre a lógica do lucro e as noções cristãs tradicionais diminuíram. Funcionando como ideologia legitimadora, o cristianismo colocara certos limites às práticas coloniais que sancionava. Mas, por sancionar essas práticas e por fornecer aos colonizadores as justificativas morais para seus empreendimentos, o cristianismo deixou de ser capaz de prevenir a ascensão de interesses entrincheirados que terminaram por desconsiderar as restrições morais da teologia cristã e acabaram jogando a lógica da conversão religiosa na lixeira da História.

As intenções religiosas e "civilizatórias" que o cronista Azurara atribuíra ao Infante Dom Henrique, o Navegador, em suas primeiras viagens à África, se perderam no processo da História. Um século depois, a África se tornara um imenso depósito de escravos. Como o aprendiz de feiticeiro, os reis de Portugal, os chefes africanos e os missionários ficaram todos confundidos pela própria mágica. Eles pensavam estar fazendo História, mas a História acabou bem diferente do que eles haviam imaginado.

ESCRAVOS:
IMAGENS E REALIDADE[1]

Desde o período colonial, a galeria de escravos e negros livres no Brasil incluía uma grande variedade de retratos.[2] Nela apareciam Zumbi, o líder do Quilombo dos Palmares, às vezes retratado como herói, às vezes como traidor; o mulato astuto e arrogante que desfilava pelas ruas da Bahia, quebrando o protocolo, ignorando divisões de classe e de cor; a mulata, sedutora e ardilosa, que encantava negros e brancos, mas preferia um companheiro de sua própria cor;[3] o negro leal e corajoso, livre ou escravo, que lutava lado a lado com os portugueses contra os

---

1 Publicado originalmente em inglês: Slave Images and Realities, *Comparative Perspectives on Slavery in New World Plantation Societies*. Editado por Rubin, V. D.; Tuden, A. New York Academy of Sciences, 1977, p.293-310. Tradução de Renato Prelorentzou.

2 Sobre a imagem do negro na literatura brasileira, ver: Sayers, *O negro na literatura brasileira*; Rabassa, *O negro na ficção brasileira*; Preto-Rodas, *Negritude as a Theme in the Poetry of the Portuguese Speaking World*; Haberly, Abolitionism in Brazil. Anti-Slavery and Anti-Slave, *Luso Brazilian Review*, 9, p.30-46.

3 Rocha Pitta, *Historia da America Portugueza desde o anno de mil e quinhentos do seu descobrimento ate o de mil setecentos e vinte e quatro*, p.477; 485; Mattos Guerra, *Crônica do viver baiano seiscentista*, v.2, p.1430-1, 1320-3, 1331-3.

invasores, ou aquele que num arroubo de violência matava o senhor; o feiticeiro que dominava os segredos das plantas venenosas e representava uma ameaça constante à comunidade dos brancos; o escravo leal que dava a vida por seu senhor; são imagens que aparecem ao longo dos séculos nas crônicas e canções populares.[4] Escravo ou livre, leal ou traiçoeiro, o negro é retratado como um indivíduo ativo e engenhoso.

O escravo dócil mas irresponsável, leal mas preguiçoso, humilde mas dado a mentir e a roubar, que falava com afetação infantil e agia como criança, descrito nos Estados Unidos como Sambo,[5] só começa a aparecer raramente no Brasil no século XIX, principalmente em memórias sobre a vida rural. Mas nem mesmo então domina a literatura. Esse estereótipo aparece sempre ao lado de tipos tradicionais ou novos, criados por abolicionistas que ressaltavam a nobreza do sacrifício do escravo e seu ódio à opressão.[6]

No Brasil, assim como nos Estados Unidos, a imagem do escravo infantil é complementar à do senhor paternal. Quando os senhores são descritos como pais, os escravos são vistos como crianças. Mas o paternalismo só se tornou um mito poderoso depois da abolição. A geração de Gilberto Freyre criou esse mito nos anos 1930.[7] Curiosamente, apesar das prescrições da teologia cristã que recomendavam aos senhores que tratassem

---

4 Loreto Couto, *Compêndio narrativo do peregrino da América*.

5 Elkins, *Slavery, a Problem in American Institutional and Intellectual Life*, p.82.

6 Por exemplo, Alfredo d'Escragnole Taunay, *Ouro sobre azul* (1875); Bernardo da Silva Guimarães, *A escrava Isaura* (1875); José de Alencar, *O tronco de ipê* (1871) e *O demônio familiar* (1859); Castro Alves; José do Patrocínio, *Mota Coqueiro ou a Pena de morte* (1877); Joaquim Manoel de Macedo, *Vítimas e algozes* (1869); Maria Paes de Barros, *No tempo de dantes* (1946); Amélia de Rezende Martins, *Um idealista realizador. Barão Geraldo de Rezende* (1939); Francisco de Paula F. de Rezende, *Minhas recordações* (1944).

7 Gilberto Freyre definiu sua missão como uma "busca proustiana pelo passado" (*Master and Slaves. A Study in the Development of Brazilian Civilization*, p.16). Sobre a geração de Freyre e sua necessidade de idealizar o passado, ver Aderaldo Castello, *José Lins do Rego: Modernismo e regionalismo*; e Freyre, *Região e tradição*.

A DIALÉTICA INVERTIDA E OUTROS ENSAIOS   83

seus escravos com autoridade e benevolência paternais, os donos de escravos não se retratavam, em geral, como figuras paternais.

No século XIX, quando os abolicionistas questionavam a instituição, os donos de escravos a justificavam dizendo que a vida dos escravos não era pior que a de um operário na Inglaterra. Argumentavam ainda que a economia da nação entraria em colapso caso a escravidão fosse abolida e expressavam dúvidas quanto à capacidade dos escravos de sobreviver à emancipação se fossem deixados à própria sorte, sem a "proteção" dos senhores. Na tentativa de impedir os avanços do abolicionismo, chegavam a se imaginar como os melhores senhores de escravos do mundo. Mas só raramente falavam em paternalismo ou descreviam seus escravos como sambos.[8] Ainda que considerassem seus escravos, assim como os integrantes de outros grupos sociais – mulheres, brancos pobres e negros livres –, como seres dependentes que precisavam de tutela, em nenhum momento as elites brasileiras reduziram a complexidade e a variedade das personalidades dos escravos ao estereótipo simplificado do "sambo" que aparece com frequência na literatura do sul dos Estados Unidos.

Uma maneira tradicional de explicar a diferença entre imagens de escravos nos dois países é supor que os estereótipos "refletem" a realidade: "sambo" existiria como estereótipo nos Estados Unidos porque existia de fato, na realidade, já que o sistema escravista nesse país destruíra a personalidade dos escravos, convertendo-os em crianças. No Brasil, porém, a personalidade do escravo permanecera intacta, pois o sistema era mais humano, não havendo lugar para o "sambo" nem no "mundo real" nem no das ideias. Essa foi a conclusão a que chegou Stanley Elkins ao comparar o sistema escravista dos Estados Unidos com o da América Latina.[9] Entretanto, também é possível supor que estereótipos não são meras descrições da realidade, mas construções intelectuais que servem a certos propósitos e realizam certas funções. Tais construções não precisam de muita confirmação empírica. A personalidade "real" do escravo pode ser menos

---

8 Costa, *Da senzala à colônia*, p.352, 356, 358, 361.
9 Elkins, op. cit.; Lane (Org.), *The Debate over Slavery: Stanley Elkins and his Critics.*

relevante para a explicação dos estereótipos dos escravos do que para a compreensão dos donos de escravos. Em outras palavras, a palavra "sambo" pode nos dizer mais sobre a classe senhorial da sociedade norte-americana do que sobre a comunidade de escravos. Ao reconhecer esse fato podemos começar a entender por que brasileiros e norte-americanos perceberam os escravos de maneiras diferentes.

Analisando as razões que levaram os donos de escravos nos Estados Unidos a enfatizar seu paternalismo e a representar os escravos como "sambos", Ronald Takaki demonstrou que os norte-americanos do século XIX tinham de justificar a instituição escravista para o mundo e também para si mesmos. Eles encontraram uma boa desculpa na caracterização do negro como criança desamparada que precisava ser protegida e que, se deixada à própria sorte, constituiria uma ameaça à ordem pública. Essa imagem ajudou os senhores de escravos a lidar com o temor das rebeliões escravas e a se convencer de que seus escravos estavam contentes e sob controle. O estereótipo ainda tinha o efeito adicional de reforçar a identidade branca ao criar o seu oposto. Quando as fronteiras entre as classes se flexibilizaram no século XIX, dado o aumento das oportunidades de mobilidade social, a elite branca se sentiu compelida a reforçá-las. Finalmente, quando adotaram o sufrágio universal e desqualificaram os negros a fim de mantê--los fora do poder, os senhores de escravos sentiram-se obrigados a justificar as contradições entre sua adesão à democracia e a exclusão dos negros. A caracterização dos escravos como sambos fornecia-lhes uma perfeita racionalização. Finalmente, a imagem do sambo serviu para os brancos que queriam eliminar os negros livres da competição num período de intensa mobilidade social.[10]

Os brasileiros donos de escravos não tiveram de enfrentar mudanças sociais tão dramáticas. O crescimento relativamente moroso do capitalismo no Brasil durante o século XIX permitiu que a elite mantivesse suas tradições sem fazer muitas concessões ao progresso e à modernização. Seu *status*, sua visão de mundo, não foram seriamente abalados e por isso os senhores de escra-

---

10 Takaki, "The Black child savage in ante-bellum America". In: Nash, G. B.; Weiss, R. (Orgs.), *The Great Fear. Race in the Mind of America*.

A DIALÉTICA INVERTIDA E OUTROS ENSAIOS 85

vos puderam aos poucos aceitar a abolição e algumas de suas consequências.

Comparando as atitudes de brasileiros e norte-americanos diante da escravidão e da questão racial, historiadores argumentaram que a experiência da escravidão na Península Ibérica foi muito importante para moldar o comportamento brasileiro. Não se deve esquecer, no entanto, que a escravidão era diferente em Portugal e no Brasil. Em Portugal, os escravos eram, na sua maioria, criados domésticos e trabalhadores rurais em uma economia de subsistência, bastante diversa da que existia no Brasil. Se a tradição ibérica teve algum impacto sobre o Novo Mundo, o mais provável é que tal efeito tenha sido distinto daquele descrito por Elkins.[11] No Brasil, desde o início da colonização, não havia dúvidas quanto ao *status* do africano: ele fora importado para ser escravo. Também não havia discussão quanto ao *status* dos descendentes de escravos: eles eram criados para serem escravos como suas mães. A posição do liberto também era claramente definida. Da Península Ibérica viera uma legislação que partia do pressuposto de que os negros não podiam ocupar cargos burocráticos nem usufruir dos privilégios concedidos aos brancos. Ficara claro, desde o início, que a conversão ao cristianismo não dava aos escravos nenhum privilégio além da graça de Deus. Por outro lado, se algumas comunidades norte-americanas podiam discutir sobre o *status* adequado aos africanos e negros libertos ou temer que a cristianização dos negros viesse a subverter a ordem vigente, isto se dava porque partiam do pressuposto de que os negros convertidos ao cristianismo tinham, de alguma forma, direito a ser membros plenos da comunidade. Questões como essas, que por vezes atormentaram colonos norte-americanos, raramente foram levantadas nas colônias portuguesas, onde os colonizadores brancos dispunham de razões que tradicionalmente validavam a escravidão.

A ênfase na vontade individual, na responsabilidade, na autodisciplina e na liberdade pessoal que vicejou entre a crescente burguesia dos Estados Unidos não atraiu os senhores de terras nem a maioria da população do Brasil colonial. Em uma

---

11 Elkins, op. cit., p.63-80.

sociedade na qual as oportunidades no mercado eram extremamente limitadas, os indivíduos tinham dificuldades em escapar do sistema de clientela e patronagem que se fundava na dependência e no favor. Eles se pautavam em uma visão de mundo tradicional, impregnada de uma concepção estática e hierárquica da organização social, a qual consagrava as desigualdades sociais e priorizava as obrigações recíprocas em vez de afirmar a liberdade pessoal e os direitos individuais.

O *bourgeois gentilhomme* típico da elite brasileira, empresário em seus atos e aristocrata em suas convicções, com um olho no lucro e outro na nobreza, lembrava, em muitos aspectos, os senhores de escravos do sul dos Estados Unidos. Mas ele não tinha de conviver com a ideologia da revolução de Cromwell e nem com as noções protestantes de culpa e disciplina. Era um homem moderno quando investia capital em terras e mão de obra, quando supervisionava sua fazenda e se preocupava com seus rendimentos, mas era também um homem tradicional em matéria de vida sexual e família e em suas atitudes perante trabalho e ócio, frugalidade e luxo, pobreza e riqueza. Intocado pela ética puritana, que restringia a liberdade sexual, o proprietário de terras brasileiro podia se orgulhar publicamente de suas proezas sexuais, de seus casos extraconjugais e de seus filhos ilegítimos. Os padres, também transgressores das regras do celibato, eram conselheiros permissivos. A teologia católica, com sua ênfase em obras e absolvições, aliviava o pecador do peso do pecado. Desse modo, a elite brasileira podia ter uma atitude tolerante a respeito da miscigenação e o dono de escravos podia até reconhecer seus filhos mulatos e lhes conceder alforria. Seguro de sua posição, controlando a mobilidade social por meio do sistema de clientela e patronagem, imbuído de uma ideologia conservadora, o senhor de escravos não tinha medo da população de negros livres. Estes eram naturalmente segregados em um sistema social que lhes oferecia poucas oportunidades econômicas e os excluía da participação política. Não por serem pretos, mas por serem pobres. Os negros podiam subir na pirâmide social até o ponto que a elite branca permitia. Como resultado, os senhores de escravos que compartilhavam com senhores de escravos de outras partes do mundo vários estereótipos negativos dos negros não precisavam traduzir esses estereótipos em "racismo" manifesto. Eles

A DIALÉTICA INVERTIDA E OUTROS ENSAIOS   87

não chegaram a ver seus escravos como "sambos". No século XIX, quando a ideologia liberal e seu corolário, o abolicionismo, chegaram ao Brasil, as ideias novas e revolucionárias foram filtradas pela experiência dos senhores de escravos. O sistema de clientela e patronagem sobreviveu à independência. Apesar das novas oportunidades abertas pela emancipação política, as estruturas sociais e econômicas não se transformaram de maneira drástica. As limitadas oportunidades sociais ainda podiam ser controladas pela elite brasileira. Essa elite, composta predominantemente por senhores de terras e escravos e por mercadores envolvidos na economia de importação e exportação, tomou cuidado ao escolher os aspectos da ideologia liberal que se encaixariam em sua realidade e serviriam a seus interesses. Expurgando o liberalismo de seu conteúdo radical, adotaram um liberalismo conservador ajustado à escravidão, da mesma forma como seus antepassados tinham ajustado a escravidão ao cristianismo. As elites brasileiras não precisaram ficar na defensiva, como seus congêneres nos Estados Unidos, onde a ideologia da Revolução Americana levantara dúvidas quanto à legitimidade do sistema escravista. Elas não tiveram de lidar com uma ideologia democrática agressiva que punha ênfase nos direitos do homem e valorizava o sufrágio universal. Acima de tudo, não precisaram encarar as tendências separatistas que dividiram os Estados Unidos.

O capitalismo industrial norte-americano promoveu novos grupos e criou novas necessidades, gerando conflitos sociais e anseios que se expressaram no abolicionismo e no antiabolicionismo e que culminaram na guerra civil. A revolução industrial não chegara ainda ao Brasil. As elites tradicionais mantiveram o poder e apoiaram a escravidão unanimemente, até pelo menos 1870. Alguns membros das elites perderam poder, outros ganharam. Alguns eram de áreas decadentes, outros de áreas dinâmicas. Podiam discordar a respeito da rede ferroviária ou dos subsídios governamentais; podiam ser monarquistas ou republicanos, liberais ou conservadores, mas todos estavam envolvidos em atividades de comércio e agricultura voltadas para o mercado internacional. Seu estilo de vida e seus valores eram essencialmente os mesmos. Tendiam a concordar a respeito das tarifas, das políticas de crédito e do sistema de trabalho. A única cisão importante se dava entre setores modernos e tradicionais. Mas, durante um bom tempo, a modernização ocorreu gradualmente, sem impor grande ameaça à ordem tradicional.

Como as indústrias eram poucas, os industriais não constituíam um grupo capaz de desafiar o *status quo*.[12] A classe operária esteve ausente da experiência brasileira até os últimos anos do século XIX. A classe média estava crescendo, mas ainda era pequena em número e dependente da patronagem das elites que estabeleciam os limites da crítica social. A despeito da falta de poder – ou por causa disso – os industriais e a nova classe média uniram-se aos representantes dos setores agrários mais modernos no apoio a ideais reformistas moderados e a movimentos progressistas.[13]

Em suma, a modernização da sociedade brasileira não criou as tensões que nos Estados Unidos se converteram em conflitos políticos e ideológicos. O Brasil não produziu o mito do "Cavalier versus Yankee",[14] assim como não engendrou o mito do sambo. Os "radicais" brasileiros vestiam-se com roupas de cavalheiros e falavam como cavalheiros.[15] Por meio de alguma forma de patronagem, a classe média fora cooptada pelas elites, e o mesmo se deu com os poucos negros que se tornaram advogados, médicos, engenheiros e jornalistas. Quando eles se tornaram abolicionistas, lutaram lado a lado com os brancos, adotando a mesma retórica e falando para o mesmo público. Jamais existiu no Brasil algo comparável aos violentos grupos antiabolicionistas descritos por Leonard Richards em *Gentlemen of Property and Standing*.[16] No Brasil, negros ou brancos, os abolicionistas ocasionalmente sofriam ataques de donos de escravos enfurecidos. Às vezes, as reuniões de abolicionistas eram interrompidas e os líderes tinham

---

12 Stein, *The Brazilian Cotton Manufacture*; Dean, *A industrialização de São Paulo: 1880-1945*.

13 Graham, *Britain and the Onset of Modernization in Brazil. 1850-1914*; Morse, *Formação histórica de São Paulo: de comunidade à metrópole*; Stein, *Vassouras, um município brasileiro do café, 1850-1900*.

14 Taylor, *Cavalier and Yankee*.

15 Costa, *A abolição*; Idem, *Da senzala à colônia*.

16 Richards, *Gentlemen of Property and Standing. Anti-Abolition Mobs in Jacksonian America*.

A DIALÉTICA INVERTIDA E OUTROS ENSAIOS   89

de fugir da represália da oligarquia local, mas, na maior parte dos casos, eles podiam fazer seus discursos emocionados sob os aplausos das filhas, esposas e filhos dos senhores de escravos. Convencidos de que a escravidão estava fadada a desaparecer (da mesma forma que os norte-americanos do período estavam convencidos da inevitabilidade da democracia), os donos de terras nas áreas cafeeiras decidiram preparar-se para o inevitável. Nos anos 1850, alguns já se interessavam em promover a imigração e substituir seus escravos por imigrantes. As primeiras tentativas fracassaram e os fazendeiros tiveram de recorrer ao tráfico interno de escravos. Alguns anos depois, quando as pressões abolicionistas se intensificaram, os fazendeiros das regiões da fronteira agrícola encontraram na Itália os trabalhadores de que necessitavam.[17]

Nos anos 1880, já era óbvio que a abolição era iminente. O Parlamento, em resposta ao abolicionismo dentro e fora do país, emitira uma legislação gradualista visando à emancipação dos escravos. Crianças nascidas de mães escravas foram declaradas livres em 1871 e, em 1885, a liberdade foi concedida aos escravos com 65 anos ou mais. O movimento abolicionista tornara-se irresistível nas zonas cafeeiras, onde se concentravam quase dois terços da população escrava do país. Com uma nova consciência de si mesmos e encontrando apoio entre setores da sociedade que eram favoráveis à abolição, grande número de escravos fugiu das fazendas. A escravidão era uma instituição desmoralizada, quase ninguém mais se opunha à ideia de abolição, embora alguns ainda continuassem a reivindicar que os senhores fossem compensados pela perda de seus escravos. O único grupo no Parlamento que resistiu até o último minuto foi o daqueles que falavam pelos senhores das zonas cafeeiras mais antigas e decadentes, para os quais os escravos representavam um terço do valor de suas hipotecas. Em maio de 1888, estes foram os únicos contrários à lei que aboliu a escravidão.[18]

---

17 Hall, *The Origins of Mass Immigration in Brazil 1871-1914*; Hutter, *Imigração italiana em São Paulo, 1880-1889*.

18 Costa, *Da senzala à colônia*; Idem, *A abolição*; Conrad, *Os últimos anos da escravatura no Brasil, 1850-1888*; Toplin, *The Abolition of Slavery in Brazil*; Graham, Causes for the Abolition of Negro Slavery in Brazil: An Interpretative Essay, *Hispanic American Historical Review*, v.46, p.123-37;

90   EMÍLIA VIOTTI DA COSTA

Durante o período de transição para o trabalho livre, os donos de escravos no Brasil pareciam mais preocupados com a economia escravista do que com sua ética ou estética. Eles não tiveram de mobilizar uma ideologia forte para proteger a ordem tradicional. Nesse contexto, não sentiram necessidade de retratar seus escravos como sambos. Na verdade, as elites brasileiras tinham razões para não criar esse estereótipo. Em uma sociedade altamente miscigenada, que, por meio da patronagem, permitia que alguns raros mulatos e negros ocupassem posições importantes, teria sido pouco oportuno retratar seus ancestrais como seres humanos infantilizados. Desde o primeiro século da colonização, o Brasil teve uma grande população de negros livres e mulatos, e, embora a maioria permanecesse na parte mais baixa da pirâmide social, alguns poucos haviam servido nas milícias negras, ou acumulado capital ou encontrado um lugar no mundo das letras.[19] Durante o século XIX, a tradicional discriminação jurídica contra negros e mulatos livres foi abolida e a mobilidade social aumentou. Mas essa mobilidade ainda era controlada pelas elites por meio do sistema de clientela e patronagem. O caso do famoso advogado abolicionista negro, Luís Gama, vendido como escravo e alforriado pelo seu senhor, que o ajudou a estudar Direito, embora não seja uma experiência comum, é indicativa dessa tendência.[20]

Skidmore, The Death of Brazilian Slavery 1866-1888; Pike (Org.), *Latin American History, Select Problems*, p.133-70; Toplin, Upheaval, Violence, and the Abolition of Slavery in Brazil: The Case of São Paulo, *Hispanic American Historical Review*, v.40, n.4, p.639-55.

19 Degler, *Nem preto nem branco: escravidão e relações raciais no Brasil e Estados Unidos*; Russel-Wood, Colonial Brazil. In: Cohen; Greene (Orgs.), *Neither Slave nor Free: The Freedmen of African Descent in the Slave Societies of the New World*, p.84-113. Klein, *Nineteenth-century Brazil*, p.309-35; Carneiro, *Ladinos e crioulos: estudos sobre o negro no Brasil*; Boxer, *Relações raciais no império colonial português, 1415-1825*.

20 Nos estudos tradicionais sobre relações de raça no Brasil, homens como Gama, José do Patrocínio, Machado de Assis, Tobias Barreto e Salles Torres Homem são muitas vezes mencionados para demonstrar a ausência de preconceito e discriminação na sociedade brasileira e para sustentar o argumento de que o Brasil era uma democracia racial. Ver Freyre, *Interpretação do Brasil: aspectos da formação social brasileira como processo de amalgamento de raças e culturas*; Pierson, *Brancos e prêtos na Bahia: estudo de Contacto Racial*.

A criação de uma comunidade negra livre em uma sociedade escravocrata e a presença de um pequeno grupo de negros (sobretudo mulatos) livres entre a elite branca causavam ambiguidade e tensões. As divisões de classe e raça até certo ponto eram borradas. À primeira vista, a hierarquia social parecia simples: brancos ricos ocupando importantes cargos na burocracia e na Igreja deveriam estar no topo, brancos pobres no meio e negros livres e escravos na parte de baixo. Mas uma análise mais minuciosa revela que a sociedade se estruturava de acordo com critérios de riqueza, posição social, cor e *status* jurídico. As múltiplas combinações dessas categorias geravam expectativas e comportamentos conflitantes.

Esse sistema hierárquico complexo já podia ser observado no período colonial. Descrevendo tipos brasileiros em 1757, Domingos de Loreto Couto lamentava que todo branco pobre queria se passar por nobre, todo mulato rico se ressentia da discriminação e presumia ser melhor que um branco pobre, todo negro livre pensava que era branco.[21] Luis Vilhena, escrevendo na passagem do século XVIII para o XIX, registrou tensões que deixavam o quadro ainda mais complicado. Ele se queixava de escravos pertencentes a famílias importantes que tratavam alguns brancos com a mesma arrogância dispensada por seus senhores aos escravos. Vilhena criticava ainda a pretensão dos mulatos que não sabiam qual era seu lugar. Ao mesmo tempo, regozijava-se com a profunda cisão dentro da comunidade de escravos: crioulos desprezavam os africanos, negros se sentiam mais próximo dos brancos do que de outros negros, mulatos julgavam-se superiores aos negros; africanos de diferentes nações dividiam-se por rivalidades tradicionais.[22] O testemunho de Vilhena é confirmado por viajantes que visitaram o Brasil no século XIX. Koster notou que mulatos que subiam na pirâmide social por conta de alguma circunstância especial eram vistos como brancos. Em uma conversa com um "homem de cor", Koster ficou surpreso ao ouvir que certo capitão-mor tinha sido mulato, mas agora já não era. Quando perguntou como ocorrera

---

21 Loreto Couto, *Desaggravos do Brasil* , p.226-7.
22 Santos Vilhena, *A Bahia no século XVIII*, p.53, 133, 134.

tal transformação, seu informante respondeu: "como pode um capitão-mor ser mulato?".[23] Dinheiro e *status* podiam transformar negros e mulatos em brancos.

Observadores do século XIX também estiveram muito atentos às divisões dentro da comunidade escrava e à falta de solidariedade entre os negros. O francês Ribeyrolles identificou uma aristocracia do trabalho entre os negros.[24] Antonio Bento, o líder da organização abolicionista mais importante de São Paulo, reclamou certa vez – não sem razão – da falta de apoio dos negros livres, que pareciam ignorar a sorte de seus companheiros escravizados.[25] A crônica do Segundo Império está repleta de negros e mulatos como Machado de Assis e Tobias Barreto, que, ao se integrarem à comunidade dos brancos por meio do sistema de clientela e patronagem, adotaram uma atitude discreta diante de questões acerca do escravismo e da abolição. É raro encontrar alguém como o militante abolicionista Luís Gama, que ridicularizava aqueles negros e mulatos que, fingindo-se de brancos, esqueciam suas origens.[26]

Nessa intrincada rede de expectativas e autopercepções contraditórias, não havia lugar para o sambo. Tanto brancos quanto negros precisavam de um retrato mais matizado e complexo do escravo. Mas, da grande variedade de estereótipos que surgiram na literatura brasileira desde o período colonial, emerge uma importante tendência. A maioria dos escritores brasileiros enaltece os negros que se distinguiram a serviço dos brancos e que se conformaram com as regras da mobilidade social. O negro ou o mulato "atrevido" que tenta subir na vida por conta própria é visto com suspeição e hostilidade, rotulado de "presunçoso", "descarado" ou "insolente", e é retratado como ardiloso e traiçoeiro. Até mesmo em um livro como O *mulato*, de Aluísio Azevedo, escrito com o aparente intento de denunciar o preconceito racial

---

23 Koster, *Travels in Brazil*, p.317, 391, 393, 397; Tollenare, *Notas dominicais* [...], p.145.
24 Ribeyrolles, *Brasil Pitoresco*, v.1, p.166; Debret, *Viagem pitoresca e histórica ao Brasil*, v.2 p.185.
25 Costa, *Da senzala à colônia*, p.435.
26 Gama, *Primeiras trovas burlescas de Getulino*.

A DIALÉTICA INVERTIDA E OUTROS ENSAIOS

e a discriminação, a trama revela uma hostilidade subliminar ao mulato bem-sucedido, que se "atreve" a ser o dono de sua própria vida.[27]

Na literatura brasileira, o negro ou mulato "bom" é aquele que joga o jogo de acordo com as regras prescritas pelos brancos. O resultado disto é que os "heróis" negros muitas vezes são homens que, de um jeito ou de outro, traíram seus companheiros. É o que acontece no caso do tão elogiado Henrique Dias, que continua a figurar nos livros de História do Brasil como o herói negro da guerra contra os holandeses no século XVII. Mas os livros se esquecem de mencionar que ele também era especialista em destruir quilombos. O mesmo vale para os muitos negros que Domingos de Loreto Couto alistou, em 1767, entre aqueles que tinham se destacado no período colonial por suas habilidades militares. A fama de Domingos Rodrigues Carneiro, por exemplo, deriva de seu ataque a Palmares, a mais importante comunidade quilombola do período colonial. Ao que parece, Carneiro foi responsável pela morte de Zumbi, o líder do quilombo. Couto diz que Carneiro era corajoso, leal, sabia como controlar os homens de sua cor e servira diligentemente ao rei e ao país. Dois dos filhos de Gamgazumba, outro líder de Palmares, também são destacados pelo escritor colonial. Ambos haviam se unido aos portugueses durante uma trégua temporária entre quilombolas e colonos, servindo aos europeus com lealdade.[28]

Loreto Couto às vezes caracteriza a população negra como boa e outras vezes como má. Quando ele fala de escravos, compara a devoção e o afeto entre escravos e senhores aos sentimentos que ligam pais e filhos, maridos e mulheres, membros de uma mesma família. Mas justapõe a esse retrato paternalista o ódio e as tensões que minam o sistema escravista. Ele pinta em vivas cores o escravo maldoso e desleal, sempre pronto a trair seu senhor e semear a intriga e a discórdia na família do dono. Em seu livro, como em muitos outros dos períodos colonial e moderno, há um lugar para os negros virtuosos, escravos ou livres, que, no seu dizer:

---

27 Azevedo, *O mulato*.
28 Loreto Couto, op. cit., p.456-9.

"iluminam a escuridão do seu sangue com o esplendor de suas virtudes", e outro lugar para aqueles que não têm "compostura" e que constituem uma ameaça permanente à sociedade.[29] Não é por acaso que os negros bons são sempre aqueles que trabalham para os brancos e satisfazem suas expectativas.

Esses estereótipos eram fundamentais para manter o sistema de clientela e patronagem. Quando negativos, permitiam que os brancos explicassem e justificassem o fato de a maioria dos negros estar escravizada. Além disso, tais estereótipos também ratificavam a violência inerente ao sistema escravista e sancionavam a hierarquia social vigente. Estereótipos positivos, por outro lado, forneciam uma justificativa para a integração de indivíduos negros às elites brancas. Imagens do nobre selvagem, do escravo pio e obediente, do soldado negro leal, de libertos virtuosos – tudo isso ajudou negros e mulatos que subiam na hierarquia social a preservar sua dignidade e sua autoestima. Esses estereótipos, ao indicarem o modo como a elite branca e os negros ascendentes enxergavam escravos e negros livres, não nos dizem nada sobre a real personalidade ou sobre a consciência que o escravo tinha de si mesmo.

Tentando entender a personalidade do escravo, Stanley Elkins traçou uma analogia entre a experiência da escravidão nos Estados Unidos e a experiência dos prisioneiros dos campos de concentração. Comparando os sistemas escravistas nos Estados Unidos e na América Latina, Elkins concluiu que o sistema latino-americano era mais aberto. Como nos Estados Unidos não havia nenhuma mediação institucional entre o senhor e o escravo, este ficava exposto à autoridade absoluta do senhor. Com a família despedaçada e a cultura destruída, o escravo era tratado como uma máquina de produção e não lhe restavam papéis alternativos nem modelos significantes. O sambo foi o resultado inevitável dessa experiência. Mais que uma imagem literária, sambo era um produto real do escravismo nos Estados Unidos. Em contrapartida, o escravo da América Latina, protegido pela Igreja e pela Coroa, tratado como ser humano por seu senhor,

---

29 Ibid., p.331.

A DIALÉTICA INVERTIDA E OUTROS ENSAIOS   95

podia ter família e até propriedade. Podia almejar a liberdade. Estava mais protegido dos efeitos devastadores da escravidão do que seu congênere norte-americano. No Brasil, o escravo podia inclusive se conceber como rebelde até um ponto impensável nos Estados Unidos.[30] Todas essas circunstâncias explicam, na opinião de Elkins, por que o sambo nunca se tornou uma imagem ou uma realidade na América Latina.

A descrição que Elkins fizera dos dois sistemas escravistas foi revista por outros historiadores. Mas especialistas em História do Brasil e História dos Estados Unidos partiram para rumos quase opostos. Os primeiros mostraram que o sistema brasileiro não era tão aberto quanto Elkins pensara, enquanto os segundos apontaram para uma abertura bem maior do sistema norte--americano.[31] Os estudos sobre escravidão no Brasil deixaram claro que a proteção jurídica da Coroa Portuguesa nunca foi tão importante quanto a repressão legalizada sobre negros livres e escravos. Além disso, os burocratas portugueses foram incapazes de fazer cumprir os estatutos jurídicos que protegiam o escravo na colônia. Uma análise da legislação local, promulgada pelos donos de escravos, revela o controle restrito sobre negros livres ou escravizados. Estudos recentes mostram que a Igreja Católica aceitava a instituição da escravidão, limitando-se a recomendar

---

30 Elkins, op. cit., p.137.
31 Para o estudo da escravidão no Brasil, ver: Fernandes e Bastide, *Brancos e pretos em São Paulo*; Cardoso, *Capitalismo e escravidão. O negro na sociedade escravocrata do Rio Grande do Sul*; Ianni, *As metamorfoses do escravo*; Costa, *Da senzala à colônia*; Degler, op. cit. Para a escravidão nos Estados Unidos, ver: Morgan, *American Slavery, American Freedom. The Ordeal of Colonial Virginia*; Blassingame, *The Slave Community: Plantation Life in the Antebellum South*; Rawick, *From Sundown to Sunup: The Making of the Black Community*; Genovese, *Roll, Jordan, Roll: The World the Slaves Made*; Fogel e Engerman, *Time on the Cross: The Economics of American Negro Slavery*; Gutman, *The Black Family in Slavery and Freedom, 1750-1925*; Mullin, *Flight and Rebellion*; Wood, *Black Majority, Negroes in Colonial South Carolina from 1670 through the Stone Rebellion*. Para críticas à historiografia norte-americana sobre a escravidão nos Estados Unidos, ver a edição da primavera de 1974 da *Revista Daedalus*. Ver especialmente Davis, *Slavery and the Post World War II Historians*, ibid., p.1-29 e Elkins, *The Slavery Debate. In: Commentary*, p.40-54.

96 EMÍLIA VIOTTI DA COSTA

que os senhores tratassem seus escravos com caridade cristã. Exceto pela criação de irmandades e pela promoção de festas religiosas onde escravos negros e brancos livres podiam se reunir, a Igreja Católica não exerceu papel significativo na melhoria da vida dos escravos.

Se o revisionismo tem demonstrado que a Coroa e a Igreja não humanizaram o sistema escravista tanto quanto Elkins imaginara, também tem apresentado dados suficientes para comprovar que, de fato, o sistema escravista jamais funcionou no Brasil – e talvez em nenhum outro lugar – como instituição absoluta. Apesar de sua violência e repressão, não conseguiu destruir a personalidade escrava.

Analogias entre escravos e prisioneiros de campos de concentração ou presos de cadeias normais têm um inegável valor especulativo, mas são inadequadas para descrever a experiência do escravo.[32] Este tinha mais oportunidades de autoafirmação que os prisioneiros, e os senhores tinham menos chance de exercer sua autoridade do que os guardas das prisões.

A posição peculiar do escravo derivou principalmente de sua função dentro do sistema. Detentos em campos de concentração ou cadeias não são instrumentos fundamentais para a produção e o lucro como eram os escravos. O principal objetivo dos campos de concentração ou das celas é segregar o indivíduo da sociedade. Os detentos podem eventualmente ser colocados para trabalhar e seu trabalho pode se tornar, em circunstâncias excepcionais, essencial para a sociedade (como no caso de alguns campos de trabalho durante a Segunda Guerra Mundial). Mas, em tais casos, a experiência do prisioneiro será, em essência, distinta daquela de um detento em um cárcere comum ou em campo de concentração.

Os escravos representam o capital e a mão de obra que constituíam as bases da classe senhorial. A destruição em massa dos escravos destruiria a classe dos donos de escravos. Os senhores podiam açoitar seus escravos até a morte, mas hesitariam em

---

32 Frederickson, Lasch, Resistance to Slavery, *Civil War History*, v.13, 4, p.315-29; Weinstein, Otto Gattel, *American Negro Slavery. A Modern Reader*.

A DIALÉTICA INVERTIDA E OUTROS ENSAIOS 97

massacrar um grande número deles. Mesmo que a brutalidade dos senhores mantivesse a comunidade escrava paralisada de medo, não asseguraria alta produtividade e lucros. A necessidade de proteger o capital e a preocupação com a produção e o lucro impunham limites à violência do senhor de escravos que jamais existiram num campo de concentração ou em uma cadeia. Tanto a ameaça quanto o temor de levantes foram maiores no sistema escravista do que nas prisões e campos de concentração. Os senhores, enquanto classe, podiam confiar que teriam meios de reprimir rebeliões escravas, mas, como indivíduos, não tinham tanta certeza. Isolados em suas fazendas, em menor número do que os escravos, os quais, ao contrário dos prisioneiros, não ficavam confinados, os fazendeiros sabiam que, a qualquer momento, os escravos podiam atacá-los. O imaginário senhorial estava repleto de aterrorizantes relatos de crimes cometidos por escravos. Os senhores sabiam que a violência indiscriminada podia desencadear rebeliões na senzala. Um jeito de lidar com esse problema era contratar um feitor. A maioria dos proprietários de terras delegava a supervisão do trabalho escravo e a administração dos castigos a esse tipo de capataz, que atuava como anteparo entre o senhor e os escravos. O dono reservava-se o direito de agir como mediador sempre que houvesse conflito aberto entre escravos e feitores. Dessa forma, conseguia redirecionar o ódio dos negros para o feitor, enquanto ele próprio recebia a gratidão dos escravos. Com o intuito de evitar perturbações na senzala e de maximizar a produção e o lucro, os senhores também criaram um sistema de punições e recompensas.[33] Usavam o chicote e outros instrumentos de tortura física para reprimir o escravo indisciplinado, mas recompensavam a lealdade, a obediência e a eficiência. Davam as posições mais importantes aos escravos que cumpriam suas tarefas com zelo e aqueles que ganhavam a confiança do senhor podiam até defender os interesses de parentes e amigos. Esses escravos gozavam de relativa mobilidade e podiam ter esperança de comprar sua alforria ou de ser emancipados. No Brasil, mais

---

33 O mesmo fenômeno foi observado nos Estados Unidos por Fogel e Engerman em *Time on the Cross*, e por Genovese, em *Roll, Jordan, Roll*.

do que nos Estados Unidos, a manumissão foi, desde o início, um artifício usado pelos senhores para encorajar o bom comportamento dos escravos. Na realidade, apenas um pequeno número de escravos se beneficiou com essa prática, mas a perspectiva de liberdade ajudou os senhores a manter os escravos sob controle.[34]

No Brasil, os senhores tentavam cooptar seus escravos permitindo-lhes participar de festas da Igreja, procissões e irmandades, e que mostrassem seus talentos na música, na dança e nas representações teatrais em ocasiões especiais.[35] Os senhores viam o catolicismo como um instrumento de controle social. Surpreendentemente, eles atribuíam funções análogas aos rituais africanos – um ponto de vista corroborado pela maioria dos burocratas reais, mas criticado pelo clero. Em muitas fazendas, os negros recebiam permissão para fazer batuques e calundus, que aos donos de escravos pareciam nada além de músicas e danças primitivas e inofensivas. Para os missionários e membros da hierarquia da Igreja, no entanto, essas manifestações tinham um significado diferente: eram rituais religiosos africanos que deviam ser proibidos. Roger Bastide, em seu estudo sobre religiões afro-brasileiras, demonstrou que os missionários estavam certos: batuques e calundus foram importantes veículos das tradições africanas. O que os padres não sabiam era que o cristianismo tinha a mesma função. Reinterpretando o cristianismo em seus próprios termos, os negros encontraram modos de converter deuses africanos em santos católicos. Por meio desse processo sincrético,

---

34 A alforria não tem sido suficientemente estudada no Brasil. No encontro anual da American Historical Association de 1974, vários brasilianistas apresentaram trabalhos sobre o assunto: Stuart Schwartz, em *Manumission of Slaves in Colonial Brazil, Bahia, 1684-1745*; Mary Karash, *Manumission in the City of Rio de Janeiro, 1807-1831*; Arnold Kessler, *Bahian Manumission Practices in the Early Nineteenth Century*. Em sua tese de doutorado, Robert W. Slenes trata do problema (*The Demography and Economics of Brazilian Slavery, 1850-1888*, p.484-574).

35 Entre essas tradições, as mais estudadas são os congos e as congadas. Vários folcloristas fizeram descrições desses rituais. Entre eles, estão: Ramos, *O folclore negro no Brasil*; Câmara Cascudo, *Antologia do folclore brasileiro*; Carneiro, *Antologia do negro brasileiro*; Querino, *A raça africana e seus costumes*.

A DIALÉTICA INVERTIDA E OUTROS ENSAIOS

os escravos podiam rezar para Nosso Senhor do Bonfim, Santo Antônio ou São Jorge enquanto cultuavam Oxalá, Xangô ou Ogum, fazendo suas oferendas a Iemanjá enquanto oravam para Nossa Senhora do Rosário. Dessa forma, o panteão dos deuses africanos foi transportado para o Novo Mundo e pôde sobreviver, ainda que não intacto, no seio da cristandade.[36]

Os mitos e rituais africanos mantiveram-se no Brasil não apenas por conta do fluxo contínuo e do grande número de escravos provenientes da África, mas também devido à permissividade dos senhores. Os escravos encontraram em seus batuques e calundus, assim como nos rituais católicos, os meios para criar uma identidade independente de seus senhores. A religião e o folclore africanos foram inevitavelmente adaptados ao novo ambiente cultural e geográfico. Receberam elementos das tradições portuguesa e indígena reinterpretados pela experiência escrava. De um jeito ou de outro, os mitos e rituais coletivos reforçaram a consciência do escravo e seu senso de pertencer a uma comunidade. Assim, o mundo do escravo não era limitado ao mundo dos brancos.

Criar uma comunidade negra na senzala e preservar tradições era resistir à escravidão porque esta implicava não apenas a subordinação e a exploração de um grupo social por outro, mas também o confronto de duas etnias. O escravo podia resistir de diferentes formas: como escravo a seu senhor, como negro ao branco e como africano ao europeu. Nesse contexto cultural, a resistência podia ser interpretada como uma forma de protesto social. A existência de duas comunidades, uma branca e outra negra, permitia ao escravo mover-se entre um mundo e o outro. Nessa rede de inter-relações ambíguas criadas pelo sistema, o escravo tinha a oportunidade de assumir diferentes papéis. Dentro da comunidade escrava, ele podia se destacar como músico, cantor, dançarino, contador de histórias, médico ou feiticeiro, ou figura importante na hierarquia dos calundus, congos, congadas e capoeiras. Ele podia ser respeitado por suas muitas habilidades e talentos. Podia orgulhar-se de seus filhos e vangloriar-se, como

---

36 Bastide, *Les Religions Africaines au Brésil.*

qualquer outro homem, de suas proezas sexuais e resistência física. Podia ainda ganhar reputação entre seus companheiros ao enganar o senhor ou o feitor, ao ser ardiloso e desleal a seu superior. Contraditoriamente, ele também podia encontrar satisfação pessoal ao receber a aprovação do dono, ao ser promovido a uma posição melhor dentro do sistema ou ao ser recompensado por bom comportamento, segundo as expectativas do senhor. A obrigação de operar em dois mundos diferentes e antagônicos deu ao escravo a possibilidade de usar várias máscaras: uma para o senhor, outra para os companheiros, uma terceira para sua família e provavelmente outra para si mesmo. Sua personalidade era uma síntese de personalidades muitas vezes conflitantes. O escravo devia ser fiel a comunidades distintas e quase sempre se via em uma situação na qual a lealdade a um grupo significava traição a outro. Sua lealdade era, assim, inevitavelmente precária. Isso explica por que conspirações escravas foram traídas por escravos e por que o escravo predileto do senhor era, com frequência , o primeiro a fugir.

Nessas condições, o que era considerado vício em um mundo podia ser percebido como virtude no outro. Palavras e gestos tinham significados diferentes nesses dois universos. As chicotadas eram humilhantes e tinham por objetivo intimidar o escravo, mas aqueles que resistiam em silenciosa raiva podiam se orgulhar de sua resistência e receber a admiração e a compaixão dos companheiros, especialmente quando o castigo era considerado injusto. Mentir para o feitor, enganar o senhor, roubar, negligenciar as ordens, vadiar e beber eram fraquezas e falhas desde o ponto de vista do dono, mas, para o escravo, podiam significar capacidade de controlar o mundo exterior. Dessa forma, a acomodação não indica necessariamente passividade ou anomia. Ela pode ser vista como uma estratégia consciente adotada pelos escravos com o intuito de sobreviver. E o que fora entendido como comportamento infantil talvez possa ser reinterpretado como uma resposta madura e racional às condições de vida dos escravos.

O estudo do folclore escravo parece corroborar essa interpretação. Os escravos viviam em um mundo no qual eram injustamente maltratados, surrados e explorados. Mas eles tinham alguns

A DIALÉTICA INVERTIDA E OUTROS ENSAIOS 101

modos de lidar com esse mundo.[37] Suas fábulas lembram o ciclo do Uncle Remus. Nelas, animais fracos sempre derrotam os mais fortes com ardis e trapaças. As canções de escravos coletadas por viajantes do século XIX no Brasil revelam que os negros identificavam um sistema de valores duplos que favorecia os brancos.

> Branco dize quando more
> Jezucrisso que o levou,
> E o pretinho quando more,
> Foi cachaça que o matou.[38]

> Nosso preto quando fruta
> Vai pará na correção
> Sinhô branco quando fruta
> Logo sai sinhô barão.[39]

As canções muitas vezes sugeriam um antagonismo latente entre escravo e senhor e denunciam a injustiça praticada pelo dono de escravos.

> Meu patrão me bateu,
> Ele não procedeu bem:
> Nada de mal fiz eu,
> Mas meu patrão me bateu.[40]

Uma canção quilombola atribuída ao período colonial lança luz sobre o antagonismo racial que frequentemente separava brancos e negros.

---

37 Nossas leituras sobre o folclore negro no Brasil confirmam as impressões de Stuckey, Through the prism of folklore: The black ethos in slavery, The Massachusetts Review, 9, 3, p.417-37; e Levine, Slave songs and slave conciousness: An exploration in Neglected Sources. In: Hareven (Org.), Anonymous, American Exploration in Nineteenth Century Social History. Ambos os artigos foram republicados por Allen Weinstein e Frank Gatell. Além dos estudos sobre o folclore brasileiro mencionados acima, pode-se consultar também Romero, Cantos Populares do Brasil.
38 Carneiro, op. cit. p.289.
39 Ibid. p.290.
40 Burmeister, Viagem pelo Brasil, p.56.

Folga negro
Branco não vem cá
Se vié
O diabo há de levá[41]

Mesmo que os escravos parecessem reconhecer que eram vítimas de exploração e de discriminação, a maioria deles se adaptava às condições da escravidão. Apegando-se ao folclore e aos rituais africanos, eles preferiram a resistência cultural à política e as formas individuais de protesto às coletivas. Desde o início havia muitos grupos de fugitivos e quilombolas, incontáveis pequenos levantes nas fazendas e crimes cometidos por escravos contra feitores ou senhores. Mas a maior parte da população escrava parecia ter aceitado a escravidão como um fato inevitável. A maioria dos escravos obedecia às ordens, cumpria as tarefas e trabalhava para seus senhores, mesmo que estes não ficassem totalmente satisfeitos. Os donos de escravos provavelmente tinham motivos para reclamar dos indisciplinados e se queixar da indolência, da inépcia, das trapaças, dos furtos e da bebedeira dos escravos. Mas esse comportamento "antissocial" talvez fosse a reação mais comum dos escravos à exploração e à opressão.

A pergunta mais instigante para uma mente moderna, acostumada à retórica pós-iluminista e alheia à experiência de milhões de pessoas oprimidas no mundo, é: por que os escravos se acomodaram ao sistema e na sua maioria optaram por formas de protesto individuais em vez de coletivas e preferiram a resistência cultural em vez da confrontação política?

No Brasil, ao que parece, eles teriam condições ideais para obter êxito em uma rebelião escrava. Ao longo do século XVII e durante boa parte do XVIII, os escravos formaram a imensa maioria da população.[42] À primeira vista, parece que seria fácil matar os senhores ou expulsá-los e tomar suas propriedades. A

---

41 Carneiro, op. cit., p.276.
42 Até mesmo no século XIX, quando a população escrava havia diminuído em proporção à população livre, havia alguns distritos na região cafeeira nos quais a população escrava constituía mais de 70% do total. Costa, op. cit., p.64.

A DIALÉTICA INVERTIDA E OUTROS ENSAIOS 103

chance dos escravos parece ainda maior quando se leva em conta que poderiam ter se aliado aos mulatos e negros livres, alguns dos quais ocupavam posições importantes nas milícias negras. Eles poderiam ainda ter encontrado apoio entre os índios, outro grupo oprimido e explorado pelos portugueses.

Considerando a experiência compartilhada, talvez devêssemos esperar que eles tivessem desenvolvido alguma forma de consciência de classe, em especial porque a solidariedade entre escravos poderia se reforçar com a identidade racial. No entanto, para além dos mecanismos de cooptação, muitos outros fatores agiram contra o desenvolvimento de uma consciência coletiva e da rebelião organizada. Os escravos haviam sido arrancados de suas terras e transportados para um novo cenário. Eram propriedade de seus senhores e não podiam exigir quaisquer direitos. Os donos tinham poder absoluto sobre seus escravos. Diferentes dos industriais modernos ou do senhor de terras medieval, eles não tinham de obedecer a contratos de trabalho nem respeitar direitos consuetudinários que, se existissem, poderiam ser invocados pelos escravos em sua luta contra os senhores. A legislação régia que devia proteger os escravos mal pôde ser implementada. Os burocratas da realeza, responsáveis por aplicar as leis, evitavam confronto direto com os senhores, e até mesmo o rei em pessoa sempre recuava diante da resistência dos donos de escravos. Em 1688, por exemplo, o rei português determinou que o senhor que tratasse seu escravo com crueldade e o castigasse sem respeitar os limites impostos pela legislação deveria vendê-lo a alguém que viesse a tratá-lo bem. O decreto real também dispunha que as autoridades deveriam receber denúncias da parte das vítimas. Em menos de um ano, o rei foi obrigado a revogar a lei por causa da oposição dos donos de escravos.[43]

Privados de quaisquer direitos, arrancados de suas origens, os escravos tiveram de desenvolver novas formas de coesão e solidariedade. E assim fizeram. Mas, apesar de aparente similitude das experiências, a comunidade escrava era dividida de muitas

---

43 Carta do rei de Portugal ao Governador-Geral do Brasil, 25 de agosto de 1685. Biblioteca Nacional, *Documentos Históricos*. Provisões Patentes, Alvarás, v.XXXII, Rio de Janeiro, 1936, p.393.

104 EMÍLIA VIOTTI DA COSTA

maneiras. Primeiro, os escravos vinham de diferentes partes da África e não compartilhavam as mesmas tradições culturais. Quase sempre falavam línguas distintas. Receosos de rebeliões de escravos, os senhores adotaram, desde o início, a política de comprar escravos provenientes de várias regiões diferentes. Segundo, havia um antagonismo entre africanos e crioulos muitas vezes reforçado pela discriminação contra negros de parte dos mulatos. As várias funções desempenhadas pelos escravos criavam tensões e divisões entre eles. "Negro no eito vira copeiro não óia mais pra seu parceiro" era um provérbio usado pelos negros no século XIX.[44] Criados domésticos sentiam-se superiores aos trabalhadores do campo e eram, em geral, mais fiéis aos senhores do que aos companheiros. Todas essas contradições minavam a coesão e inibiam o desenvolvimento de uma ação coletiva.

Problemas de comunicação também dificultavam a organização de uma revolta em massa. Embora os escravos que viviam nas fazendas jamais tenham sido completamente isolados do mundo exterior – pois mascates, padres, cocheiros e viajantes faziam a ligação entre a comunidade escrava e a sociedade dos homens livres, ao passo que escravos urbanos sempre desfrutaram de relativa liberdade para estabelecer contatos com outros escravos –, os que viviam em fazendas eram submetidos a uma vigilância constante. As autoridades governamentais utilizavam todos os meios possíveis para evitar a ocorrência de um levante escravo. Inúmeras leis proibiam escravos de portar armas,[45] perambular pelas ruas à noite, alugar quartos, frequentar tavernas,[46] passar a noite com outros escravos, ir de um lugar a outro sem

---

44 Costa, op. cit., p.277.

45 Essas leis existiam desde o período colonial. Ver, por exemplo, Arquivo do Estado de São Paulo, *Documentos Interessantes*, v.XIII, p.130-1 (Bandos e Portarias de Rodrigo Cezar de Menezes, 1895, São Paulo); Ibid., v.XXII, p.152, 180. No século XIX, encontramos determinações semelhantes na região cafeeira: Costa, *A escravidão nas áreas cafeeiras. Aspectos econômicos, sociais e ideológicos da desagregação do sistema escravista*, p.599-600 (n.74); Idem, *Da senzala à colônia*, p.299.

46 *Documentos Interessantes*, v.XIII, p.110-1. A determinação proibía escravos e negros livres de frequentar as tavernas, a menos que estivessem acompanhados por seus senhores ou por um branco.

A DIALÉTICA INVERTIDA E OUTROS ENSAIOS 105

permissão,[47] comprar ou vender sem autorização escrita de seus senhores[48] – e às vezes nem mesmo com sua permissão.[49]Algumas dessas restrições também se aplicavam aos negros livres.[50] Aqueles que não obedeciam às regras eram severamente punidos. Os líderes de conspirações escravas e de grupos quilombolas eram condenados à morte com "o devido respeito aos procedimentos jurídicos",[51] assim como os escravos que faziam ameaças à vida dos senhores. Escravos fugidos eram perseguidos e, às vezes, quando recapturados, marcados com um F nos ombros (indicando fugitivo). Depois da segunda transgressão, cortava-se uma das orelhas do culpado.[52]

Apesar de toda vigilância e repressão, fugitivos e quilombolas atormentaram a sociedade brasileira dos brancos desde o século XVI.[53] Enquanto alguns escravos eram capturados, outros não eram apanhados. Quando um quilombo era destruído, outro se formava.[54] Mais importante do que esse persistente espírito de

---

47 A determinação de janeiro de 1728 exigia uma ordem expressa do senhor especificando data, horário e destino. E também estipulava que qualquer negro (livre ou escravo) encontrado nas ruas depois das onze horas da noite deveria ser preso. *Documentos Interessantes*, v.XIII, p.133-4.

48 *Documentos Interessantes*, v.XII, p.109-10, 126-7.

49 O senhor do escravo apanhado vendendo qualquer artigo na região das Minas tinha de pagar uma multa.

50 As leis supracitadas, que proibiam escravos de vender qualquer artigo na região das Minas, de portar armas, de perambular pelas ruas depois de certo horário e de frequentar tavernas se estendiam aos negros livres.

51 Biblioteca Nacional, *Documentos Históricos*, v.34, Provisões, Patentes, p.1111-2. Alvarás, Cartas (Rio de Janeiro, 1936). Carta datada de 10 de julho de 1693.

52 *Documentos Interessantes*, v.XIV, p.254-5.

53 Em uma carta de 1597, o jesuíta Pero Rodrigues mencionou que os maiores inimigos dos colonos eram os quilombolas: Leite, *História da Companhia de Jesus no Brasil*, v.7, p.358. Anchieta também se refere aos escravos fugidos no século XVI. Anchieta, *Cartas, Informações, Fragmentos Históricos e Sermões do Padre Joseph de Anchieta 1554-1594*, p.379.

54 O número de documentos relacionados a quilombos durante o período colonial é impressionante. Basta percorrer a coleção publicada pela Biblioteca Nacional – *Documentos Históricos* – para encontrar inúmeras referências concernentes aos séculos XVII e XVIII. Ver, por exemplo, os seguintes volumes : v.III, p.192-4; v.VIII, p.70-1, 118, 147-8,185-6, 301-2,

EMÍLIA VIOTTI DA COSTA

rebelião é o fato de os escravos terem conseguido superar suas divisões fundamentais e criado uma comunidade quilombola duradoura. Quando os portugueses finalmente destruíram Palmares, depois de uma luta de mais de um século, encontraram lado a lado africanos de diferentes nações, crioulos, negros, mulatos e até mesmo alguns brancos que haviam procurado asilo entre os quilombolas.[55] Essas pessoas tinham encontrado entendimento comum em uma sociedade organizada de acordo com um modelo vagamente africano.[56] Os estudos sobre Palmares revelam que os quilombolas contavam com o apoio dos escravos das fazendas vizinhas e dos negros livres das cidades próximas. Mas, se havia solidariedade entre os negros, havia também traições. Muitos dos informantes que trabalharam para os portugueses e alguns dos soldados que participaram das expedições contra Palmares eram negros; alguns eram antigos habitantes do quilombo e lutaram ao lado dos brancos e foram generosamente recompensados por seus serviços. Isso, porém, não surpreenderia alguém familiarizado com a história de Palmares. Em 1678, o líder Gangazumba assinou um acordo que o obrigava a entregar aos portugueses todos os escravos que viviam em Palmares, mantendo apenas aqueles que haviam nascido no local ou que já eram livres quando chegaram ao quilombo.

O acordo entre palmarinos e portugueses revela a limitada importância política dos movimentos quilombolas. Os habitantes dos quilombos ficavam felizes em estabelecer relações pacíficas com os colonizadores. Eles haviam fugido de senhores maldosos, buscado a liberdade e superado conflitos que dividiam a comu-

---

335-6, 373-4, 385-7,407-9; v.VIII, p.337-8; v.IX, p.127-9; v.XXXIII, p.450-62; v.XXXVIII, p.383. Ver também *Documentos Interessantes*, v.XIV, p.253-4, 354-5, 255-6, v.XXII, p.98; v.XLIII, p.201; v.LV, p.275, 286-7; v.LVIII, p.257, 259, 275; v.LXV, p.261.

55 Freitas, *Palmares: La Guerrilla Negra*; Carneiro, *O quilombo dos Palmares*; Ennes, *As guerras dos Palmares*; Goulart, *Da fuga ao suicídio. Aspectos da rebeldia do escravo no Brasil*; Moura, *Rebeliões da Senzala*; Luna, *O negro na luta contra a escravidão*.

56 Kent, Palmares An African state in Brazil, *The Journal of African History*, n.6, p.163-75 (republicado em *Price Maroon Societies. Rebel Slaves Communities in America*); Bastide, *Les Religions Africaines au Brésil*, p.124-6.

A DIALÉTICA INVERTIDA E OUTROS ENSAIOS 107

nidade escrava. Mas não chegaram a desenvolver um projeto revolucionário. Embora saqueassem os arraiais portugueses da vizinhança com alguma frequência, atacassem plantações e sequestrassem escravos, eles nunca realizaram um assalto avassalador às vilas nem tentaram organizar um grande levante de escravos. E, em suas comunidades, introduziram formas de escravidão típicas de sociedades africanas.

A série de conspirações escravas que aterrorizou a população branca da Bahia na primeira metade do século XIX apresenta algumas tendências semelhantes.[57] Ao analisar a insurreição de 1835, o último e talvez mais importante levante do período, Roger Bastide definiu habilmente suas origens, metas e limites. Havia uma dimensão étnica: hauçás e nagôs, homens que tinham sido senhores de escravos e donos de terras na África que não podiam tolerar ser escravizados. Havia também um motivo religioso, uma vez que o espírito militar desses povos emanava principalmente de suas raízes religiosas. Eles eram muçulmanos e tinham uma tradição de cruzadas contra os negros fetichistas. Embora certamente estivessem se rebelando contra a escravidão em 1835, não era em geral a escravidão que queriam destruir, mas sim a escravização dos filhos de Alá pelos cristãos. Almejavam tomar as terras, mas não para que eles próprios as cultivassem. Planejavam usar escravos negros, crioulos e mulatos. Bastide concluiu que fora o ódio muçulmano que desencadeara a rebelião e não a consciência de classe de um povo oprimido.[58]

Por mais limitados que tenham sido em seu escopo político, esses movimentos mostram que os escravos, quando agiram em conjunto, desenvolveram novas percepções sobre a escravidão e sobre si mesmos. No entanto, como os negros não tiveram oportunidade de organizar ações de protesto sistemáticas e contínuas até pouco antes da abolição, a resistência ocasional teve pouco significado político. Os protestos dos escravos tiveram algo em comum com os movimentos pré-políticos descritos por

---

57 Moura, op. cit., p.345-85; Bastide, op. cit., p.146-50; *Revista do Instituto Geográfico e Histórico da Bahia*, v.X, p.69-119; v.XIV, p.129-49.
58 Bastide, op. cit., p.149.

Hobsbawm.[59] Levantes escravos foram no máximo atos de banditismo social ou movimentos messiânicos abortados. Mas, quando a escravidão se tornou uma instituição desacreditada, os crimes, as fugas e os levantes dos escravos ganharam novo sentido e a autopercepção dos escravos se transformou.

Para tentar entender a personalidade e a consciência do escravo, seus protestos e sua acomodação, é preciso considerar como a sociedade em geral influenciava a dinâmica do sistema escravista. A possibilidade de resistir à escravidão e à aculturação variava de acordo com o tempo e as circunstâncias. Ao que parece, alguns grupos africanos, como os hauçás e nagôs, estiveram mais inclinados à rebelião que os outros. Os distúrbios eram comuns nas áreas onde eles predominavam. No século XVIII, autoridades portuguesas recomendavam o uso de angolanos nas Minas, em vez dos escravos provenientes da região de São Jorge da Mina, porque os primeiros pareciam mais submissos, menos propensos à fuga ou à conspiração contra os brancos.[60] Além dessas distinções culturais entre grupos de negros – as quais ainda não foram estudadas –, outros fatores explicam as diferenças no comportamento dos escravos. Estes não ficavam expostos ao senhor da mesma maneira, as condições que lhes permitiam manter tradições africanas variavam conforme o lugar. Era mais difícil para o escravo doméstico resistir à cooptação do que para o trabalhador do campo. Era mais fácil escapar ao controle e criar uma comunidade negra em uma grande fazenda onde os negros podiam encontrar outros com a mesma bagagem cultural do que em um rancho de pequenas proporções.[61] A oportunidade de exercer várias atividades e exibir maior variedade de talentos era limitada pelo ritmo e pelo tipo de produção na qual estavam obrigatoriamente envolvidos. Escravos que trabalhavam em fazendas de cana-de-açúcar eram mais livres do que os que trabalhavam em minas de diamante, os quais viviam submetidos a uma rigorosa

---

59 Hobsbawm, *Rebeldes primitivos: estudos sobre formas arcaicas de movimentos sociais nos séculos XIX e XX.*

60 *Documentos Interessantes*, v.I, p.33-4.

61 Bastide, op. cit., p.69.

A DIALÉTICA INVERTIDA E OUTROS ENSAIOS   109

disciplina e supervisão.[62] Escravos incumbidos de trabalho nos centros urbanos tinham mais mobilidade que os trabalhadores rurais. Eles podiam estabelecer contatos com outros escravos ou negros livres de seu país de origem. Quando os africanos predominavam e as memórias da África ainda estavam vivas em suas mentes, a resistência cultural (ou resistência à aculturação) era mais provável do que quando crioulos de terceira ou quarta geração constituíam a maioria da população escrava. A sobrevivência das tradições africanas também dependia da tolerância do senhor, e, ao que parece, os senhores eram mais lenientes quando a economia exportadora enfrentava longos períodos de crise e eles tinham de abandonar as plantações comerciais destinadas ao mercado internacional e se dedicar apenas à economia de subsistência. Dessa forma, as condições para a acomodação e resistência variavam no tempo e no espaço.[63]

Senhores e burocratas passaram quatro séculos admitindo que falhara o sistema repressivo que haviam inventado para solucionar o problema dos escravos fugidos e dos quilombolas. Ao longo do todo o período, as chances de sobrevivência desses escravos não foram sempre as mesmas e seus atos tiveram sentidos diversos em épocas distintas. Os quilombolas eram deixados em paz contanto que não atacassem as comunidades vizinhas – sobretudo se a demanda por terras e mão de obra não fosse premente; mas eram perseguidos sem piedade sempre que os preços de escravos subiam ou as fronteiras coloniais avançavam em direção às áreas por eles ocupadas. A existência de um número significativo de comunidades de negros livres no Brasil favorecia os escravos fugidos, que, em meio a esses grupos, podiam se passar por livres sem muita dificuldade. A urbanização no século XIX também lhes abriu novas alternativas de trabalho. A possibilidade de fuga dependia da eficiência dos mecanismos de repressão e controle social. Sempre que as condições de vigilância falhavam – como

---

62 Boxer, *The Golden Age of Brazil, 1695-1750*, p.204-25; Mauro, Le Portugal et l'Atlantique au XVIIe. siècle. 1570-1670 *Étude Economique.*
63 Laerne, *Brazil and Java. Report on Coffee Culture in America, Asia and Africa.*

110 EMÍLIA VIOTTI DA COSTA

no período da invasão holandesa na Bahia e em Pernambuco, quando os portugueses armaram seus escravos para combater o inimigo – os negros criavam comunidades quilombolas, como fizeram em Palmares.

As transformações na ideologia e nas atitudes dos senhores diante da escravidão modificaram as perspectivas de liberdade dos escravos. No final do século XVIII, quando os colonos conspiraram pela independência, muitos negros livres e escravos se uniram ao movimento. Alguns estavam presente no julgamento da abortada Inconfidência Mineira, em 1789,[64] e também estiveram entre os presos na Bahia em 1798, acusados de apoiar a conspiração contra o Rei e de seguirem "os princípios franceses."[65] Em 1817, escravos apoiaram a revolução em Pernambuco, a despeito de uma declaração da liderança branca garantindo que a instituição da escravidão seria mantida.[66] Alguém poderia dizer que os escravos que participaram dessas conspirações estavam apenas obedecendo ordens dos senhores. Mas, na verdade, eles estavam fazendo mais do que isso. Seus testemunhos durante os julgamentos revelam que eles tinham visões pessoais sobre os propósitos e as metas das revoluções. Enquanto os brancos ressaltavam a liberdade e tinham por objetivo a emancipação da colônia, os negros sonhavam com a igualdade e tinham esperança de se libertar do jugo da escravidão.

O credo liberal proclamado pelas elites brancas revolucionárias proporcionava aos negros livres e escravos novas formas de expressar seus protestos. Típico é o caso muito citado do negro Argoim, administrador da região mineradora, que em 1821 conseguiu juntar cerca de 14 mil negros – livres e escravos – em Ouro Preto e mais 6 mil em São João do Morro. Argoim lhes anunciou que a Constituição adotada em Portugal havia eman-

---

64 Ministério da Educação, Biblioteca Nacional do Rio de Janeiro, *Autos da Devassa da Inconfidência Mineira*, v.I, p.106.

65 *Anais do Arquivo Público da Bahia*, v.XXV e XXVI (1959-1961), v.XXV, p.176.

66 Sobre a participação dos escravos na revolução de 1817, ver: Mota, *Nordeste, 1817*, p.146-60. Ver também: *Documentos Históricos*, v.102, p.10, 228; v.101, p.226; v.105, p.232; v.106. p.239.

A DIALÉTICA INVERTIDA E OUTROS ENSAIOS   111

cipado todos os negros e os tornara iguais aos brancos. Diante disso, os negros do Brasil deviam lutar por seus direitos.[67]

As aspirações dos escravos à liberdade e à igualdade foram frustradas na Independência, em 1822. Eles tiveram de esperar pela abolição da escravatura em 1888. A era revolucionária criara novos modos de autopercepção e novas formas de participação e de protesto e, ao mesmo tempo, lhes fornecera uma ideologia que não existia nos séculos anteriores, quando a escravidão fora justificada em nome da Providência Divina.

No século XIX, quando os abolicionistas arregimentaram novos grupos para a causa da emancipação, escravos fugidos passaram a encontrar maior apoio e proteção, que no passado lhes faltara entre a população branca, e assim alguns puderam passar da resistência cultural passiva e da rebeldia individual para a ação política. A abolição foi resultado de um movimento organizado de brancos, negros e mulatos, alguns dos quais tinham se incorporado às elites urbanas. O fator decisivo, no entanto, foi a ação direta dos escravos, que abandonaram em massa o trabalho nas fazendas, forçando, dessa forma, os proprietários a procurar outra solução para o problema da mão de obra.[68]

Ao longo do século XIX, o escravo adquirira uma nova consciência de si mesmo e do sistema escravista. Ele podia dizer, como disse um escravo que assassinou seu senhor, que não sabia por que tinha de trabalhar a vida inteira para o benefício exclusivo de um homem de quem era igual.[69]

A personalidade escrava deve ser vista desde uma perspectiva histórica. Muitos estudos sobre a escravidão e sobre os escravos presumiram que categorias como escravidão, opressão, liberdade, resistência e personalidade são constantes a-históricas, quando,

---

67 *Revista do Arquivo Público Mineiro*, v.V, p.158-60.

68 Costa, *Da senzala à colônia*, p.319-29; Idem, *A abolição*; Toplin, *The Abolition of Slavery in Brazil*, p.194-224; Conrad, *The Destruction of Brazilian Slavery 1850-1888*, p.239-56; Toplin, Upheaval, Violence and the Abolition of Slavery in Brazil: the Case of São Paulo, p.639-55.

69 Slenes, op. cit., p.550.

na verdade, elas mudam de acordo com as circunstâncias históricas. Qualquer tentativa de compreender a personalidade ou a ação do escravo (assim como as formas de resistência à escravidão) a partir de categorias estáticas, que não considerem as mudanças na sociedade em geral e ignorem a natureza histórica da dialética senhor-escravo, ficará aquém da realidade.

HISTÓRIA, METÁFORA E MEMÓRIA: A REVOLTA DE ESCRAVOS DE 1823 EM DEMERARA[1]

Nos últimos anos tem-se visto na historiografia brasileira uma grande preocupação em resgatar a fala e a memória dos oprimidos. Não é por acaso que essa tendência se intensifica quando se dá o processo de redemocratização (ou melhor seria dizer a tentativa de democratização) da sociedade brasileira. Também não é de se estranhar que aqueles que querem que o povo brasileiro amplie sua participação na história do presente se preocupem em resgatar a sua fala e a sua memória que têm sido sistematicamente ignoradas. Trata-se de recuperar a subjetividade dos personagens históricos. Reconhece-se que tanto os escravos como os libertos, os operários, ou boias-frias, as mulheres em particular e muitas outras categorias sociais oprimidas que foram no passado objeto de análise de historiadores, antropólogos e sociólogos tiveram (e têm) uma visão da História

---

1 Conferência apresentada na abertura do Congresso Internacional "Escravidão", realizado na Universidade de São Paulo em junho de 1988, e no Congresso "Visões de Liberdade", realizado na Universidade Estadual de Campinas (UNICAMP), em maio do mesmo ano. Trabalho baseado em documentação do Public Record Office da London Missionary Society e da Universidade Yale. Esse tema foi desenvolvido no livro *Coroas de glória, lágrimas de sangue. A rebelião dos escravos de Demerara em 1823* (Companhia das Letras, 1998).

que lhes é própria e que não raro tem muito pouco a ver com a História que se aprende nos livros e menos ainda com aquilo que se convencionou chamar de História oficial. Hoje já se tornou lugar-comum dizer que o discurso dos oprimidos é diferente do discurso dos opressores. É preciso lembrar, no entanto, que esses discursos não correm paralelos sem jamais se tocarem. Os oprimidos frequentemente se apropriam de conceitos utilizados pelas classes dominantes conferindo-lhes novos significados, e o inverso também é verdadeiro, as camadas dominantes têm, através da História, buscado inspiração no discurso dos dominados, ou se apropriado dele para utilizá-lo como um instrumento de dominação. Não há dúvida, no entanto, que apesar da dialética entre oprimido e opressor, aqueles têm da História uma visão que lhes é própria, não apenas no que diz respeito à periodização mas também à seleção de fatos significativos e sua explicação. Em outras palavras, a História, tal como o povo a vive e a recorda, passa frequentemente à margem da História oficial e é também ignorada por esta. Por isso é necessário recuperá-la. Tanto mais que a percepção que o povo tem da sua história passada é constitutiva de sua história presente. Daí a importância dessa nova tendência que prevalece hoje na historiografia brasileira, a de recuperar a memória do povo, o discurso dos oprimidos, a sua subjetividade.

Essa tendência constituiu-se, até certo ponto, como reação a uma historiografia que privilegiava as forças históricas impessoais: as transformações das estruturas econômicas, políticas e ideológicas, as classes sociais, e não os indivíduos e suas percepções ou motivações. Em consequência desse tipo de abordagem esvaziavam-se os personagens históricos e as classes sociais da sua própria subjetividade, que era vista como mero produto dessas condições. Pode-se dizer que prevalecia nessa historiografia uma preocupação com o que se poderia chamar de necessidade histórica, dando-se pouca importância à questão da liberdade individual.

Ao repudiar formas de abordagem tradicionais, os historiadores hoje não só tratam de recuperar a fala dos oprimidos e sua memória como também afirmam a margem de liberdade dos personagens históricos (indivíduos ou classes) e sua subjetividade. As análises abandonam os níveis estruturais para se concentrar no nível das conjunturas e dos episódios, ao mesmo tempo que negligenciam as práticas não discursivas para focalizar as práticas discursivas e as ideologias, conferindo-lhe frequentemente uma total autonomia. Ao mesmo tempo, enfatiza-se a subjetividade do próprio historiador e a maneira pela qual esta afeta a sua visão da História, postura que frequentemente leva a um total relativismo.

É fácil entender que quem se sentiu oprimido por tanto tempo queira afirmar a sua própria subjetividade. Nesse contexto, essa afirmação da subjetividade é de certa maneira uma forma de resistência. Mas seria demasiado simples localizar as origens dessas tendências na experiência histórica específica dos intelectuais brasileiros, pois tanto na Europa quanto nos Estados Unidos existem tendências semelhantes. É portanto provável que os intelectuais daqui e de lá partilhem de uma experiência acadêmica comum que tende a conferir certa homogeneidade ao seu pensamento, independentemente das condições da sociedade em que vivem, o que explicaria a facilidade com que ideias originadas num determinado espaço migram para outros bastante distintos. Tanto aqui como lá essas tendências se constituíram em parte como uma reação contra certas posturas marxistas tradicionais e provêm tanto de setores nitidamente antimarxistas quanto de setores da nova esquerda. Digo *em parte* porque me parece que existem também outras motivações que explicam esse revisionismo e que têm a ver de um lado com a redefinição dos objetivos do trabalho acadêmico e de outro com o impacto da Guerra Fria e da repressão na academia.

Visto à distância, no entanto, parece irônico que, num momento em que tantas forças aparentemente incontroláveis pesam sobre a maioria da população brasileira, os historiadores insistam em celebrar a subjetividade e a liberdade do indivíduo e falem em luta de classes como se esta se desse num vazio e pudesse ser simplesmente reduzida a um ato de vontade coletiva sem qualquer referência às condições que definem os parâmetros da luta possível, e que, em nome dos oprimidos, se preocupem cada vez mais com as microfísicas do poder e a resistência isolada do ato cotidiano, ao invés de se preocuparem com as estruturas de dominação – a macrofísica do poder – que os esmaga e com as relações íntimas entre a macro e a microfísicas do poder.

Isso não quer dizer que a tentativa de resgatar a subjetividade dos agentes históricos não seja válida. Ela é tão válida quanto necessária. Mas nesse tipo de abordagem existe um risco: o de transformar tudo em mera subjetividade e a História apenas numa simples coleção de testemunhos e depoimentos. Nesse caso a História cede lugar à memória. O historiador renuncia a um discurso totalizador que incorpore as múltiplas subjetividades e as transcenda conferindo-lhes significado. Com isso ele corre o risco de produzir ou uma história em que todos os testemunhos são igualmente relevantes, ou uma história parcial, em que o historiador arbitrariamente decide tomar partido em favor de uma versão ou de outra. Nesse caso ele abandona totalmente a ideia de que existe um processo histórico que ao mesmo tempo constitui os indivíduos e é constituído por estes. Em sua obra tudo se transforma em subjetividade, a do agente histórico e a do historiador, tudo fica uma questão de opinião. Nesse contexto tudo se relativiza, faltam critérios para separar o relevante do irrelevante, o certo do errado, e torna-se inviável a formulação de um método histórico. À subjetividade do testemunho daquele que viveu o momento histórico a ser estudado soma-se a subjetividade do historiador; a História passa a ser vista como uma sucessão de versões que se sobrepõem umas às outras, textos sobre textos que se referem uns aos outros numa regressão infinita. Esses textos não são discursos *sobre alguma coisa*, porque de fato se tornaram a própria coisa. Com isso se esquece primeiro que nem tudo na História é meramente discurso e, segundo, que o próprio discurso é constituído historicamente e que para avaliar o seu significado o historiador precisa reconstituir o processo pelo qual o discurso é constituído a partir de práticas discursivas tanto quanto de práticas não discursivas.

Certamente é preciso resgatar tanto a fala dos oprimidos quanto a subjetividade do personagem histórico, mas é preciso também transcendê-las. É preciso reconstituir o processo pelo qual as várias falas se constituíram (tanto o discurso do historiador quanto o dos agentes da história). Nos meandros da micro-história é preciso não perder de vista o processo histórico e as estruturas significativas que são postas e repostas pelos agentes históricos. Sobretudo porque sem uma compreensão mais abrangente do processo histórico é fácil perder a capacidade de nos situarmos na história do presente e, consequentemente, de definirmos um projeto viável. Quem não sabe para onde vai tem dificuldade de decidir o que fazer. Por outro lado, se reconhecemos que o historiador é de certa forma prisioneiro de sua subjetividade, isso não quer dizer que tenhamos que renunciar a atingir o máximo grau de consciência possível no momento em que vivemos.

Nesta palestra de hoje eu pretendo demonstrar a partir da análise de um acontecimento histórico particular que na vida de cada um dos personagens envolvidos pulsam os ritmos da História, que as suas múltiplas subjetividades são tanto constituídas pela História quanto constitutivas da História. O meu objetivo é mostrar que as abordagens que se apresentam hoje como alternativas são muito mais eficazes quando se fundem num enfoque dialético mais amplo que permite ver no episódio o ponto de encontro de várias determinações conjunturais e estruturais.

Trata-se de uma revolta de escravos que ocorreu na Guiana (antigamente Guiana Inglesa, e na época dos acontecimentos: Demerara). O ano da revolta é 1823. A revolta reuniu aproximadamente 10 mil escravos, sendo depois das revoltas no Haiti e na Jamaica (1820 e 1831) uma das maiores revoltas de escravos ocorrida nas Américas. A região fora originalmente ocupada pelos holandeses no século XVII e durante o século XVIII e princípios do século XIX mudara de mãos muitas vezes em consequência das guerras europeias. Finalmente em 1815 ficou definitivamente incorporada ao Império Britânico. Demerara se especializara na exportação de cacau, algodão, café e açúcar, e a mão de obra utilizada fora o escravo negro. Em 1821 havia nas colônias unidas de Demerara e Essequebo um total de 74 mil escravos, 12 mil pertencentes a indivíduos e os demais a várias plantações. Entre os escravos havia um grande número de africanos.

Devido ao padrão de povoamento adotado inicialmente pelos holandeses, as plantações se alinhavam uma ao lado da outra ao longo da costa, e a leste e a oeste do rio Demerara. Isso resultava numa extraordinária concentração de escravos numa área geográfica relativamente circunscrita. As fazendas tinham em média de duzentos a quinhentos escravos. À semelhança do que sucedia em outras áreas coloniais, a economia estava sujeita a grandes oscilações em função da flutuação dos preços dos produtos no mercado internacional. No final do século XVIII Demerara vivera um período de grande expansão e consequentemente de importação de escravos até a cessação do tráfico em 1807, mas a guerra entre a Inglaterra e os Estados Unidos provocara uma séria recessão em 1812. Nos anos seguintes, em resposta à alta dos preços do açúcar no mercado internacional, várias fazendas que originalmente cultivavam apenas algodão e café introduziram o cultivo da cana e o fabrico do açúcar. Isso intensificou o ritmo de trabalho. Mas a *bonanza* durou pouco. A região voltou a enfrentar problemas em virtude da queda dos preços do açúcar a partir de 1817.

A variedade de produtos cultivados nas fazendas que frequentemente produziam além do açúcar, algodão e café, mantinha a população escrava constantemente ocupada. Desde a cessação do tráfico em 1807 o sistema de *task gangs* se expandira. Estes eram grupos de escravos alugados pelos proprietários a fim de desempenharem serviços que os fazendeiros preferiam não entregar a seus próprios escravos. Limpar canais, abrir clareiras, cortar lenha, construir edifícios vários, cultivar e plantar eram algumas das atividades entregues a esses escravos de aluguel, que contavam entre os mais maltratados, pois quem os alugava raramente lhes dava qualquer assistência, ao mesmo tempo que procurava extrair deles o máximo de trabalho. Entre os escravos alugados havia muitos artesãos. Mudando frequentemente de uma fazenda para outra, esses escravos ampliavam sua rede de contatos e teciam laços de solidariedade com outros escravos em várias plantações diferentes. Esses laços nascidos do trabalho eram reforçados por solidariedades nascidas de identidades étnicas ou familiares.

Em Demerara, os escravos gozavam em geral de grande liberdade de movimento. A despeito das reiteradas proibições de que eles não se ausentassem das fazendas sem permissão por escrito dos senhores ou administradores, a proximidade das fazendas e a rede de canais e estradas que ligava umas às outras tornavam praticamente impossível controlar os movimentos. À noite, ou aos domingos e feriados, os escravos saíam das fazendas, com ou sem permissão, para visitar parentes e amigos, para ir à igreja, ou para ir ao mercado em Georgetown, onde iam vender

A DIALÉTICA INVERTIDA E OUTROS ENSAIOS   119

os produtos de suas hortas. Essas visitas ampliavam sua oportunidade de se comunicar entre si. Além disso, havia em todas as plantações áreas incultas onde os escravos podiam facilmente se encontrar longe da vista de seus senhores. Nessas áreas havia algumas clareiras onde se situavam os lotes nos quais os escravos cultivavam para o seu próprio sustento e o de sua família, pois o que recebiam em peixe seco e bananas, uma vez por semana, não era suficiente.

A vida dos senhores e dos escravos era profundamente afetada pelas oscilações no mercado internacional. Em Demerara as riquezas se faziam fáceis e facilmente se perdiam. As propriedades passavam de mão em mão e os escravos eram leiloados, separados de seus familiares e amigos. Onerados por dívidas, os proprietários viam-se incapazes de resgatar seus contratos de hipotecas e as plantações acabavam por passar às mãos dos comerciantes ingleses que se incumbiam de comercializar o produto e fornecer o capital necessário. Em parte em consequência desse processo, em parte graças à acumulação rápida de algumas fortunas nos períodos de *bonanza* – o que permitia aos proprietários retirarem-se depois de alguns anos para a Europa –, o índice de absenteísmo era bastante alto em Demerara. Calculava-se que apenas 15% dos proprietários residiam na colônia. A maioria vivia na Inglaterra e as plantações eram controladas por administradores e procuradores. Isso criava problemas específicos na administração da maioria das fazendas em que o proprietário estava ausente, pois o poder do administrador era obviamente limitado e a divisão de poderes e atribuições permitia aos escravos insatisfeitos com as atitudes do administrador recorrer ao procurador. Havia na colônia outras autoridades a quem os escravos podiam recorrer: os capitães de distritos, em geral fazendeiros, administradores ou procuradores incumbidos de manter a ordem e o Fiscal, um funcionário real a quem os escravos podiam apelar em última instância caso suas queixas não fossem atendidas pelos administradores, procuradores ou proprietários residentes. Como é de se esperar, só muito raramente os escravos encontravam quem realmente desse ouvido as suas queixas. Na maioria das vezes quando eles se queixavam eles eram punidos em vez de atendidos. Mas isso, ao que parece, não era suficiente para dissuadi-los de continuar recorrendo ao Fiscal. Os raros casos em que administradores ou feitores foram punidos, em virtude da denúncia feita por escravos, parecem ter sido suficientes para manter viva a esperança de que a justiça seria feita. Finalmente, os escravos podiam recorrer também aos missionários que às vezes intercediam em seu favor. Concebido originalmente com o objetivo de permitir ao Estado funcionar como mediador em casos de conflitos sérios entre senhores e escravos, esse sistema, ao invés de atenuar tensões, contribuía de fato para agravá-las.

Em Demerara, como em outras regiões escravistas, os escravos tinham muitas queixas: alimento insuficiente, excesso de trabalho, punições arbitrárias e excessivas, separação de marido e mulher, ou de pais e filhos, estupro, humilhações e abusos de todos os tipos. A presença de missionários evangélicos na região acrescentou mais um motivo de queixa, pois apesar do apoio que o governo britânico dava aos missionários, os senhores e administradores frequentemente se opunham a que os escravos atendessem aos serviços religiosos, que aprendessem a ler, que se reunissem à noite nas suas casas para estudar o catecismo, que perambulassem pelas estradas à noite com o objetivo de ir à igreja. A oposição dos senhores contribuía para agitar ainda mais os escravos, principalmente num momento em que na Inglaterra o debate sobre o abolicionismo se intensificava e o governo adotava algumas medidas favorecendo os escravos com o intuito de prepará-los para a futura emancipação.

As novas medidas aprovadas pelo Parlamento inglês em maio de 1823, visando a melhorar as condições de vida dos escravos e prepará-los para a futura emancipação, despertaram esperanças entre os escravos e alarme entre a maioria da população branca. Essa assistira primeiro com apreensão depois com irritação aos progressos do abolicionismo e à intervenção crescente do Estado nas relações entre senhores e escravos: a abolição do tráfico, o apoio dado a missionários evangélicos, as medidas relativas ao registro dos escravos e, finalmente, as novas recomendações promovendo a instrução religiosa, banindo as feiras dominicais, estimulando o casamento dos escravos e proibindo o uso do chicote no castigo das mulheres. Diante desse processo os colonos se sentiam cada vez mais impotentes. Na sua irritação eles se

A DIALÉTICA INVERTIDA E OUTROS ENSAIOS   121

voltavam contra os missionários evangélicos – cujas doutrinas "igualitárias" lhes pareciam profundamente incompatíveis com o regime escravista –, a quem consideravam espiões a serviço do movimento abolicionista.

A insegurança e o receio que os colonos sentiam eram até certo ponto justificados. Em Demerara os brancos constituíam uma minoria insignificante. Em 1823 havia apenas 3.500 brancos; a metade vivia em Georgetown e os demais, espalhados pelas fazendas. Os negros livres (cerca de 2.500) e os escravos constituíam uma maioria esmagadora. Não é portanto de se espantar que a notícia de que os escravos tinham se revoltado em algumas fazendas da costa leste provocasse pânico.

Na segunda-feira de 18 de agosto de 1823, os escravos da Fazenda Sucesso se rebelaram, prenderam os feitores e o administrador da fazenda nos troncos, tomaram-lhe as armas. Em poucas horas, fatos semelhantes repetiram-se em várias fazendas da vizinhança, o que sugere a existência de um projeto bem articulado. Quando os escravos encontraram resistência eles recorreram à violência física, mas em geral, tomados de surpresa os feitores, administradores e os poucos proprietários residentes nas fazendas não resistiram e suas vidas foram respeitadas, havendo ao todo entre os brancos apenas uns quatro ou cinco mortos. Em alguns casos isolados os escravos saquearam a casa-grande e destruíram as pontes na tentativa de bloquear as vias de acesso. Informado sobre a rebelião, o governador John Murray mobilizou as tropas coloniais sediadas em Georgetown e convocou a milícia de cidadãos. A repressão caiu violenta sobre os rebeldes. Mais de duzentos escravos foram mortos nas escaramuças com os soldados, sem falar nos muitos outros que a título de exemplo foram executados de maneira sumária nas fazendas, bem como os que foram posteriormente submetidos a julgamento, condenados à morte e enforcados.

Durante a revolta um jovem missionário evangélico inglês, John Smith, que desde 1816 vivia na Fazenda *Le Resouvenir* dedicando-se à conversão dos escravos, foi aprisionado juntamente com sua mulher e acusado de ter instigado os escravos. Submetido a julgamento em corte marcial ele foi condenado à morte. Provavelmente receoso do impacto que essa decisão poderia ter na Inglaterra, o governador encaminhou o caso à Justiça Real com um pedido de mercê.

A revolta produziu muitos documentos. Tanto o missionário implicado na revolta, John Smith, quanto o seu antecessor John Wray deixaram diários que cobrem um período que vai de 1808 a 1823, em que relatam detalhes mínimos do seu cotidiano entre os escravos. Particularmente valioso é o diário de John Smith, que viveu durante seis anos na fazenda contígua àquela onde a revolta se iniciou. Ambos os missionários mantiveram intensa correspondência com a London Missionary Society em Londres, a qual até hoje guarda em seus arquivos não apenas suas cartas, mas também as de outros missionários que viveram em Demerara durante esse período. Parte dessa correspondência foi reproduzida na *Revista Evangélica* publicada pela London Missionary Society. Outras sociedades missionárias também mantêm em seus arquivos documentação referente a Demerara.

Essa documentação permite reconstituir não só o cotidiano do escravo como a experiência dos missionários, as relações que mantinham com a sociedade colonial e as autoridades reais, tanto na Colônia quanto na Metrópole. Mas a documentação não termina aí. De grande valia são também os vários documentos produzidos durante o julgamento dos escravos e do missionário. Os autos dos processos contêm o depoimento de várias teste-munhas, feitores, administradores, proprietários, negros livres e escravos, e missionários. A essa documentação soma-se a numerosa correspondência trocada entre as autoridades coloniais e as metropolitanas, hoje arquivada no Public Records Office. Finalmente, encontra-se nos Arquivos da Sociedade Missionária e também em outras bibliotecas um grande número de jornais publicados na Colônia e na Inglaterra que fornecem uma grande variedade de informações sobre a vida na Colônia e na Metrópole. A partir dessa documentação não só é possível reconstituir as condições de vida dos escravos em Demerara, mas também os episódios que deram origem à revolta.

Como é de se esperar, o levante de escravos produziu várias versões. A versão do missionário se encontra em várias cartas enviadas, por ele e por sua mulher, à Sociedade Missionária em Londres, imediatamente após o levante. Nessas cartas o mis-

A DIALÉTICA INVERTIDA E OUTROS ENSAIOS   123

sionário afirma que o governador John Murray, os proprietários e os administradores das fazendas são os verdadeiros responsáveis pelos acontecimentos. Para ele a revolta era produto do tratamento abusivo e violento dispensado aos escravos pelos proprietários e administradores, bem como do desrespeito deles pelas medidas adotadas pouco antes pelo governo inglês em favor dos escravos, medidas essas que o governo local se recusava a implementar.

A versão do governador e dos proprietários que se encontra na correspondência oficial e particular, hoje no Public Records Office, oferece, como é de se esperar, uma interpretação bem diversa dos acontecimentos. Para estes os escravos sempre tinham sido bem tratados – muito melhor do que os operários ingleses, faziam eles questão de frisar – e não tinham nenhum motivo de queixa. A revolta, segundo eles, era fruto da ação do missionário que os instigara com suas palavras e dos abolicionistas ingleses que constantemente agitavam a questão da abolição na Inglaterra, semeando descontentamento entre a escravaria.

Os demais missionários que viviam na Colônia se dividiram. Uns poucos se solidarizaram com o missionário preso e endossaram a sua versão considerando-o inocente. Outros, seja porque estavam amedrontados ou porque estavam interessados em manter boas relações com os poderosos, ou ainda movidos por antipatias pessoais e rivalidades sectárias que frequentemente lançavam uns missionários contra outros, endossaram o ponto de vista dos proprietários e da Administração e desaprovaram publicamente a conduta do missionário acusado.

Os depoimentos dos escravos nos chegam às mãos já alterados, uma vez que provêm dos autos da devassa. Alguns foram colhidos por tradutores juramentados, pois os escravos não falavam inglês. Não é pois de se estranhar que os depoimentos sejam fragmentados, confusos e contraditórios. Apesar de tudo é possível, a partir dos autos, identificar várias versões. Alguns escravos acusam o missionário de ser o instigador da revolta. A impressão que se tem é de que esses escravos foram induzidos a incriminar o missionário e que assim o fizeram na esperança de serem perdoados. Outros, no entanto, negaram que o missionário tivesse tido qualquer participação e atribuíram a revolta aos obstáculos criados pelos senhores à vocação religiosa dos escravos. A grande maioria culpou os demais dizendo só ter aderido à revolta no último momento, forçados pelos companheiros.

Quando se procura identificar os objetivos dos revoltosos verifica-se também que não havia unanimidade entre eles. Uma minoria exigia emancipação imediata; outros exigiam que os senhores ou administradores lhes concedessem dois ou três dias livres por semana, a fim de que pudessem cultivar suas hortas, ir ao mercado e participar dos serviços religiosos; outros ainda exigiam que as leis aprovadas pelo Parlamento inglês visando à melhoria das condições de vida dos escravos fossem implementadas na Colônia (entre essas a proibição do uso do chicote nos campos e a abolição do uso dos chicotes nas mulheres).

Os escravos também divergiram durante a revolta quanto às táticas a serem seguidas. Uns falaram em parar o trabalho completamente, propondo uma espécie de greve para forçar os senhores a satisfazer as suas demandas. Só voltariam a trabalhar quando suas exigências fossem satisfeitas. Outros sugeriram que os escravos prendessem os senhores e os administradores nos troncos e tomassem-lhes as armas para evitar retaliações; que as pontes fossem destruídas para evitar a passagem de soldados e que os escravos se preparassem para a defesa em caso de ataque. Com essas medidas pretendiam forçar o governador a negociar com os insurgentes. A intenção destes escravos era inicialmente pacífica (foi a estratégia que acabou sendo usada durante a revolta). Finalmente havia um grupo menor e mais agressivo que sugeria que a população branca masculina fosse toda dizimada e as mulheres brancas incorporadas à comunidade negra.

Além dessas existem outras versões sobre a revolta, produzidas por soldados e milicianos que participaram da repressão. Suas versões se constituem, como é de se esperar, dentro dos parâmetros mencionados: ora culpam o missionário, ora culpam os senhores e a administração da Colônia. Excepcionalmente encontra-se entre eles alguns que veem na exploração e no tratamento abusivo do escravo as razões da revolta. O episódio foi amplamente divulgado na Inglaterra, onde a opinião pública também se dividiu. Os abolicionistas ingleses, através da imprensa e do Parlamento, usaram o episódio como pretexto

A DIALÉTICA INVERTIDA E OUTROS ENSAIOS   125

para sua campanha em favor dos escravos. Para eles a revolta era produto do desespero dos escravos e dos horrores da escravidão. A história era simples: de um lado só havia vítimas, de outro, algozes. A London Missionary Society foi menos precipitada no seu julgamento. Temerosos de que o episódio viesse a comprometer o trabalho missionário em geral, os diretores – depois de colherem vários testemunhos e juntarem provas que julgaram satisfatórias – tomaram publicamente a defesa do missionário. Com esse objetivo, mobilizaram todos os grupos evangélicos afiliados a uma rede que se estendia por todo o país, fazendo chover petições no Parlamento inglês em favor do acusado, exigindo uma revisão do caso. Os proprietários de escravos que residiam na Inglaterra também se fizeram ouvir através do famoso West Indian Lobby, tanto no Parlamento quanto pela imprensa. Um de seus mais ilustres membros, pai do futuro primeiro-ministro Gladstone, era dono de várias fazendas em Demerara, entre as quais a fazenda *Sucesso*, onde a revolta se originara. John Gladstone teve um papel importante na divulgação da versão dos proprietários. Para ele a culpa não era só dos missionários e dos abolicionistas como também do governo inglês que indevidamente se imiscuía nos negócios da Colônia.

Diante dessa variedade de falas, que deve fazer o historiador? Estará seu trabalho concluído? (Assim ao que parece pensava Foucault quando escreveu seu livro *Moi, Pierre Rivière* que é, sobretudo, uma análise de discursos, mas que tem sido às vezes confundido com História.) Diante dessas falas contraditórias deve o historiador dar voz aos escravos? Aos senhores? A todos eles? Tirar uma média das várias versões? Ou deve o historiador identificar as estruturas significativas que informam essas falas?

Como vimos, os primeiros relatos da revolta não fazem senão tomar partido a favor ou contra o missionário. Se bem que a revolta tenha sido promovida pelos escravos, pouco se fala deles. Eles aparecem como uma abstração, como uma peça num jogo que não é deles, mas dos quais são vítimas. Parecem não ter desejo próprio. Ou são vítimas do engodo do missionário ou da opressão dos senhores. Assim foram escritas as primeiras histórias dessas revoltas. A primeira história é até certo ponto um livro de memórias. Foi publicada em 1823 por Joshua Bryant, um soldado que participara da repressão. Não é portanto de se espantar que sua versão fosse muito próxima da oficial, isto é, da versão do governador e dos proprietários. Vinte anos mais tarde o missionário inglês Edwin A. Walbridge, que vivia em Demerara, resolveu resgatar a memória de seu antecessor num livro a que deu o título sugestivo de *O mártir de Demerara*. Nesse livro ele acabou por endossar a versão que John Smith dera dos acontecimentos. A essa altura a escravidão já tinha sido abolida e o seu propósito não era fazer uma denúncia contra a escravidão e sim defender o trabalho missionário. Mesmo assim sua ideia de rememorar os acontecimentos que tinham envolvido o missionário John Smith foi mal interpretada e mal recebida pelas camadas dominantes na Colônia, que consideraram que seu único propósito era o de instigar a luta de classes e raças e desmoralizar as autoridades. Um século depois dos acontecimentos, quando David Chamberlin, então secretário editorial da London Missionary Society, publicou uma inocente biografia do reverendo John Smith, a reação foi a mesma. Numa carta datada de Mount Northdene, Natal, 19 de janeiro de 1925, alguém que se assina John Kendall se desculpa de não poder distribuir o livro de Chamberlin argumentando que havia "muitos bolcheviques espalhando suas ideias" e que o livro podia ser usado na campanha contra as autoridades constituídas. A vida do reverendo Smith e a revolta de escravos em Demerara se haviam convertido em metáforas.

Por muito tempo a historiografia oscilou entre dois polos: memória e metáfora e frequentemente foi ao mesmo tempo memória e metáfora. O discurso dos contemporâneos definiu os parâmetros da História. Nos últimos anos, no entanto, novas versões surgiram. Nestas, a visão dos participantes perdeu grande parte de seu significado original. Não se trata de recuperar a sua fala, mas de buscar novas significações. O historiador Eugène Genovese, por exemplo, num ensaio comparativo das revoltas de escravos, atribuiu grande importância ao impacto da Revolução Burguesa na América. Para ele as revoltas de escravos desse período, a da Guiana entre elas, são, na sua grande maioria, ecos da Revolução Burguesa. Michael Craton, um especialista da escravidão no Caribe, rejeitou essa interpretação atribuindo a revolta à introdução da cultura da cana numa área que até então

A DIALÉTICA INVERTIDA E OUTROS ENSAIOS 127

produzira apenas café e algodão. Para Craton, nem a Revolução Burguesa nem o missionário tiveram maior significado; a revolta em Demerara era a resposta dos escravos à intensificação da exploração do trabalho.

O que se deduz do presente relato é que de fato existem vários discursos históricos. A questão que se coloca é como ir além desses múltiplos discursos? É possível chegar-se a uma visão mais totalizadora do acontecimento que incorpore os vários discursos que frequentemente se apresentam como incompatíveis? Parece-me que sim. E foi isso que tentei no livro que estou terminando.

A análise das falas dos personagens é apenas o primeiro passo para a identificação das questões que precisam ser esclarecidas antes mesmo que se possa entender essa fala. É preciso ir além da subjetividade do escravo, pois esta é constituída a partir de condições objetivas, algumas das quais remetem a condições de vida nas sociedades africanas, outras à Inglaterra do século XIX, e outras ainda às condições locais, à demografia da Colônia, à proporção de escravos africanos e crioulos, brancos e pretos, homens e mulheres, aos padrões de povoamento, ao tamanho das propriedades, às diferentes atividades exercidas pelos escravos, à sociabilidade dos escravos, suas formas tradicionais de resistência, e intensificação do ritmo de trabalho, à presença de missionários evangélicos e de uma nova ideologia.

O destino dos escravos e senhores em Demerara não pode ser entendido sem que se considerem as flutuações do preço do açúcar, café e algodão, os avanços do abolicionismo, na imprensa e no Parlamento inglês, que resultaram na nova legislação imposta pela Metrópole sobre as colônias visando à melhoria das condições de vida dos escravos com o fito de prepará-los para a emancipação definitiva, o movimento evangélico e missionário, e a emergência de uma nova ética que postula a autonomia individual, a iniciativa pessoal, a responsabilidade, autodisciplina, a igualdade de todos perante a lei, ética que contradiz os postulados básicos da sociedade escravista. Todas essas experiências se referem em última instância ao desenvolvimento do capitalismo na Inglaterra e seu impacto na Colônia.

Muitas dessas condições que determinam as relações entre senhores e escravos e contribuem para levar os escravos à revolta não estão registradas no testemunho do escravo, escapam à sua percepção e portanto à sua fala, mas nem por isso deixam de afetá-lo. Por exemplo, os escravos jamais mencionam a queda do preço do açúcar no mercado internacional. Mas sabe-se por outras fontes que o preço estava caindo devido ao crescimento da produção mundial. Em consequência dessa queda dos preços, proprietários de plantações no Caribe estavam enfrentando dificuldades crescentes para realizarem seus lucros e liquidarem suas dívidas. Na tentativa de contornar a crise os proprietários intensificavam os mecanismos de exploração do trabalho, reduziam o tempo de lazer dos escravos e exerciam maior fiscalização sobre eles, ou em último caso vendiam suas plantações e seus escravos. Essa situação era agravada pelo fato de que a partir da cessação do tráfico a população escrava tinha revelado não só uma tendência a declinar devido à alta mortalidade, mas também a se modificar de tal forma que os grupos de crianças e velhos cresciam enquanto a população em idade produtiva decrescia (a porcentagem de escravos entre 10 e 40 anos de idade diminuiu de 63,7% em 1817 para 52,7% em 1823, enquanto a porcentagem dos de mais de quarenta anos subiu de 13,3 para 27,3%). Em resposta às mudanças na composição da população e ao seu declínio, os senhores de escravos tomavam medidas no sentido de limitar as manumissões que sempre tinham funcionado como válvula de escape: uma esperança de liberdade que amenizava o cativeiro. Simultaneamente, a queda nos preços levava numerosos proprietários à bancarrota. Indivíduos que tinham hipotecado suas fazendas nos períodos de alta subitamente se encontraram incapazes de pagar suas dívidas. As plantações eram postas à venda, escravos eram vendidos, separados de seus amigos e suas famílias. Todas essas transformações que não aparecem no discurso do escravo, que apenas viveu sua própria experiência de opressão, geraram um número crescente de conflitos entre senhores e escravos, levando a novas medidas disciplinares por parte dos senhores e novos desafios por parte dos escravos, contribuindo para agravar as tensões existentes.

Apesar de significativas, as condições acima descritas apenas criam um campo de possibilidades. Houve muitas outras áreas onde a transição do café e algodão para o açúcar também se deu,

A DIALÉTICA INVERTIDA E OUTROS ENSAIOS   129

os preços caíram, a população de escravos diminuiu e também aumentou a exploração do trabalho escravo sem que uma revolta de escravos tenha ocorrido. Daí a necessidade de examinar outras condições que, somadas a estas, podem ter detonado a revolta. Quando se identificam os líderes da revolta e se localizam as plantações onde os escravos se rebelaram, verifica-se que a maioria vivia num espaço de 15 a 18 milhas da capela na qual o missionário acusado de instigar a revolta vivia e entre os líderes da revolta alguns eram frequentadores habituais da capela, e até mesmo *deacons*. Isso parece sugerir que de fato existe alguma conexão entre a capela e a revolta.

Que tipo de conexão é essa é algo que precisa ser esclarecido. À primeira vista, se dermos crédito ao discurso dos proprietários e das autoridades reais seremos tentados a atribuir a revolta ao missionário tanto mais que existe em seu diário prova suficiente de suas tendências abolicionistas, suas simpatias pelos escravos e hostilidades aos senhores. (Foi essa conexão que os que o condenaram à morte estabeleceram.) Mas essa impressão é posta em questão quando se verifica que dentre os líderes da revolta, apenas uns poucos eram membros da congregação. Jack Gladstone, que foi identificado como "o cabeça" da revolta, não era membro da congregação e a maioria dos escravos comparecia irregularmente à capela. Muitos lá iam movidos mais pelo desejo de se encontrar com os amigos do que por qualquer sentimento religioso mais profundo. Portanto é bem provável que as lições do missionário tenham sido menos importantes do que o espaço que ele criou.

De fato, a presença de missionários evangélicos em Demerara desde 1808 e o apoio do governo inglês à sua obra tinham criado para os escravos um novo espaço de liberdade e gerado novos conflitos entre senhores e escravos. Protegidos pela lei, um grande número de negros reunia-se na capela para os serviços religiosos. Aos domingos, às vezes aí se juntavam quinhentos, seiscentos, até oitocentos escravos. Preocupados com essas aglomerações de negros, senhores e administradores procuravam restringi-las, o que só servia para irritar ainda mais os ânimos dos escravos, tornando-os ainda mais apegados à Igreja. Assistir aos serviços religiosos passou a ser um ato de resistência. A partir de então, os escravos passaram a invocar o direito sagrado de não trabalhar aos domingos, o direito de aprender a ler a fim de que pudessem buscar orientação na Bíblia e de se reunir à noite para estudar o catecismo. Essas demandas dos escravos multiplicaram os atritos entre escravos e senhores, e entre estes e os missionários. O conflito assumiu tais proporções que acabou por envolver as autoridades coloniais. Estas decidiram intervir garantindo o direito que o escravo tinha de ir à capela, mas ao mesmo tempo dando aos administradores e proprietários de escravos o direito de controlá-los, estipulando que nenhum escravo podia ir à capela sem obter permissão prévia. Essa decisão, anunciada em maio de 1823, três meses antes da revolta, exacerbou ainda mais os ânimos de lado a lado e provocou vários episódios violentos. Dessa forma, condições objetivas novas que os escravos não haviam criado se transformaram em novas formas de subjetividade.

Vinte anos antes isso não teria acontecido. A presença nas colônias de missionários hostis à escravidão e decididos a lutar com todas as suas forças pela conversão dos escravos era um fato novo. John Smith representa um novo tipo de missionário que surgia em virtude do vigor do movimento evangélico na Inglaterra nos fins do século XVIII e que era produto da democratização da carreira de missionário. John Smith não era um daqueles ministros tradicionais formados em Oxford ou Cambridge. Ele era um homem de origem modesta, um artesão convertido em missionário, cuja iniciação se fizera numa Escola Dominical (Sunday School), uma das muitas escolas do mesmo tipo que desde os fins do século XVIII se haviam multiplicado na Inglaterra com o fito de instruir os filhos dos desprivilegiados. Smith se tornara um missionário graças ao esforço próprio e à patronagem da London Missionary Society. Ele pertencia a uma geração que crescera na Inglaterra sob o impacto dos debates desencadeados pela Revolução Francesa, pelas agitações operárias e movimentos radicais, a abolição do tráfico de escravos, as primeiras mobilizações populares em favor da sua emancipação, mas que também tivera ocasião de assistir à onda de reações que a ameaça radical desencadeara. De suas múltiplas experiências nascera uma profunda fé no que mais tarde os historiadores vieram a chamar de ideologia burguesa, combinada com uma profunda

A DIALÉTICA INVERTIDA E OUTROS ENSAIOS   131

religiosidade, o que o levava a imaginar que Deus estava do lado dos que propagavam os valores burgueses e o Diabo do outro lado. São homens como esse que levam à colônia ideias que na sociedade escravista colonial são consideradas subversivas. A ideologia burguesa que eles professam, que valoriza a liberdade e a responsabilidade individual, a igualdade perante a lei, o trabalho e a poupança, o esforço pessoal, a autodisciplina, sua crença nas novas noções de controle social baseadas na internalização da disciplina e na alfabetização, ajustava-se mal à sociedade escravista. Nesse sentido os proprietários de escravos tinham razão quando se sentiam ameaçados pelos missionários.

É dentro desse contexto de tensões crescentes na Colônia que se deve examinar o impacto que debates abolicionistas no Parlamento inglês e na imprensa britânica tiveram sobre os escravos. O discurso abolicionista altera a experiência da escravidão tanto do ponto de vista do senhor quanto do ponto de vista dos escravos. A condenação da instituição, a denúncia dos abusos cometidos por proprietários de escravos, a promessa de emancipação que essas críticas continham, modificavam as condições objetivas e subjetivas dos escravos. Estas acompanham com grande interesse os debates do Parlamento. Os escravos que sabiam ler e tinham acesso aos jornais se incumbiam de divulgar para os demais as últimas notícias sobre os progressos do movimento abolicionista. Os que não sabiam ler contentavam-se em registrar nas conversas dos senhores qualquer referência que pudesse indicar que a emancipação era iminente. Quando eles se encontravam, nas senzalas ou no serviço, os escravos contavam uns aos outros o que tinham ouvido sobre os avanços da emancipação. Qualquer indício positivo era bem recebido, qualquer história, por mais insignificante, se transformava em evidência de que a liberdade estava próxima. Uma escrava relatava aos seus companheiros que ao servir a mesa ouvira seu senhor se queixar do governo inglês e acusar Wilberforce e os abolicionistas de terem se aliado aos negros contra os brancos. Uma mulher escrava contava aos seus amigos que passavam o caso adiante, que ouvira do administrador com quem vivia que dentro em breve ela e seus filhos seriam emancipados. Um escravo relatava que o feitor lera no jornal que se discutia a abolição da escravatura no Parlamento britânico, outro dizia que o feitor, ao castigar um escravo, reclamara enraivecido que não era porque eles iam ser livres que eles já podiam se dar ares de independência. Passando de boca em boca essas histórias reforçavam a convicção de que dentro em breve o cativeiro teria fim. A ideia de que na Inglaterra havia um grupo de homens poderosos que eram seus aliados crescia no imaginário do escravo e lhes renovava a confiança, modificando sua percepção do possível. A expectativa de emancipação tornava a escravidão mais penosa e os escravos, mais rebeldes. Os boatos circulavam rápido nas senzalas, principalmente numa área em que devido ao tipo inicial de povoamento as fazendas eram contíguas umas às outras e ligadas por uma boa rede de estradas e canais, uma área em que os escravos gozavam de grande mobilidade, circulando de uma fazenda à outra sob o pretexto de visitar suas famílias ou de atender aos serviços religiosos ou de ir ao mercado vender o produto de suas hortas, ou ainda a mandado de seus senhores e administradores, a fim de prestar serviços quando dispunham de algum tempo livre. Não é portanto de se estranhar que a notícia de que novas leis beneficiando os escravos tinham sido aprovadas pelo Parlamento inglês em 1823 circulasse rapidamente entre os escravos e que a demora das autoridades locais em implementar a nova legislação tenha desencadeado a revolta. É muito significativo o fato de que na colônia vizinha, em Berbice, onde as autoridades foram mais receptíveis às novas medidas e se apressaram em dar as boas-novas aos escravos, não tenha havido nenhuma convulsão.

Pode-se concluir que mudanças estruturais e conjunturais criaram condições para a revolta, permitindo aos escravos superar pelo menos por ora as diferenças que originalmente os separavam em indivíduos de nações distintas com culturas, línguas e às vezes religiões diversas, pertencentes a diferentes categorias sociais e a diferentes gerações, uns africanos, outros crioulos, uns homens, outros mulheres, mas todos unidos num desafio comum à situação de dominação que os transformara a todos em escravos. A história de como esses laços se forjaram faz parte da micro-história do cotidiano, das circunstâncias particulares do grupo que organizou a revolta. Mas na vida de cada um ecoavam

A DIALÉTICA INVERTIDA E OUTROS ENSAIOS   133

os ritmos de uma história que se bem que tenha lugar na Guiana, estende-se desde a Inglaterra até a África.

Entre os líderes da revolta, por exemplo, vários pertencem ao mesmo grupo africano (Akan), falam a mesma língua e mantêm contatos entre si. (A presença de indivíduos pertencentes a esse grupo em outras revoltas do Caribe nos fins do século XVIII e princípio do século XIX tem sido observada por outros historiadores, particularmente Monica Schuler e Michael Craton.) Quando se investigam as condições vigentes nas regiões africanas de onde eles provinham, verifica-se que, nos fins do século XVIII e princípios do XIX, a sociedade tinha sido profundamente militarizada devido à expansão dos Ashanti e estava dividida por lutas intestinas. Esse fato talvez explique, pelo menos em parte, a presença constante de grupos Akan nas revoltas do Caribe. Nesse caso seria legítimo dizer mais uma vez que algo tão subjetivo quanto a predisposição desses escravos para a luta se assenta numa história que os transcende e que cria as condições sobre as quais a sua subjetividade se constitui.

Nenhum desses dados tão importantes para o entendimento e para a explicação dessa revolta está presente na fala dos escravos. O discurso dos oprimidos é lacunar, faltam nele dados essenciais para seu próprio entendimento. O mesmo se pode dizer do discurso do missionário, do soldado ou do governador. Cada um dá uma visão fragmentada que pretende descrever. Para escrever a história da revolta, como aliás qualquer outra história, é preciso ir aquém da visão dos testemunhos, para apreender as determinações históricas que informam essas visões e esses discursos. Em outras palavras, é preciso lembrar que o oprimido não existe independentemente de seu opressor, e vice-versa. Ambos são moldados pela história ao mesmo tempo que a constroem. É preciso lembrar também que se bem que a história seja necessariamente vivida de forma subjetiva, essa subjetividade é ela mesma constituída a partir de condições sobre as quais os indivíduos não têm controle. Em suma, é preciso restabelecer a dialética entre liberdade e necessidade.

A NOVA FACE DO MOVIMENTO OPERÁRIO NA PRIMEIRA REPÚBLICA[1]

Não há campo mais controverso na historiografia brasileira de nossos dias do que a história do movimento operário. Além dos debates que brotam naturalmente de querelas acadêmicas, em consequência da crescente competição nos meios universitários, existem outros, mais significativos, que derivam dos conflitos ideológicos e políticos do momento. Estes são particularmente intensos no Brasil de hoje, quando a reabertura recoloca o problema da participação política dos operários, dando margem a um renovado debate entre as várias facções da esquerda brasileira que disputam, entre si, a liderança do movimento operário.

Comunistas, trotskistas, socialistas, democrata-cristãos, sindicalistas, populistas, neoanarquistas, e todos os outros grupos políticos que se possa imaginar, reescrevem a história do movimento operário a partir de sua perspectiva. Nas suas interpretações do passado ecoam as lutas do presente. Mais do que o estudo do passado, a história é, dentro desse contexto, instrumento da ação presente, pretexto para justificar práticas políticas contemporâneas. Nem mesmo os historiadores que se definem em termos estritamente profissionais conseguem escapar

---

1 Conferência realizada no Departamento de História – FFLCH-USP, maio 1982. *Revista Brasileira de História*, São Paulo, v.2, n.4, p.217-32, set. 1982.

EMÍLIA VIOTTI DA COSTA

a essa contingência. Quem não estiver consciente do viés não terá condições para avaliar adequadamente a historiografia.

A preocupação com questões políticas não é nova nem mesmo peculiar à história do movimento operário (se bem que seja talvez mais intensa neste campo do que em outros). O que é novo na historiografia em questão é a maior preocupação dos historiadores em ancorarem suas conclusões em bases empíricas mais sólidas. Esta tendência resulta, em parte, das exigências acadêmicas que têm levado a uma crescente profissionalização do historiador e, em parte, da multiplicação de arquivos e centros de pesquisa dedicados ao estudo da classe operária e suas lutas. Haja visto o arquivo Edgard Leuenroth na Universidade Estadual de Campinas e o da Fundação Giangiacomo Feltrinelli, para citar apenas dois dos que têm sido mais utilizados nos últimos tempos. O acesso a novos documentos tem contribuído, tanto quanto o debate político dos últimos anos, para a revisão das imagens tradicionais da classe operária e da sua participação política na Primeira República. Para isso também tem contribuído a influência de alguns pesquisadores estrangeiros cujas obras sugeriram questões novas e propuseram novos tipos de abordagem. Não é por acaso que a partir dos estudos de E. P. Thompson, Michelle Perrot, Stefano Merli, Cornelius Castoriadis, Juan Martinez-Alier, os pesquisadores brasileiros estejam prestando maior atenção à cultura operária, às condições de trabalho nas fábricas e ao impacto das transformações tecnológicas no movimento operário.

Pouco a pouco vemos surgir uma literatura que enriquece a nossa visão dando-nos um quadro cada vez mais complexo e variegado. Infelizmente, muitas dessas novas pesquisas permanecem ignoradas do público, perdidas em teses de mestrado e doutoramento que jamais chegam a ser publicadas – um dos absurdos da vida acadêmica brasileira. Recentemente, no entanto, vieram à luz duas coleções de documentos que, pela sua riqueza de informações, constituem importante contribuição para a revisão que está em curso. A primeira é a coleção publicada por Edgard Carone, sob o título *Movimento operário no Brasil, 1877-1944;*[2] a

---

2 Carone, *Movimento operário no Brasil (1877-1944)*.

A DIALÉTICA INVERTIDA E OUTROS ENSAIOS

segunda são os dois volumes editados por Paulo Sérgio Pinheiro e Michael Hall: *A classe operária no Brasil, 1889-1930*.[3]

A leitura dessas obras, que juntas contêm mais de mil páginas de documentos, leva-nos a pôr em questão algumas das afirmações correntes na literatura sobre o movimento operário. O que se segue são algumas das reflexões que nos vieram à mente ao percorrer aquelas páginas. Ao divulgá-las, esperamos não só apontar algumas lacunas como indicar novos caminhos de investigação.

O movimento operário no Brasil no período que vai de 1889 a 1930 é em geral descrito como tendo sido dominado pelos anarquistas, imigrantes, na sua maioria italianos ou espanhóis que, fugindo das perseguições políticas na Europa, refugiaram-se no Brasil trazendo consigo sua experiência política. Seriam eles os responsáveis pelas greves, organizações operárias e demonstrações de massa que agitaram a Primeira República. Divididos, no entanto, por conflitos étnicos, separados por barreiras linguísticas, os anarquistas teriam sucumbido à severa repressão desencadeada contra eles pelas classes dominantes, para as quais a "questão operária" era uma "questão de polícia e não de política".

Ameaçados de deportação, às vezes deportados, constantemente perseguidos pela polícia, encarcerados, figurando nas listas negras que circulavam de mão em mão entre os industriais, os líderes anarquistas tiveram sua ação cerceada. Em 1922, sob o impacto da Revolução Russa, alguns anarquistas criaram o Partido Comunista. A partir de então, a influência anarquista entraria em recesso e, segundo alguns autores, o próprio movimento operário perderia seu ímpeto. O golpe final no movimento operário teria sido dado por Getúlio Vargas, que, depois de 1930, criaria uma estrutura "corporativista", "atrelando" o movimento operário ao Estado, ao mesmo tempo que reprimiria com violência as lideranças autônomas. Essas medidas coincidiram com uma profunda transformação na composição da classe operária, o que veio a facilitar esse processo de "domesticação" do movimento operário. Trabalhadores brasileiros substituiriam os imigrantes.

---

3 Pinheiro e Hall, *A classe operária no Brasil, 1889-1930. Documentos*, v.1 – O movimento operário; v.2 – Condições de vida e de trabalho, relações com os empresários e o Estado.

Vindos das zonas rurais, analfabetos e politicamente inexperientes, habituados a relações paternalistas, esses trabalhadores não tinham consciência de classe e seriam presa fácil das manipulações do Estado populista. Essa é, em poucas palavras e de forma bastante resumida e simplificada, a imagem que prevalece na maioria dos estudos sobre o assunto.[4]

Evidentemente, é impossível numa breve apresentação registrar as diferenças sutis entre os vários autores. Nem todos, por exemplo, se limitam a falar só dos anarquistas. Há aqueles que se referem também aos socialistas, aos católicos e aos sindicalistas, se bem que, em geral, de forma bastante superficial.[5] Também, dependendo de suas simpatias pessoais, os analistas dão explicações diferentes para o que eles avaliam como sendo "a fraqueza" ou "o fracasso" do movimento operário. Uns culpam os comunistas, outros os anarquistas. Todos culpam a polícia. Alguns argumentam que os anarquistas foram derrotados por causa de sua estratégia inadequada, de seu internacionalismo, de sua incapacidade de lidar com problemas nacionais mais amplos.[6] Outros argumentam que o anarquismo teve sucesso enquanto predominaram os artesãos, mas a partir do momento em que os operários passaram a predominar no movimento os anarquistas estavam condenados a perder a liderança, devido ao seu caráter pequeno-burguês.[7] Há ainda aqueles que veem na repressão a causa fundamental do "fracasso" do movimento operário.

---

4 Rodrigues, *Sindicato e desenvolvimento no Brasil*; Simão, *Sindicato e estado*; Rodrigues, *Conflito industrial e sindicalismo no Brasil*; Lopes, *Crise do Brasil arcaico* e *Sociedade industrial no Brasil*; Rodrigues, *Sindicalismo e socialismo no Brasil 1675-1913*; Vinhas, *Estudos sobre o proletariado brasileiro*; Harding, *A Political History of the Organized Labor Movement in Brazil*; Erickson, *The Brazilian Corporate State and Working Class Politics*; Maram, *Anarchists, immigrants and the Brazilian Labor Movement, 1890-1920*.

5 Ver Boris Fausto, *Trabalho urbano e conflito social 1890-1920*; Maram, op. cit.; e Dulles, *Anarchists and communists in Brazil 1900-1935*.

6 Telles, *Movimento sindical no Brasil*; Dias, *História das lutas sociais no Brasil*; Carone, *A República Velha (1890-1920): instituições e classes sociais*; Mendes Jr. e Maranhão, *Brasil história: texto e consulta. República Velha*.

7 Fausto, op. cit.; Rodrigues, *Trabalhadores, sindicatos e industrialização*. Para uma opinião diversa, ver a obra de Sheldon Maram já citada.

A DIALÉTICA INVERTIDA E OUTROS ENSAIOS 139

As divergências entre os historiadores vão além da explicação do sucesso ou insucesso dos anarquistas. Eles também discordam na sua interpretação da política operária de Vargas. Para uns, Getúlio foi o intérprete dos industriais.[8] Segundo outros, os industriais, em 1930, não tinham um projeto do qual Vargas pudesse ser o executor.[9] Influenciados pela retórica populista, alguns veem em Vargas o "pai dos pobres". Para outros, não passou de um político esperto, o primeiro a reconhecer que a questão operária era uma questão não só de polícia como também de política.

Levando em conta essas nuances, pode-se dizer que o quadro anteriormente traçado apresenta as linhas mestras da historiografia do movimento operário na Primeira República.

Algumas dessas noções encontram plena confirmação nas duas coleções de documentos consultadas. Outras, no entanto, aparecem modificadas. A repressão, por exemplo, é amplamente documentada. Há em ambas as coleções um sem-número de evidências que testemunham a incessante perseguição de que eram vítimas as organizações operárias e suas lideranças. A repressão, no entanto, parece ter sido muito mais sutil e sofisticada do que se tem, em geral, reconhecido. Não se tratava apenas de proibir demonstrações operárias, despedir líderes, deportar ou encarcerar "trabalhadores indesejáveis", invadir sindicatos, destruir a imprensa operária. Ia-se ainda mais longe. Já nessa época a burguesia respondia ao internacionalismo dos operários, internacionalizando a repressão. O governo italiano, por exemplo, manteve um "attaché" militar em São Paulo, de 1901 a 1915, com o objetivo de fiscalizar as atividades de elementos radicais de nacionalidade italiana.[10] Da mesma forma, quando os ingleses invadiram os escritórios de uma organização soviética em Londres, eles se apressaram em fornecer às autoridades brasileiras o nome dos brasileiros que tinham conexão com a Terceira Internacional.[11] Portanto, a articulação da repressão ao nível internacional não

---

8 Carone, *A República Nova, 1930-1937.*
9 Fausto, *A Revolução de 1930: historiografia e história.*
10 Pinheiro; Hall, op. cit., v.1, p.109.
11 Ibid., p.307.

é uma invenção das últimas décadas. Esta é apenas uma forma de repressão que ainda não foi estudada. Há ainda outras formas que também não receberam a atenção devida. Com o intuito de defender seus interesses comuns, aumentar a produtividade do trabalho e neutralizar a resistência operária, os industriais criaram associações como o Centro dos Industriais de Fiação e Tecelagem, ou o Centro das Indústrias do Estado de São Paulo. Estes centros exerciam vigilância sobre os líderes operários e mantinham frequentes contatos com a polícia. Num memorando de 1921, por exemplo, o Centro dos Industriais de Fiação e Tecelagem recomendava a seus associados que expurgassem o pessoal das fábricas de "agitadores profissionais que operam na classe operária com um fermento de desordem e de morte". Ao mesmo tempo informava que qualquer associado que quisesse se livrar de um "agitador" nada mais tinha a fazer do que se comunicar com o Centro; este providenciaria imediatamente para que aquele elemento perigoso "fosse afastado da fábrica pela polícia e identificado". A sua ficha seria "comunicada às fábricas associadas", "tal e qual como se fará com os ladrões" (sic).[12] Não muito diferente desta era o tom de uma circular de 1923. Naquela ocasião, receosos de que a greve dos gráficos se estendesse às indústrias têxteis, os industriais e a polícia mais uma vez se uniram. O Centro informou aos associados que a polícia de Capturas e Investigações tomara a resolução de "ir prendendo todos os operários em tecidos que lhe fossem apontados como mentores de sua classe, no tocante a reivindicações mais ou menos cabíveis" (!).[13] O Centro concitava seus associados a lhe enviarem o nome, residência, sinais característicos etc. do operário em questão, que ele se incumbiria imediatamente de fazer com que o operário apontado desaparecesse por algum tempo, até que passasse a atmosfera de agitação.

A preocupação em identificar a liderança operária era constante. Tanto é assim que já em 1921 o Centro enviava ao ministro da Agricultura, Indústria e Comércio uma carta na qual sugeria a adoção de carteiras profissionais que permitissem identificar os

---

12 Idem, v.2, p.197.
13 Ibid., p.204.

A DIALÉTICA INVERTIDA E OUTROS ENSAIOS   141

trabalhadores.[14] Essa medida seria posta em prática alguns anos mais tarde por Vargas.

Considerando-se as boas relações entre o Centro, a polícia do Estado e o Gabinete de Investigações, não é de se estranhar que um ano depois o Centro comentasse, numa circular sobre as greves do ano anterior, que nunca batera em vão às portas das diferentes secções da polícia.[15] Pouco a pouco, no entanto, a tarefa de fiscalizar os operários passou para as mãos do Estado. Em 1927, o Centro dos Industriais de Fiação e Tecelagem informava que a partir daquela data a delegacia de Ordem Política e Social estava identificando "todo o operariado do Estado de São Paulo, da Capital e do Interior"! Esperava o Centro poder, dentro de algum tempo e de acordo com aquela Delegacia, "fornecer, aos ilustres sócios, uma ficha completa dos indesejáveis cujos nomes e delitos lhe forem comunicados". Mandaria a cada associado "uma ficha completa" com o "nome do delinquente, a sua filiação, estado civil, impressão do polegar e fotografia", assim, cada empresa poderia formar seu arquivo de "indesejáveis".[16]

Fiscalização e repressão não eram, no entanto, as únicas formas de controle. Havia outras mais sutis. "Princípios científicos" de administração do trabalho já estavam sendo postos em prática em algumas companhias. Essa informação certamente não surpreenderá os que sabem que Roberto Simonsen, vice-presidente do Centro das Indústrias de São Paulo, já discutia Taylorismo em 1919 em seu livro *O trabalho moderno*. Nessa época já havia também industriais que procuravam introduzir em suas fábricas serviços assistenciais, tais como creches, escolas maternais, campos esportivos e outros tipos de "diversão" para os operários. Com a mesma preocupação de estender o seu controle sobre a vida do operário, criavam as primeiras vilas operárias, como a famosa Vila Zélia.[17]

---

14 Ibid., p.198-201.

15 Ibid., p.203.

16 Ibid., p.324-5.

17 Hall e Pinheiro, Immigrazione e movimento operario in Brasile: un'interpretazione. In: Del Roio, *Lavoratori in Brasile, Immigrazione e Industrializzazione nello Stato di São Paulo*. Veja-se também De Decca, *O silêncio dos vencidos*.

O controle estendia-se também à manipulação ideológica. Os interesses dos industriais eram sempre apresentados como interesse da nação. Os que criavam tropeços à realização daqueles interesses "promovendo lutas de classes" ou "tentando criar leis perturbadoras do trabalho" cometiam crime de lesa-pátria. Além de manipularem as ideias nacionalistas em seu benefício, os empresários não hesitavam em caracterizar a fábrica como uma grande família e o patrão como pai benevolente. "O patrão", dizia uma circular do Centro dos Industriais de Fiação e Tecelagem datada de abril de 1924, "é mais alguma coisa que patrão – é amigo e, digamos, um pouco pai dos que trabalham a seu lado". A circular louvava a "generosidade" do Conde Matarazzo e de Rodolfo Crespi pela decisão de concederem um prêmio de 5% sobre o total dos salários ganhos no ano a todo operário que completasse um ano de serviço, a contar do dia 10 de março de 1924.[18]

Na sua fala, os industriais enfatizavam sempre a "comunhão de interesses" entre capital e trabalho – uma retórica que contrastava de forma chocante com a tendência que eles tinham de identificar os líderes operários com agitadores profissionais e as reivindicações operárias com crimes contra a sociedade e a nação.[19]

Através da documentação ora divulgada formamos um quadro mais complexo não só da visão do mundo e dos métodos dos empresários, como também de suas conexões com o Estado e a imprensa.[20] Os artigos de jornais reproduzidos em ambas as cole-

---

18 Pinheiro e Hall, v.2, p.208. Para um valioso exemplo das relações "paternalistas" adotadas na empresa, ver o admirável estudo de José de Souza Martins, *Conde Matarazzo, o empresário e a empresa*.

19 Magnífico exemplo da retórica patronal é o discurso feito a 1º de maio de 1920 na Vila Operária da firma Pereira Carneiro e Cia., em presença do ministro da Viação, do prefeito de Niterói e dos operários da empresa, transcrito às p.187-94, v.2 da obra de Pinheiro e Hall.

20 Para uma análise da maneira pela qual a imprensa reagia às greves operárias, veja-se Barbara Weinstein, Impressões da elite sobre os movimentos da classe operária. A cobertura da greve em *O Estado de S. Paulo*: 1902-1907. In: Capelato; Prado, *O bravo matutino, imprensa e ideologia: o jornal O Estado de S. Paulo*, p.135-76. Para uma visão oposta, isto é, para o ponto de vista da imprensa operária, veja-se Ferreira, *A imprensa operária no Brasil, 1880-1920*.

A DIALÉTICA INVERTIDA E OUTROS ENSAIOS 143

ções revelam, frequentemente, a intenção, por parte da imprensa, de desmoralizar a liderança operária e promover divisões entre os trabalhadores, condenando os "maus" operários e louvando os "bons". Típico dessa tendência é a publicidade dada a um encontro entre alguns "líderes operários" e o presidente Washington Luiz em 1929. O discurso que o presidente da União dos Estivadores fez na ocasião foi muito elogiado pelo *Jornal do Brasil*. Nesse discurso, aquele manifestara o apoio dos trabalhadores ao governo e o seu repúdio "às doutrinas vermelhas" defendidas por "maus brasileiros que a troco do vil metal não trepidam em vender a sua honra, trair a sua Pátria, atentar contra o seu próprio lar".[21] Igual publicidade foi dada por *A Noite* – outro jornal de ampla circulação – à visita dos mesmos "líderes operários" ao chefe da polícia: Coriolano de Goes. Segundo o jornal, o vice-presidente da União dos Operários Estivadores hipotecara a "solidariedade das classes trabalhistas à ação das autoridades contra as ideias demolidoras dos comunistas".[22] Nesse discurso, que foi transcrito na íntegra, fixavam-se as imagens tantas vezes reproduzidas desde então: o "bom" e o "mau" operário. O primeiro levava ao patrão e às autoridades sua solidariedade e apoio. O segundo tentava envolver o operariado "num turbilhão de revolta às leis e aos homens públicos", pregava a luta de classes e falava em revolução.

Apesar de sua insistência na importância do respeito às leis, os empresários não pareciam se sentir obrigados a respeitá-las. Tanto é assim que as leis passadas pelo governo, com o objetivo de diminuir o conflito entre capital e trabalho, longe de receberem o seu apoio, foram frequentemente objeto de oposição e crítica e só raramente foram obedecidas.[23] Em 1929, o Centro Industrial do Brasil condenou o Código de Menores.[24] No ano seguinte, o Centro dos Industriais de Fiação e Tecelagem dirigia uma carta

---

21 Pinheiro e Hall, v.2, p.325-6.
22 Ibid., p.327-8.
23 Sobre a legislação social nesse período, veja-se Gomes, *Burguesia e trabalho: política e legislação social no Brasil, 1917-1937*. Para o estudo da ideologia dos empresários, veja-se ainda Leme, *A ideologia dos industriais brasileiros 1919-1945* e Vianna, *Liberalismo e sindicato no Brasil*.
24 Pinheiro e Hall, v.2, p.233.

ao ministro do Trabalho criticando a lei de férias.[25] Esta, como outras leis visando a proteger os trabalhadores, estava sendo sistematicamente desrespeitada.[26] Sua existência, no entanto, causava apreensão entre os industriais, os quais pareciam irritados com a ação de alguns funcionários públicos mais zelosos que exigiam o cumprimento da lei.

Igualmente apreensivos ficavam os industriais quando algum jornalista desavisado se dispunha, por alguma razão, a dar cobertura simpática às greves e reivindicações operárias. A emergência de grupos de classe média, relativamente independentes, e sua aliança circunstancial com a classe operária constituíam a seus olhos uma séria ameaça.

O que nos espanta hoje, depois de meio século desses acontecimentos, é o receio que os empresários parecem ter dos operários. Afinal de contas, como o próprio vice-presidente do Centro das Indústrias de São Paulo reconhecia no seu discurso inaugural em 1928, os operários constituíam apenas um pequeno número: 300 mil, num país de 30 milhões de habitantes![27] Daqueles, apenas a minoria estava organizada, e o número dos que podiam ser considerados radicais era ainda menor. E, de fato, como a história viria demonstrar, eles não constituíam ameaça séria para quem contava com o apoio praticamente irrestrito das autoridades. Pode-se conjecturar que o terror dos industriais provinha em parte da irreconciliável retórica de luta de classes usada por alguns líderes operários. A crítica destes ao capitalismo como sistema, seu apelo ao operariado para que se unisse na luta contra o capital, devem ter soado suficientemente ameaçadores aos industriais para deixá-los preocupados. Sua ansiedade deve ter crescido por ocasião da extraordinária greve de 1917 e provavelmente se agravou, ainda mais, em face da agitação de vários setores da população durante as revoltas de 1922 e 1924. Mais alarmante do que todos aqueles episódios, no entanto, deve ter

---

25 Ibid., p.235-7.
26 Veja-se ainda os argumentos dos industriais de calçados contra alguns regulamentos do Departamento Nacional de Saúde Pública relativos ao trabalho de menores e mulheres em Pinheiro e Hall, v.2, p.209-10.
27 Pinheiro e Hall, v.2, p.226.

A DIALÉTICA INVERTIDA E OUTROS ENSAIOS   145

sido o espectro da Revolução Russa de 1917, cujo valor simbólico foi incalculável. Para os operários, ela pareceu anunciar o início de uma nova era. Para os industriais, o começo do fim. Mesmo considerando-se todos esses fatores, a reação dos empresários parece excessiva e talvez só uma explicação psicanalítica satisfaça. O exagerado receio que eles parecem ter dos operários talvez brote de um profundo sentimento de culpa e do temor da punição (ou desejo de punição?) que em geral o acompanha.

Quem eram esses trabalhadores que causavam tanta apreensão aos empresários? Eram eles de fato anarquistas, estrangeiros que tinham vindo ao Brasil semear desordem e descontentamento entre os "bons e ordeiros" trabalhadores nacionais, como alegavam os industriais, os agentes de polícia e os jornalistas? E como até mesmo os historiadores nos fizeram crer?

A lista das numerosas organizações que compõem as Federações anarquistas, bem como as dos participantes dos congressos operários de 1906, 1908 e 1913, publicados por Michael Hall e Paulo Sérgio Pinheiro, nos levam a duvidar dessa caracterização. Onde esperávamos encontrar nomes italianos, nos defrontamos com nomes de origem portuguesa e talvez espanhola.[28] No estado atual das pesquisas, é ainda difícil dizer quantos eram brasileiros. Mas a leitura destas e outras fontes (principalmente as memórias de militantes que têm sido publicadas nos últimos anos) nos leva a crer que o papel dos brasileiros no movimento operário da Primeira República tem sido subestimado. Ficamos também convencidos de que a imagem de um movimento operário controlado totalmente por anarquistas precisa ser revista. Mais atenção deve ser dada a outros grupos, principalmente os sindicalistas, os socialistas e os católicos, que raramente têm chamado a atenção.[29] Tanto no livro de Carone quanto nos de

---

28   Observe-se a lista dos indivíduos que apresentaram suas credenciais como representantes dos seus respectivos centros, ligas e uniões ao Primeiro Congresso Operário, realizado em 1906, do qual saiu a COB (Confederação Operária Brasileira), em Pinheiro e Hall, v.1, p.44-5.

29   Um dos poucos a dar amplo desenvolvimento ao estudo de grupos não anarquistas é John W. F. Dulles em sua obra anteriormente citada, *Anarquistas e comunistas no Brasil*.

Hall e Pinheiro existe documentação suficiente para demonstrar que aqueles grupos foram mais numerosos e mais ativos do que a historiografia tem sugerido.

Alguém poderia perguntar por que então os anarquistas têm absorvido todas as atenções? Como se explica a preeminência que lhes têm sido dada no movimento operário? Por que se tem identificado anarquista com estrangeiro?

Provavelmente várias razões explicam essas tendências. Com sua retórica de lutas de classes e suas táticas de ação direta, seu envolvimento em greves e demonstrações públicas, os anarquistas despertaram mais receio e hostilidade do que qualquer outro grupo. Além disso, a opinião de que o movimento operário estava controlado por um grupo de estrangeiros anarquistas e agitadores era frequentemente expressa, tanto pelos jornalistas quanto pelos industriais, com a intenção de desmoralizar o movimento operário perante a opinião pública. Não é de espantar, portanto, que eles próprios acabassem por acreditar nisso. Essa opinião foi reforçada pela constante perseguição aos anarquistas e pela repercussão que os casos de deportação tiveram. Por outro lado, quem poderia duvidar que os anarquistas monopolizassem o movimento operário, se eles eram os primeiros a se declararem responsáveis por qualquer greve ou manifestação pública? Tudo isso acabou por dar aos anarquistas uma visibilidade que outros grupos não tinham. Dessa forma, a imagem de um movimento operário controlado exclusivamente por anarquistas estrangeiros acabou por prevalecer. Tanto mais que a maioria dos que escreveram sobre o movimento operário na Primeira República estudou esse movimento em São Paulo, um estado em que não só os anarquistas eram particularmente ativos, como também o imigrante representava grande parcela da força de trabalho. No entanto, até mesmo em São Paulo havia muitos trabalhadores nacionais. Segundo o Censo Industrial de 1920, 60% dos 93.998 trabalhadores registrados eram de nacionalidade brasileira. Nos demais estados, talvez com exceção do Rio Grande do Sul, o número de trabalhadores nacionais era ainda maior. É preciso, portanto, examinar essa questão com mais cuidado, pois a partir do momento que reconhecermos a participação do trabalhador nacional nos movimentos operários da Primeira República,

A DIALÉTICA INVERTIDA E OUTROS ENSAIOS   147

algumas das noções tradicionais ruirão por terra e novas questões surgirão. Como falar-se então da inexperiência política do trabalhador brasileiro? Como explicar o sucesso do anarquismo entre eles? Teria a massa dos trabalhadores nacionais preferido apoiar as organizações sindicalistas e as católicas? Como se relacionaram eles com os operários estrangeiros? Qual era a sua participação na liderança do movimento operário? De onde lhes vinha sua experiência política? Finalmente, qual a participação dos pretos no movimento operário?

Provavelmente por causa da identificação que fazem entre movimento operário e imigrante, os que têm estudado a história do movimento operário na Primeira República raramente mencionam a presença de pretos e mulatos. Em geral se repete que depois da abolição os imigrantes substituíram os ex-escravos na força de trabalho, tendo estes sido marginalizados nesse processo.[30] Até que ponto essa impressão corresponde à realidade?

Os historiadores têm ignorado o papel dos pretos. Eles também não registram conflitos sociais. Uma das poucas exceções é o historiador americano Sheldon Maram, mas mesmo este autor considera o conflito étnico mais importante do que o racial.[31] No entanto, Jules Droz, delegado da Internacional Comunista à América Latina, observava em 1929: "Ainda que não existam preconceitos de raça no Brasil, *segundo as informações de nossos camaradas* (grifo nosso), uma coisa chama logo a atenção... Os coolies brasileiros, os trabalhadores da estiva, os homens de trabalho pesado são todos homens de cor, enquanto que os comissários, os contramestres, aqueles que manejam a pena e os funcionários, as mulheres bem vestidas, etc., são todos brancos".[32] Evidentemente, o que escapava aos olhos da liderança operária não escapava ao arguto observador: havia pretos e mulatos entre o operariado, mas a estes estavam reservadas as profissões mais ínfimas. Apesar disso, a historiografia continua a

---

30 Exemplificador dessa posição é Fernandes, A *integração do negro na sociedade de classes*.
31 Sheldon Maram, op. cit., p.30-1.
32 Pinheiro e Hall, v.1, p.310, Carta de Jules Droz à sua mulher, datada de 2 de maio de 1929.

ignorar a sua presença. É preciso indagar até que ponto a cegueira da liderança em relação aos problemas raciais contribuiu para alienar pretos e mulatos do movimento operário. Diante da indiferença das lideranças teriam eles tentado criar associações independentes com o objetivo precípuo de defender seus interesses? Essas são questões que ainda aguardam resposta.

Outra curiosa falha na literatura sobre o movimento operário é a falta de informação sobre o papel das mulheres. No entanto, em algumas indústrias – as têxteis, por exemplo – elas constituíam a grande maioria. Um relatório do Departamento Estadual do Trabalho, reproduzido por Hall e Pinheiro, registra, num total de 10.204 trabalhadores, 2.668 homens, 6.800 mulheres e 75 crianças.[33] Não obstante sua notável participação na força do trabalho, as mulheres só raramente são mencionadas nos estudos sobre a classe operária e, quando o são, aparecem como vítimas passivas da opressão. Maram, comparando o "insucesso" do movimento operário no Brasil com seu "sucesso" na Argentina, argumenta que uma das razões dessa diferença reside no fato de que no Brasil havia um maior número de mulheres e crianças entre os trabalhadores.[34]

Infelizmente, nas duas coleções que examinamos não há documentos suficientes para modificar essa imagem. O único que se refere diretamente à participação de mulheres é um manifesto, reproduzido por Carone, assinado por três operárias, concitando suas companheiras a apoiarem os trabalhadores em suas lutas. O manifesto parece confirmar a impressão geral de que as mulheres só raramente participavam do movimento operário.[35] Há, no

---

33 Pinheiro e Hall, v.2, p.61. Relatório do Chefe da seção de informações do Departamento Estadual do Trabalho do Governo de São Paulo ao diretor do departamento sobre trinta e uma fábricas de tecidos da capital do Estado, uma em Santos e outra em São Bernardo.

34 Sheldon Maram, Labor and the Left in Brazil, 1890-1924: a movement aborted, *Hispanic American Historical Review*, v.57, n.2, p.254-72, maio 1977.

35 Carone (em *Movimento operário no Brasil 1877-1944*, p.97) menciona greves das costureiras (1907), transcrito de *A terra livre*, São Paulo, 25 de maio de 1907. À p.470, Carone reproduz o "manifesto às jovens costureiras de S. Paulo", datado de 1906, o qual diz de início: "Companheiras. Em vista da apatia que vos domina e que ninguém ainda pode sacudir...".

A DIALÉTICA INVERTIDA E OUTROS ENSAIOS 149

entanto, algumas evidências indiretas que nos fazem suspeitar que a sua presença foi muito mais significativa do que tem sido reconhecido. Um relatório sobre violência policial contra operários, apresentado à Câmara dos Deputados em 1919, menciona dois incidentes envolvendo mulheres.[36] Sabemos também por outras fontes que as operárias têxteis frequentemente fizeram greves e participaram de piquetes, protestando contra a redução de salários, multas e abusos fiscais. Basta ver o arrolamento feito por Paula Beiguelman em *Os companheiros de São Paulo*.[37] Mulheres também participaram ativamente do Partido Comunista, como se pode deduzir de algumas autobiografias de líderes comunistas recentemente publicadas. Apesar de tudo, a historiografia sobre o movimento operário continua a ignorá-las.

Pode-se argumentar que a falta de debates sobre a condição das mulheres nos congressos operários, com exceção das discussões sobre equalização de salários e das reivindicações sobre igualdade de direitos que aparecem na plataforma dos vários partidos socialistas,[38] a ausência de mulheres das lideranças operárias e finalmente o silêncio da historiografia são indicativos de que as mulheres, de fato, tiveram um papel secundário no movimento operário. É mais provável, no entanto, que esse silêncio seja resultado de um viés não apenas por parte da liderança operária, como também por parte dos historiadores. Só pesquisas futuras poderão esclarecer este problema.

Outro aspecto que salta à vista quando percorremos os documentos ora divulgados é a maneira insuficiente pela qual tem sido tratado o próprio movimento anarquista. Apesar do interesse que despertou, pouco se conhece sobre ele. A tendência da

---

36 Pinheiro e Hall, v.2, p.287. Refere-se a um "meeting" reunido na praça da Concórdia, composto de operários de São Paulo, dirigido por "moças paulistas e italianas", que tinha sido dissolvido à pata de cavalo pela polícia. Carone, em *Movimento operário no Brasil*, p.466-8, artigo assinado por Fabio Luz, transcrito de *O Debate*, Rio 2-8-1917, o qual se refere à participação da mulher operária nas "tentativas reivindicadoras, nos 'meetings', e nas greves, acutilada pela polícia militar, espezinhada pelos cavalos...".

37 Beiguelman, *Os companheiros de São Paulo*, p.23, 27, 28, 29, 46, 49, 83.

38 Carone, *Movimento operário*, p.299, 301, 314, 321, 324, 325, 334.

150 EMÍLIA VIOTTI DA COSTA

maioria dos historiadores é tratá-lo como se fosse um grupo mais ou menos coeso. Sob o rótulo de anarquismo, no entanto, existe uma variedade de grupos, frequentemente hostis uns aos outros, divergindo quanto às táticas a serem adotadas e os propósitos a serem atingidos.[39] Isso fica evidente com a leitura dos jornais operários reproduzidos por Carone.[40] Os conflitos também estão documentados nas minutas dos Congressos Operários, divulgados por Hall e Pinheiro.[41] Carone identifica pelo menos dois grupos distintos: um que recomenda uma estratégia gradualista; outro que prega a ação direta. Para Hall e Pinheiro há também dois grupos: um anarquista, outro anarco-sindicalista. Estes, ao que parece, mais sindicalistas do que revolucionários, o que provavelmente ajuda a explicar a direção que o movimento operário tomaria a partir de 1920: o declínio dos anarquistas e a fundação em 1922 do Partido Comunista.

A maioria dos historiadores tem visto a criação do Partido Comunista como "reflexo" da Revolução Soviética. Uma leitura cuidadosa das minutas dos Congressos Operários e de outros documentos constantes destas coleções sugere, no entanto, que ainda mais importante foram os problemas com que se defrontou o próprio movimento operário nas primeiras duas décadas do século XX.

A Confederação Operária Brasileira e as várias Federações organizadas pelos anarquistas reuniam uma grande variedade de "métiers". Havia pedreiros, oleiros, gráficos, vidraceiros, ferreiros, marmoristas, estivadores, ferroviários, alfaiates, carpinteiros, sapateiros, mineiros, funileiros, pintores, caixeiros, cabeleireiros, padeiros, carroceiros e "chauffeurs", trabalhadores de hotel, garçons, operários de indústria têxtil e metalúrgicos (para mencionar apenas alguns). Uns eram donos dos meios de produção. Outros

---

39 Outro autor que identificou vários tipos de anarquismo é Hobart Spalding, *Organized Labor in Latin America*. Veja-se também Fausto, op. cit. Frequentemente, no entanto, a palavra "anarquista" é usada sem qualquer discriminação.

40 Carone, *Movimento operário*, p.345-61.

41 Pinheiro e Hall, *A classe operária no Brasil*, v.1, p.41 e seguintes.

A DIALÉTICA INVERTIDA E OUTROS ENSAIOS   151

não. Uns eram artesãos, outros trabalhavam em pequenas empresas familiares (manufaturas); outros, ainda, em fábricas, onde se reuniam grande número de operários. Alguns se enquadravam no setor de serviços. Outros, no da produção industrial. Essa heterogeneidade permitia aos anarquistas promoverem grandes mobilizações de massa, mas, ao mesmo tempo, criava sérios problemas para a organização do movimento. A amálgama de grupos resultava em frequentes conflitos e desentendimentos, agravados por diferenças étnicas e raciais, e às vezes até mesmo por barreiras linguísticas. Sem falar nos conflitos derivados de questões ideológicas. As minutas dos Congressos revelam que desde o início as lideranças anarquistas estavam divididas a propósito de assuntos importantes. Alguns estavam preocupados em desenvolver a consciência política dos trabalhadores e em organizá-los para enfrentarem os patrões. Outros, com problemas que afetavam o cotidiano do operário. O debate entre esses dois grupos – que às vezes lembram os diálogos de Don Quixote e Sancho Pança – não só expressava conflitos internos das lideranças, como também revelava tensões entre a liderança e as massas operárias, entre os "intelectuais" anarquistas e os trabalhadores.[42]

As normas adotadas ou preconizadas pela liderança anarquista nem sempre satisfaziam aos anseios dos trabalhadores. Estes insistiam na necessidade de leis que proibissem o trabalho infantil, equalizassem os salários de homens e mulheres, garantissem a segurança do trabalho, reduzissem o número de horas, fixassem um salário mínimo. Sugeriam ainda o controle pelo Estado da qualidade e preço de alimentos e aluguéis. A maioria dessas demandas, evidentemente, podia constar de uma plataforma reformista. Os líderes anarquistas, no entanto, em consonância com sua postura revolucionária e sua crítica teórica do Estado – o qual viam como o perpétuo inimigo dos trabalhadores –, rejeitavam qualquer sugestão que envolvesse sua intervenção. Para eles a solução era consciência de classe e organização: se os operários tinham problemas, era porque

---

42 Veja-se em particular as minutas do Segundo Congresso Operário Estadual de São Paulo em 1908 (reproduzidas em Pinheiro e Hall, v.1, p.74-109).

não eram suficientemente conscientes, beligerantes e unidos para fazer face aos patrões. Os pais não deviam mandar seus filhos ao trabalho. O trabalho das crianças deteriorava o salário. As mulheres não deviam aceitar remuneração inferior à dos homens. Os trabalhadores deviam se recusar a trabalhar quando as condições não fossem seguras. Como um dos líderes chegou a dizer durante o Segundo Congresso Operário realizado em São Paulo em 1908: "porque antes de subir sobre um andaime ou de começar qualquer trabalho, não se procura inspecionar se há aí garantias de vida e não nos recusamos terminantemente a trabalhar quando vemos o perigo?".[43] A culpa era portanto dos trabalhadores. Consciência e luta contra os patrões (não a intervenção do Estado) eram o remédio para seus males. Quando os operários sugeriam a criação de cooperativas e de fundo de greve ou desemprego, eles encontravam igual oposição por parte das lideranças. Se bem que houvesse sempre alguém entre a liderança que argumentasse em favor das propostas das bases, o debate sempre terminava com a maioria reafirmando os seus princípios e recomendando que os anarquistas incrementassem a sua propaganda. Fizessem mais conferências, publicassem mais livros e artigos para educar os trabalhadores e torná-los mais conscientes. As ligas operárias deviam procurar "manter entre seus associados sempre vivo o espírito de rebeldia contra as arbitrariedades, não permitindo em ocasião alguma que o brio de operários livres seja pisoteado".[44] Greve, sabotagem, consciência revolucionária, eram os instrumentos de que dispunham os trabalhadores. No entanto, quando as greves eram violentamente reprimidas pela polícia, os trabalhadores encontravam como respaldo apenas uma federação heterogênea, dividida por interesses os mais contraditórios, incapaz de coordenar a resistência.

Não é de se espantar, portanto, que depois da violenta repressão dos anos 1919 e 1920 alguns se convencessem da necessidade de adotar um novo tipo de organização e de utilizar novas estratégias. Depois de mais de uma década de lutas, os anarquistas pouco tinham conseguido. Os reformistas, os católicos e os socia-

---

43 Idem, p.95.
44 Idem, p.89.

A DIALÉTICA INVERTIDA E OUTROS ENSAIOS   153

listas também não tinham sido mais bem-sucedidos. A legislação trabalhista aprovada pelo governo não era obedecida. A recessão que se seguira ao pós-guerra tornara as greves pouco eficientes. Os grevistas se defrontavam com a repressão sistemática, e quando pareciam ter alcançado seus objetivos, as concessões ganhas eram logo perdidas. Os sindicatos eram invadidos, os trabalhadores despedidos, os líderes presos, alguns deportados. Não era tarefa fácil organizar homens e mulheres divididos por conflitos raciais, étnicos e ideológicos. Ao movimento operário faltavam coesão e coordenação. Apesar de todo o esforço heroico, feito pela liderança operária, no sentido de mobilizar os trabalhadores; apesar de todas as greves e impressionantes demonstrações de massa que eles tinham conseguido organizar; apesar de toda a sua fala sobre a força dos trabalhadores, estes continuavam oprimidos. Uma consciência revolucionária era algo que levava muito tempo para se desenvolver, e até mesmo os trabalhadores mais esclarecidos e conscientes não tinham condições de impedir que suas mulheres e filhos trabalhassem por miseráveis salários. A alternativa, no mais das vezes, era a fome. Eles também não tinham condições de se recusarem a trabalhar quando as condições não eram seguras. Havia muitos "*crumiros*" prontos a tomar seus lugares. A esperada Revolução parecia cada vez mais distante. Se os anarquistas não tinham sido capazes de levar os trabalhadores a uma posição de força e não tinham conseguido sequer melhorar suas miseráveis condições de vida, seriam eles capazes de levar a cabo uma revolução que poria fim ao Estado burguês e à exploração do trabalho? Atormentados por essas dúvidas, alguns dos que tinham lutado durante anos entre os anarquistas começaram a buscar novos caminhos. Dando um balanço nas lutas dos últimos anos, chegaram à conclusão de que a organização falhara. Era preciso "buscar novos meios, novos métodos, novos sistemas, novas formas de organização, mais adaptáveis e consentâneas com o ambiente brasileiro".[45] Alguns chegaram a pensar em se afiliar à organização norte-americana dos Trabalhadores

---

45 Veja-se artigo intitulado "Pela reorganização operária", publicado em *A Plebe*, 28-5-1921, e transcrito em Pinheiro e Hall, v.1, p.249-51.

Industriais do Mundo (IWW).[46] Não tardou muito, entretanto, para que começassem a ver na Revolução Soviética um modelo mais promissor. Esta tinha pelo menos a vantagem de ter sido bem-sucedida.

É dentro desse contexto que a criação do Partido Comunista deve ser entendida.[47] Em vez de ser um reflexo da Revolução Russa, um mero produto de importação, uma experiência alheia à realidade nacional, um gesto de mímica social, como às vezes tem sido descrita, a criação do Partido Comunista Brasileiro deve ser vista como o resultado das lutas e derrotas do proletariado durante as duas primeiras décadas do século XX. Não foi por acaso que Astrojildo Pereira e outros fundadores do Partido Comunista foram inicialmente militantes anarquistas. Eles tinham aprendido com seus próprios erros.

Uma vez organizado, o Partido Comunista procurou afiliar-se a Terceira Internacional. Foi aceito em 1924. No seu segundo congresso, em 1925, o Partido decidiu participar da campanha eleitoral, apoiando as reivindicações que os trabalhadores vinham fazendo há mais de uma década. Em 1927, o Partido gozou de um curto período de legalidade (de janeiro a agosto). Segundo a linha adotada pela Terceira Internacional, o Partido deu seu apoio à criação de uma Frente Popular. Um ano mais tarde o Bloco Operário e Camponês (BOC) foi organizado. Incluía em sua plataforma a luta por oito horas de trabalho diário, quarenta e oito horas semanais, salário mínimo, proteção às mulheres e proibição do trabalho aos menores de quatorze anos. Os comunistas também lutaram pela criação de uma Confederação Geral de Trabalhadores (CGT) para coordenar a luta dos operários. Em

---

46 Pinheiro e Hall, v.1, p.251.

47 Para o estudo do Partido Comunista, consulte, entre outros: Moniz Bandeira, Mello e Andrade, *O ano vermelho: A revolução russa e seus reflexos no Brasil*; Chilcote, *The Brazilian Communist Party*; Pereira, *Construindo o P.C.B.*; Segatto, *Breve história do P.C.B.*; Pereira, Documentos inéditos, Memória e história, *Revista do Arquivo Histórico do Movimento Operário*; Sodré, Contribuição à História do P.C.B. Antecedentes, *Temas de ciências humanas*; Elementos para a História do P.C.B., Infância, *Temas de ciências humanas*; Pereira, *Formação do P.C.B.*; Vinhas, *O Partidão: a luta por um partido de massas*.

A DIALÉTICA INVERTIDA E OUTROS ENSAIOS 155

1928 o Partido registrava 1.200 membros. Um novo interlocutor tinha aparecido na cena política. A história dos trabalhadores durante o período Vargas não pode ser escrita sem referência aos comunistas. Esta, no entanto, é uma outra história. Hall e Pinheiro param em 1930. Carone vai mais longe, mas a grande maioria de seus documentos refere-se ao período anterior.

Das páginas dessas duas coleções de documentos surge uma imagem do movimento operário na Primeira República um tanto diversa daquela que tratamos inicialmente.[48] Os empresários ganharam uma nova dimensão. Eles parecem melhor organizados e mais sofisticados nos seus métodos repressivos. Suas relações com os trabalhadores e com o Estado aparecem sob uma nova luz, e eles estão mais aptos do que antes a desempenharem seu papel no Estado corporativista que será criado depois de 1930. Por sua vez, os trabalhadores também estão mudados. Onde os imigrantes eram a única presença, vemos agora brasileiros, muitos dos quais negros e mulatos. As mulheres também foram acrescentadas ao quadro, do qual estiveram ausentes tanto tempo. O apático trabalhador rural do esboço original foi substituído por um mais dinâmico e experiente, o qual antes de migrar para a cidade esteve envolvido em greves nas plantações de café do Sul do país ou nos engenhos de cana do Nordeste.[49] Está, portanto, pronto para desempenhar um papel mais atuante no movimento operário. Os anarquistas, por sua vez, não figuram mais como um grupo monolítico. Há entre eles várias facções distintas. Os comunistas, os sindicalistas, os católicos e os socialistas aparecem ao seu lado. No quadro, a liderança não ocupa mais o centro. Aí estão os trabalhadores. Caberá às novas gerações incorporá-los definitivamente à história.

---

48 Muito importante para essa revisão é a leitura das memórias de militantes recentemente publicadas. Em particular: Bezerra, *Memórias – Primeira parte: 1917-1937*; Barata, *Vida de um revolucionário. Memórias*; Basbaum, *Uma vida em seis tempos. Memórias*; Cavalcanti, *Da Coluna Prestes à queda de Arraes. Memórias*; Chaves, *Minha vida e as lutas de meu tempo. Memórias*.

49 Pinheiro e Hall, v.1, p.116-27.

ESTRUTURAS *VERSUS* EXPERIÊNCIA – NOVAS TENDÊNCIAS NA HISTÓRIA DO MOVIMENTO OPERÁRIO E DAS CLASSES TRABALHADORAS NA AMÉRICA LATINA: O QUE SE PERDE E O QUE SE GANHA[1]

A partir de 1980 houve uma grande expansão dos estudos sobre as classes trabalhadoras na América Latina. Entre os livros publicados encontram-se os que foram escritos a partir das teorias de modernização e de um ponto de vista empresarial, por exemplo o trabalho de Charles H. Savage Jr. e George F. F. Lombard,[2] um cuidadoso estudo etnográfico de três fábricas na Colômbia, e aqueles escritos por militantes de linhas políticas as mais diversas, alguns dos quais continuam a se utilizar de uma perspectiva marxista como esquemática e tradicional, como a coleção de ensaios editados por Pablo González Casanova.[3] Dentro desses limites definidos pelos interesses opostos dos que têm como meta a luta de classe e dos que almejam promover sua colaboração, ou seja, do militante de esquerda e do empresário, existe uma enorme variedade de linhas de abordagem que vão desde o empirismo tradicional até o novo marxismo. Há autores que procuram acentuar as semelhanças na história do movimento

---

1 Traduzido do texto apresentado na LASA em 1988 e publicado em inglês na *International Labor and Working Class History Review*, outono de 1989. Ed. Brasileira: BIB, Rio de Janeiro, n.29, p.3-16, 1º semestre de 1990.
2 Savage, Lombard, *Sons of the Machine. Case Studies of Social Change in the Work Place.*
3 Casanova, *Historia del Movimiento Obrero en América Latina.*

operário em diferentes países da América Latina, e há os que só veem as diferenças. Há os que consideram fundamental analisar a experiência operária a partir de uma abordagem de tipo estrutural e há aqueles que só buscam reconstituir a "experiência" operária. Por essa razão, resolvi limitar-me a analisar as tendências mais recentes dessa historiografia e focalizar apenas a literatura publicada nos Estados Unidos e na Inglaterra.

Do ponto de vista metodológico, a nova historiografia abandona as abordagens de tipo tradicional. Essa mudança de orientação resulta em parte da reflexão sobre as novas tendências da historiografia da classe operária na Europa e nos Estados Unidos (e do movimento operário contemporâneo nessas regiões), e em parte das mudanças políticas e econômicas que estão ocorrendo hoje na América Latina, mudanças que em alguns países, como Brasil e Argentina, projetaram os trabalhadores no centro da arena política ao mesmo tempo em que puseram em questão as estratégias do movimento operário tradicional. A nova historiografia representa um rompimento com o passado.

Essa mudança de tipo de abordagem é um fenômeno bastante recente. Em 1979, o historiador americano Peter Winn observou em um artigo publicado na *Latin American Research Review* que a historiografia do movimento operário na América Latina estava correndo o risco de se isolar das correntes intelectuais e ideológicas mais fecundas e de se reduzir a cronologias institucionais e controvérsias ideológicas. Nesse mesmo artigo Winn propôs um novo tipo de História que não se limitasse aos parâmetros estruturais e dados estatísticos, às organizações nacionais de trabalhadores (sindicatos) e aos movimentos grevistas mais importantes, mas também focalizasse a experiência cotidiana concreta dos trabalhadores na fábrica e na comunidade, seus níveis e estilos de vida, cultura e consciência, suas divisões internas e relações com outros grupos[4] – um programa que ele pôs em prática com grande sucesso em seu livro *Weavers of Revolution. The Yarur Workers and Chile's Road to Socialism*, de 1986. No ano seguinte, Eugene Sofer insistiu no mesmo ponto. Numa resenha publicada

---

4 Winn, Oral History and the Factory Study: New Approaches to Labor History, *LARR*, 14, p.2.

A DIALÉTICA INVERTIDA E OUTROS ENSAIOS 159

também na *Latin American Research Review*,[5] Sofer lamentava que as inovações conceituais e metodológicas que caracterizavam o trabalho dos especialistas da história do trabalho na Europa e nos Estados Unidos, que dirigiam sua atenção não apenas para as lideranças, sindicatos e partidos, mas para a grande maioria dos trabalhadores, mesmo aqueles que nunca se filiaram aos sindicatos, continuasse a ser ignorada na América Latina. Sofer argumentava que, ao examinar a natureza e as estruturas da vida da classe trabalhadora de maneira a perceber as relações entre as atividades do dia a dia e os movimentos políticos, aqueles historiadores tinham ampliado nossa compreensão da classe operária. Nesse mesmo texto ele fazia votos que os historiadores do trabalho na América Latina viessem a seguir esse novo caminho em busca de uma História de baixo para cima, uma História na qual os trabalhadores falassem por si mesmos e fossem vistos como atores conscientes que ajudam a definir a mudança em vez de meramente responderem a ela.

Hoje já se pode dizer que os desejos de Sofer foram satisfeitos. Vários livros publicados e várias teses escritas na década de 1980 seguiram esse roteiro. É tempo de avaliar seus resultados. A crítica de Sofer às análises estruturalistas tradicionais, seu apelo a uma História que, em vez de estudar as lideranças, se interesse pelas bases, em vez de estudar os sindicatos e os partidos políticos, se dedique ao estudo da cultura operária, e em vez de focalizar a mão de obra organizada, volte sua atenção para a grande maioria dos trabalhadores que nunca chegaram a fazer parte de um sindicato, encontrou eco. Enquanto no passado os historiadores falavam em estruturas, agora falam de experiência.

Cientistas sociais e historiadores como Erickson, Peppe e Spalding,[6] que no passado tinham enfocado a história da classe trabalhadora segundo a perspectiva da teoria da dependência, colocaram-se na defensiva. Em resposta às críticas que lhes foram feitas, argumentaram que esses enfoques não eram incompatíveis ou mutuamente excludentes, sendo, em verdade,

---

5 Sofer, Recent Trends in Latin American Labor Historiography, *LARR*, v.15, n.1, p.167-76.

6 Erickson, Peppe, Spalding, Research on the Urban Working Class in Argentina, Brazil and Chile. What is left to be Done?, *LARR*, v.9, n.2, p.15-24.

necessariamente complementares. Lembraram a seus críticos que os trabalhadores eram os autores de sua própria história, mas não segundo condições de sua própria escolha. Por outro lado, afirmaram não ser possível entender as ações dos trabalhadores sem incorporar às análises os conflitos de elites e o papel do capitalismo internacional que limita o campo de possibilidades abertas aos trabalhadores latino-americanos.[7] Charles Bergquist, outro especialista da história do trabalho na América Latina, insistiu também que estrutura e experiência não eram incompatíveis ou mutuamente excludentes e procurou demonstrá-lo em livro publicado em 1986. A polêmica entre estruturalistas e culturalistas converteu-se num tema central da nova historiografia do trabalho, e entre os livros publicados recentemente encontramos uma grande diversidade de respostas aos problemas epistemológicos levantados por esse debate.

Um grande número de historiadores negou validade às tentativas de identificar padrões comuns à história do trabalho na América Latina. Estão mais interessados nas diferenças do que nas semelhanças e preocupam-se mais com conjunturas do que com mudanças estruturais, com determinações internas do que com determinações externas. Ian Roxborough,[8] por exemplo, dá ênfase à "complexidade e variedade no tempo e espaço" e critica Spalding não apenas por tentar definir padrões comuns ao movimento operário em vários países da América Latina, mas também por ter veiculado a ideia de que os movimentos operários latino-americanos percorrem as mesmas etapas pelas mesmas razões – uma tendência que Roxborough atribuiu à teoria da dependência.

Em vez desse tipo de abordagem tradicional, Roxborough propôs outra que levasse em consideração muitas variáveis internas: tipos de gestão nos sindicatos, grau de integração do mercado de trabalho, grau de homogeneidade da classe operária, taxas de rotatividade do trabalho, tipos diversos de corporativismo etc. Nesse ensaio Roxborough reconheceu a utilidade do uso de tipolo-

---

7 Idem, Dependency Vs. Working Class History: A False Contradiction, *LARR*, v.15, n.1, p.177-81.

8 Roxborough, The Analysis of Labour Movements in Latin America: Typology and Theories, *Bulletin of Latin America Research*, v.1, n.1, p.1-95.

A DIALÉTICA INVERTIDA E OUTROS ENSAIOS   161

gias, mas as considerou prematuras. Estamos longe ainda, disse ele, de podermos descrever adequadamente os movimentos operários da América Latina, e mais longe ainda de explicá-los. Essa afirmativa traduz um viés empírico comum à nova História e postula uma separação artificial entre descrição e interpretação, esquecendo aparentemente que não existe descrição sem interpretação. Em ensaios publicados posteriormente,[9] como veremos, ele reviu suas posições.

Seria errôneo pensar que os debates entre "estruturalistas" e "antiestruturalistas" ou culturalistas refletem conflitos entre marxistas e não marxistas. Ambas as tendências se encontram dos dois lados. Na realidade, o debate contemporâneo que parece estar dividindo os historiadores procede em grande parte de conflitos dentro das próprias esquerdas. A história do movimento operário tem sido o campo favorito das esquerdas e muitos estudos recentes sobre as classes trabalhadoras latino-americanas inspiram-se em E. P. Thompson e Raymond Williams. Mas alguns dos temas que dividem os historiadores hoje remontam pelo menos às questões levantadas por Sartre em 1960 e aos debates que a partir de então tiveram lugar entre as esquerdas. Vista dessa maneira, a polarização entre os historiadores que se dedicam a estudar a história do trabalho na América Latina apenas reproduz um fenômeno maior, que pode ser também identificado em outros campos da História, como as recentes controvérsias sobre o abolicionismo inglês[10] e o cartismo[11] sugerem, e as publicações da *History Workshop* documentam amplamente.[12]

---

9 Roxborough, *Union and Politics in Mexico* e Idem, Issues in Labor Historiography, *LARR*, v.21, n.2, p.184-8.

10 Sobre o debate em torno do abolicionismo, ver: *American Historical Review*, XCII, 4.

11 Sobre o cartismo, ver: Kirk, In Defense of Class: A Critique of Recent Revisionist Writing upon the Nineteenth-Century English Working Class, *International Review of Social History*, v.32, p.2-47. Ver também a controvérsia levantada por Scott, On Language, Gender and Working-Class History, *International Labor and Working Class History*, 31; Thompson, The Politics of Theory. In: Samuel, *People's History and Socialist Theory*; e Wood, E. P. Thompson and His Critica, *Studies in Political Economy*, v.9.

12 Anderson, *Arguments Within English Marxism*.

Quando situamos o debate historiográfico sobre a história das classes trabalhadoras dentro dessa perspectiva mais ampla, fica evidente que estamos enfrentando uma importante crise epistemológica. Essa crise tem como contexto algumas tendências contraditórias: de um lado, o êxito eleitoral da direita e dos partidos conservadores na Europa e nos Estados Unidos, assim como o clima gerado pela Guerra Fria, e, de outro, a emergência na Europa e em outros lugares do mundo da nova esquerda, as questões levantadas pelos grupos comprometidos com o socialismo democrático, sua crítica à União Soviética e aos partidos comunistas e, por extensão, aos enfoques marxista-leninistas tradicionais.

Tudo isso tem levado vários historiadores interessados no estudo do trabalho na América Latina a questionar as interpretações tradicionais e a criticar as práticas antidemocráticas das burocracias sindicais e as estratégias políticas dos partidos de esquerda, particularmente dos partidos comunistas. A nova historiografia reavalia as relações entre as lideranças operárias e as bases, privilegiando estas e subestimando aquelas, ao mesmo tempo em que acentua o caráter espontâneo dos movimentos operários. Rejeita também as abordagens que identificam etapas no desenvolvimento econômico e repudia o conceito de falsa consciência. Ao mesmo tempo, valoriza o papel dos anarquistas no movimento operário e acentua a importância das condições subjetivas, da ideologia e da cultura política no movimento operário. Seguindo o caminho traçado por Raymond Williams, a nova geração de historiadores questiona o uso dos conceitos de infra e superestrutura,[13] e alguns chegam a descartar outros dois conceitos marxistas básicos: a determinação material das ideologias de classe e as conexões entre as forças produtivas e as relações de produção. Em consequência desse revisionismo, aspectos que os historiadores do passado frequentemente consideraram irrelevantes por serem superestruturais adquiriram uma posição central na nova historiografia.

---

13 Williams, *Marxismo e literatura*.

A DIALÉTICA INVERTIDA E OUTROS ENSAIOS   163

Muitos dos historiadores revisionistas repudiaram também o uso de modelos teóricos *a priori* (principalmente modelos macroeconômicos derivados seja da teoria da modernização ou da teoria de dependência) e voltaram-se para o estudo do que consideram formas concretas de comportamento, empiricamente demonstráveis, as percepções e sentimentos da classe trabalhadora. Ao descartar uma noção "essencialista" e estática de classe social, e ao tentar evitar explicações reducionistas da consciência de classe, alguns dos historiadores novos encaram com suspeita aqueles que insistem em dizer que as condições "objetivas" definem os parâmetros no interior dos quais a consciência dos trabalhadores se constitui e as ações dos trabalhadores têm lugar. Etapas do desenvolvimento econômico e do processo de acumulação do capital, mudanças no tamanho das fábricas, melhorias tecnológicas, mudanças na composição da força de trabalho, a importância relativa do setor industrial, formas de dependência econômica, a natureza do sistema político, conflitos entre elites, formas de imperialismo, todos aqueles fatores que no passado eram considerados cruciais para o entendimento da consciência dos trabalhadores e seu comportamento político já não são considerados tão significativos. Os historiadores da nova geração tendem a dar mais importância ao político do que ao econômico e privilegiam o ideológico sobre o político. Em vez de examinar a forma por meio da qual as mudanças das estruturas econômicas, políticas e sociais afetam o movimento operário e investigar a relação entre formas de acumulação do capital e formação da classe operária, ou o papel do Estado no processo de acumulação de capital e sua política em relação aos trabalhadores, a nova geração de historiadores prefere examinar a maneira pela qual a ação dos trabalhadores força a mudança econômica e política. Os temas de interesse da nova historiografia são as impressões subjetivas dos trabalhadores, os vínculos entre práticas políticas e discursos políticos, as experiências dos trabalhadores nos locais de trabalho e nos bairros operários, suas formas de apropriação e reinterpretação da cultura da elite, e a maneira pela qual os trabalhadores interpretam o passado e visualizam o futuro. Típicas dessa nova historiografia

164 EMÍLIA VIOTTI DA COSTA

são as obras de Daniel James, William Roseberry, Peter Winn, Jeffrey Gould e Adriana Raga.[14]

Na nova historiografia, a ideologia aparece às vezes como um nexo essencial entre experiência e protesto. A própria noção de ideologia foi reformulada.[15] A ideologia é considerada um processo de "interpelação".[16] E, se bem que alguns historiadores da nova geração continuem utilizando o conceito de classe, eles não mais assumem que existe uma relação necessária entre classe e consciência de classe, nem consideram a formação da consciência de classe um processo linear.[17] Existem também aqueles que, como Ernesto Laclau, consideram os indivíduos como "portadores e pontos de interseção de uma acumulação de contradições, muitas das quais não são contradições de classe". Desta forma, os novos historiadores têm mais consciência que aqueles que os precederam de que existem várias formas de subjetividade humana, distintas daquela que nasce da situação de classe. Por essa razão, estão mais preparados para reconhecer a natureza contraditória da consciência de classe operária. Em suas análises, a posição que tradicionalmente se estabelecia entre cooptação e resistência, e entre luta pela sobrevivência e luta política, tende a desaparecer.

Em seu estudo sobre o peronismo, por exemplo, Daniel James mostra que a lealdade a um movimento cuja ideologia formal prescrevia a virtude da colaboração de classes, a subordinação dos interesses dos trabalhadores aos da nação e a importância de uma obediência disciplinada a um Estado paternalista não impediu

---

14 James, *Resistance and Integration: Peronism and the Argentine Working Class, 1946-1976*; Winn, *Weavers of Revolution: The Yarur Workers and Chile's Road to Socialism*; Gould, *To Lead as Equals: Rural Protest and Political Consciousness in Chinandega, Nicaragua, 1912-1979*; Raga, *Workers, Neighbors and Citizens: A Study of an Argentine Industrial Town, 1930-1950*.

15 Para uma discussão muito importante sobre a questão da ideologia, ver: Therborn, *The Ideology of Power and the Power of Ideology*.

16 Laclau, *Politics and Ideology in Marxist Theory. Capitalism, Fascism, Populism*; e James, op. cit.

17 Mallon, Labor Migration, Class Formation, and Class Consciousness among Peruvian Miners in the Central Highlands from 1900 to 1930. In: Hanagan, Stephenson (orgs.), *Proletarians and Protest*, p.197-230.

A DIALÉTICA INVERTIDA E OUTROS ENSAIOS   165

a resistência da classe operária nem a emergência entre os trabalhadores de uma cultura de oposição. A mensagem de Perón era ambígua. Sua ênfase na colaboração de classes beneficiava o capitalismo mas, ao garantir os direitos dos trabalhadores na sociedade e nos locais de trabalho, o peronismo estabeleceu limites à exploração dos trabalhadores e criou novos motivos de luta. A resistência dos trabalhadores, no entanto, não se traduziu numa ideologia revolucionária classista sem ambiguidades. A ideologia da classe trabalhadora argentina continha fortes elementos que promoviam integração e cooptação. James não vê os trabalhadores argentinos como vítimas passivas e inexperientes da manipulação de Perón, tampouco como indivíduos pragmáticos seduzidos por benefícios materiais, mas como atores conscientes para quem a mensagem peronista de dignidade pessoal, cidadania e justiça social tinha um grande apelo – principalmente tendo em vista a falta de outras alternativas mais viáveis, fato esse que Daniel James não enfatiza suficientemente. James vê o peronismo não apenas como criação de um líder carismático, mas como obra dos trabalhadores, que continuaram a criar e recriar seu conteúdo até um ponto em que o próprio Perón teve dificuldades em se reconhecer no peronismo que os peronistas tinham criado. Assim, se a classe operária argentina foi redefinida por Perón, suas próprias políticas foram redefinidas pela classe operária. Jeffrey Gould,[18] estudando o somozismo, e John French,[19] estudando o populismo no Brasil, chegaram a conclusões semelhantes.

Até aqui falei apenas de algumas tendências da nova historiografia do trabalho. O que não quer dizer, evidentemente, que todas essas tendências aparecem na obra de cada um dos historiadores que escreveram sobre o movimento operário na América Latina. Das várias tendências a mais difundida é a preocupação desses historiadores com a "experiência" dos trabalhadores. Esse conceito, no entanto, é difícil de se definir. Quais seriam os

---

18 Gould, For an Organized Nicaragua: Somoza and the Labor Movement, 1944-1948, *Journal of Latin American Studies*.

19 French, Workers and the Rise of Adhemarista Populism in São Paulo, Brasil, 1945-1947, *The Hispanic American Historical Review*, v.68.

componentes relevantes da experiência? O local de trabalho, a região de moradia, o sindicato, as lutas operárias, as relações entre os trabalhadores e outras classes sociais, os partidos políticos, as ideologias, a cultura política, os discursos políticos, o mercado de trabalho, a composição da classe trabalhadora, o tamanho das indústrias, as relações entre o Estado e o trabalho, as formas de acumulação de capital, as crises econômicas locais, a recessão mundial, a presença do capital estrangeiro? Não existirá alguma forma de hierarquia entre essas várias experiências, sendo umas mais determinantes do que outras? Como se articulam? Em outras palavras, como se estrutura (constitui) a própria experiência? Se os trabalhadores têm muitas identidades, religião, etnia, partido político, classe, de que maneira a identidade de classe vem a prevalecer sobre outros tipos de identidade?

Poucos historiadores têm formulado essas questões. Florência Mallon[20] foi um deles. A seu ver, a formação da consciência de classe depende de vários fatores: a forma de investimento do capital, as relações de trabalho e as condições da força de trabalho, a cultura que os trabalhadores trazem consigo e finalmente o curso seguido pelas lutas no local de trabalho. Mallon conclui que, embora de certa forma cada classe trabalhadora construa uma consciência histórica e cultural única, isto não nos impede de fazer generalizações que se aplicam a um grande número de casos. No entanto, quando analisamos o trabalho da maioria dos historiadores revisionistas, descobrimos que de fato cada um escolhe seu próprio conjunto de variáveis, cada um tem uma forma diversa de selecionar o que lhes parece significativo para caracterizar a experiência dos trabalhadores.

Apesar da imprecisão metodológica inerente ao conceito de experiência, a nova história dos trabalhadores contribuiu para reformular nossa percepção da história da classe operária na América Latina. A nova historiografia identificou novas fontes e fez amplo uso do testemunho oral. Demonstrou a extraordinária variedade e heterogeneidade da experiência da classe operária, ao mesmo tempo em que contestou as imagens vigentes na

---

20 Mallon, op. cit.

A DIALÉTICA INVERTIDA E OUTROS ENSAIOS   167

historiografia tradicional. Reavaliou, por exemplo, as relações entre população rural e urbana, argumentando que não é válida a caracterização da população rural como massa passiva e que, ao contrário do que se afirmava na historiografia tradicional, as populações rurais que se deslocaram para as cidades não foram meras vítimas da manipulação de líderes populistas carismáticos, mas agentes históricos conscientes e autônomos capazes de decisões racionais. A nova historiografia também apresenta uma nova imagem das relações entre lideranças sindicais e bases, mostrando que estas não são simplesmente massa de manobra. Roxborough,[21] estudando os sindicatos no México, argumenta que quanto mais democrática é sua organização, tanto mais militantes são os operários, enquanto Daniel James,[22] estudando os trabalhadores em Buenos Aires, chegou à conclusão de que foi a passividade dos trabalhadores que num certo momento levou à burocratização dos sindicatos.

A nova historiografia questionou a ideia de que os trabalhadores empregados nas indústrias oligopólicas de capital intensivo e de propriedade estrangeira constituem uma aristocracia do trabalho,[23] e levantou dúvidas sobre a noção de hegemonia, mostrando, por exemplo, que os operários se apropriam dos símbolos e discursos das classes dominantes conferindo-lhes significados novos.[24] Ao mesmo tempo, os historiadores revisionistas chamaram a atenção para a importância de conflitos de geração no interior do movimento operário e aprofundaram nossa compreensão dos mecanismos pelos quais os trabalhadores constroem de forma seletiva um passado significativo a partir

---

21 Roxborough, op. cit.
22 James, op. cit.
23 Humphrey, *Capitalism Control and Worker's Struggle in the Brazilian Auto--Industry*; e Keck, *From Movement to Politics. The Formation of the Workers Party in Brasil*. Para uma crítica dessa posição, ver: Almeida, O Sindicato no Brasil. Novos problemas, velhas estruturas, *Debate e Crítica*, 6, p.49--74; Idem, Tendências recentes da negociação coletiva no Brasil, *Dados*, 24, p.161-90; Sorj e Almeida (orgs.). *Sociedade e Política no Brasil pós 1964*.
24 Gould, op. cit.

do presente, inventando uma tradição, para usar uma expressão utilizada por Eric Hobsbawm.[25]

Na nova historiografia os trabalhadores aparecem como sujeitos da História em vez de simples objetos, tão importantes para a compreensão da História quanto as elites, cujos limites eles definem. Essa revisão que amplia de forma significativa o nosso conhecimento é devida em grande parte a historiadores que abandonaram as análises "estruturalistas" tradicionais. Mas os estudos mais bem-sucedidos são exatamente aqueles em que o autor conseguiu estabelecer uma ponte entre esses dois tipos de abordagens que outros consideraram irreconciliáveis. Um bom exemplo é o estudo de Peter Winn. O autor parte do estudo da fábrica, mas não se detém aí; sua análise abarca a história do Chile entre 1930 e 1985, extraindo dela o que é relevante para entender os trabalhadores e suas lutas. Se tivesse permanecido dentro dos limites da fábrica e dos bairros operários e se limitasse a escrever a história dos oprimidos, se se tivesse preocupado apenas com a subjetividade e as percepções dos trabalhadores, não teria sido tão bem-sucedido. É porque Peter Winn tem acompanhado os debates sobre as teorias de modernização e da dependência e pós-dependência, porque se manteve a par das discussões sobre a formação do Estado na América Latina e não ignora o debate marxista contemporâneo que pode conferir um significado amplo à história dos trabalhadores da fábrica Yarur. E é por isso que o leitor acaba por descobrir não apenas diferenças, mas semelhanças importantes entre a experiência dos trabalhadores da fábrica Yarur e a dos trabalhadores de outros lugares da América Latina.

Winn mostra como os trabalhadores foram protagonistas centrais no drama histórico que culminou na derrocada de Allende. Descreve como nas lutas em prol dos seus interesses os trabalhadores acabaram por expor os limites da agenda política da Unidade Popular e revelaram tensões entre os trabalhadores

---

25 Hobsbawm e Ranger. *The Invention of Tradition*. Ver também: Sigaud, The Idealization of the Past in a Plantation area: The Northeast of Brazil". In: Nash e Corradi, (orgs.). *Ideology and Social Change in Latin America*, p.167-77; Roseberry, op. cit.; e Gould, op. cit.

A DIALÉTICA INVERTIDA E OUTROS ENSAIOS   169

e as lideranças políticas, resultantes de diferentes concepções do processo revolucionário. Peter Winn critica a historiografia tradicional por que esta parece acreditar que os atores políticos nacionais foram os protagonistas mais importantes dessa história, ignorando a relativa autonomia da classe trabalhadora. Assim como Daniel James, Peter de Shazo e outros,[26] Winn afirma que seu propósito é ver a História através dos olhos dos trabalhadores. Mas o que faz com que seu livro seja um sucesso é que ele tem consciência de que a luta dos operários da fábrica Yarur não se dá num vazio e que a experiência deles não pode ser entendida simplesmente em termos da sua própria subjetividade e testemunho, não pode ser apreendida de forma isolada da história do capital e das lutas entre capital e trabalho. Os testemunhos dos trabalhadores não teriam significado não fosse Winn capaz de ir além dos muros da fábrica e dos limites dos bairros operários para incorporar em sua análise o processo de industrialização chileno, as organizações operárias nacionais, os partidos políticos, a política nacional, os discursos.

É porque Winn estava a par do debate sobre industrialização na América Latina que pôde fazer perguntas relevantes aos trabalhadores e conseguiu comunicar de forma tão convincente a sua história, acompanhando-os através de etapas de desenvolvimento econômico que vão desde o período de substituição de importações até a era das multinacionais, desde os tipos paternalistas de direção empresarial ao taylorismo. Ele próprio reconhece que sem esses pontos de referência seria impossível entender as lutas dos trabalhadores da fábrica Yarur.

Entre os novos historiadores da classe operária, é comum se exaltar o espontaneísmo dos trabalhadores e a importância das bases operárias e minimizar a importância das lideranças sindicais e dos partidos de esquerda – uma tendência saudável para corrigir o excesso contrário, mas que a longo prazo pode ter consequências desastrosas, levando os historiados (e militantes) a negligenciar fatores importantes na história do movimento operário. Ao descrever a luta dos trabalhadores, Winn demonstra de

---

26 James, op. cit.; Shazo, *Urban Workers and Labor Unions in Chile 1902-1927*.

maneira irrefutável o papel importante das lideranças operárias e até mesmo dos "burocratas" sindicais, de quem os trabalhadores inexperientes receberam não só assistência jurídica como instruções sobre como se organizar e ganhar suas batalhas. Há também no livro de Winn numerosas evidências que documentam o papel importante desempenhado pelos partidos de esquerda que defenderam os interesses dos trabalhadores no Congresso e ajudaram a criar as condições institucionais necessárias à mobilização popular tanto na cidade quanto no campo, sem falar na importância dos setores de esquerda na formação de uma ideologia que contribuiu para o desenvolvimento da consciência operária.[27]

De fato, muitos operários que se destacaram como líderes sindicais em Yarur revelaram que suas "experiências" tinham sido filtradas através de noções que tinham recebido de socialistas ou comunistas. Os documentos deixam bem claro que as lutas dos trabalhadores dependeram também das alianças estabelecidas pelos partidos políticos de esquerda com outros partidos, e não é por acaso que a maioria das greves importantes que tiveram lugar em Yarur ocorreram quando coalizões de frentes populares, incluindo vários partidos de esquerda, estiveram no poder. Finalmente, para se compreender a ocupação da fábrica pelos trabalhadores, é tão necessário conhecer a política nacional como saber da experiência dos trabalhadores no local de trabalho ou nos bairros operários onde se forjaram laços de solidariedade essenciais para a ação coletiva.

Quando comparamos a experiência dos trabalhadores chilenos descrita por Winn com a dos trabalhadores em outros países da América Latina durante o mesmo período, notamos

---

27 Ver também o ensaio de Ian Roxborough e Leslie Bethell que será publicado proximamente no *Journal of Latin American Studies*, no qual os autores examinam o impacto da Guerra Fria sobre os trabalhadores latino-americanos. A importância dos comunistas na organização dos trabalhadores tanto no Chile como em outros países é confirmada por Bergquist, *Labor in Latin America: Comparative Essays on Chile, Argentina, Venezuela, and Colômbia*; Raga, op. cit.; Tamarin, *The Argentine Labor Movement: 1930-1945. A Study of the Origins of Peronism*; French, op. cit., e muitos outros.

A DIALÉTICA INVERTIDA E OUTROS ENSAIOS   171

não somente diferenças como semelhanças surpreendentes. A crise do setor exportador e o impacto da recessão dos anos 1930; o importante papel do Estado no processo de industrialização e acumulação de capital através de concessões aos empresários de tarifas preferenciais, isenções tributárias, taxas de câmbio especiais etc.; a dependência dos empresários em relação ao capital e à tecnologia estrangeira, a transição de formas paternalistas de administração para o taylorismo, o impacto negativo do taylorismo sobre a força de trabalho, a intensificação da luta de classes e a tentativa do Estado de institucionalizar o conflito através da implementação de uma legislação trabalhista corporativista, em torno da qual novas formas de luta operária se organizaram; os problemas criados para o desenvolvimento industrial pelos limites estreitos do mercado interno, a constante necessidade das indústrias introduzirem melhoramentos técnicos e recorrerem a empréstimos; o endividamento crescente do país, a inflação e seu impacto negativo sobre os trabalhadores, a formação de conglomerados agrupando um grande número de empresas industriais e financeiras, as políticas antissindicais dos empresários e seu acesso fácil à imprensa e ao governo, suas práticas brutais de controlar as lideranças operárias, suas tentativas de subornar os líderes operários, o renovado sacrifício dos militantes, o conflito de gerações dentro do movimento operário, a dependência dos trabalhadores em relação ao Estado, o papel mediador desempenhado pelos partidos políticos, as ambiguidades e os limites das políticas trabalhistas da Frente Popular; a importância da política eleitoral na formação de alianças entre trabalhadores e políticos, o papel ambíguo das classes médias, às vezes aliadas aos trabalhadores, às vezes aos seus opressores; as tentativas frustradas de sucessivos governos na década de 1960 de resolver o impasse econômico; a crescente radicalização e mobilização popular e finalmente o golpe militar, a repressão dos trabalhadores, que num curto período de tempo viram seus salários drasticamente reduzidos e perderam muitos dos privilégios e garantias legais conquistados no passado, tudo isso encontra paralelismos espantosos em outras regiões da América Latina.

Por trás dessas semelhanças é possível reconhecer as mudanças no mundo capitalista e na divisão internacional do trabalho, as formas de desenvolvimento capitalista na América Latina desde os anos 1930, o processo de formação de classe, as alianças e os conflitos de classe, o papel do Estado na acumulação capitalista e como mediador entre capital e trabalho. Isto não quer dizer, no entanto, que todos os países seguem o mesmo caminho, ou que o desenvolvimento econômico *determina* a natureza do Estado, ou que a formação de classe é a mesma em toda parte, ou que a proletarização e a consciência de classe são processos automáticos. Não há dúvida, no entanto, que a experiência dos trabalhadores é inseparável dos processos descritos anteriormente. A tarefa do historiador é precisamente definir esses processos e suas várias formas de articulação.

Entre os livros publicados recentemente, nenhum foi tão convincente na sua caracterização das semelhanças e diferenças quanto a coleção de ensaios sobre a indústria automobilística na Argentina, Brasil, México e Colômbia, editada por Rich Kronish e Kenneth S. Mericle.[28] Os ensaios iluminam as formas de articulação entre economia nacional e internacional e o papel do Estado no processo de acumulação capitalista e no controle da força de trabalho. O propósito original desses ensaios foi estudar as indústrias automobilísticas como exemplos de industrialização dependente, mas os autores chegaram à conclusão de que as condições internas – as formas através das quais os diferentes governos trataram de controlar o capital estrangeiro e a natureza do movimento operário – foram ainda mais decisivas do que os condicionamentos externos. Os ensaios demonstraram que a mobilização da classe operária impôs limites às negociações entre os países hospedeiros e as multinacionais, chegando mesmo ao ponto de pôr em risco o crescimento industrial como sucedeu na Argentina. Nos países nos quais a força de trabalho não tinha uma tradição de mobilização comparável à da Argentina, e portanto eram mais vulneráveis a manipulações governamentais, as indústrias tinham mais condições de serem bem-sucedidas. Tal foi o caso do México, por exemplo. Controle de salários,

---

28 Kronish e Mericle, *The Political Economy of the Latin American Motor Vehicle Industry.*

A DIALÉTICA INVERTIDA E OUTROS ENSAIOS 173

repressão de greves e de militantes, emprego crescente de trabalhadores temporários, mais suscetíveis a pressões etc., tornaram as indústrias mexicanas, pelo menos temporariamente, mais competitivas.

Apesar dessas diferenças, no entanto, notam-se aqui também importantes semelhanças. Por toda parte, depois de ter tentado desenvolver as indústrias nacionais, os governos foram obrigados a recorrer ao capital estrangeiro. Competindo uns com os outros para atrair o capital estrangeiro, cada governo procurou oferecer as melhores condições possíveis exercendo um controle rígido sobre a força de trabalho, tentando incrementar a produtividade da mão de obra e diminuir os seus custos. Na tentativa de superar as limitações do mercado interno, os vários governos adotaram políticas que resultaram na concentração de riquezas no setor mais alto. Em pouco tempo as indústrias chegaram de novo a um beco sem saída. As vendas caíram, os lucros diminuíram. Sua contínua dependência em relação à tecnologia internacional e aos empréstimos estrangeiros e sua dificuldade em incrementar a produção fizeram que os custos unitários fossem mais altos na América Latina do que nos países mais desenvolvidos e contribuíram para agravar o desequilíbrio da balança de pagamentos, acarretando ondas inflacionárias e o crescimento da dívida externa. Esses problemas tornaram-se particularmente sérios com a crescente internacionalização da economia. Nestas circunstâncias, não é de se estranhar que a crescente produtividade das indústrias automobilísticas não fosse acompanhada por um aumento proporcional de salários.

A leitura desses ensaios publicados por Kronish e Mericle demonstra que, apesar das diferenças significativas entre as indústrias automobilísticas nos vários países, existem padrões comuns importantes. Sem a identificação desses padrões, que evidentemente não são estáticos e estão constantemente em fluxo em função das lutas políticas, é difícil, senão impossível, conferir significado à experiência da classe trabalhadora. Sem essa visão mais ampla, a nova história do trabalho, em vez de representar um salto para a frente, pode facilmente se transformar numa história da vida cotidiana, um gênero muito em moda na década de 1950, com conotações profundamente conservadoras.

Não é minha intenção exumar velhos modelos nem construir novos, mas apenas propor uma síntese entre duas tendências que até aqui se definem como antagônicas. A nova história do trabalho é profundamente revisionista, mas num aspecto muito importante continua bastante tradicional. Considerando seu interesse em recuperar a experiência dos trabalhadores, é surpreendente que a maioria dos acadêmicos que se encontram na vanguarda da nova história do trabalho continue ignorando os problemas étnicos. Isso é particularmente surpreendente quando lembramos que uma boa parte da força de trabalho na América Latina é composta por indígenas, mestiços e negros. Mais espantoso ainda é que a maioria dos autores revisionistas tenha passado ao largo do importante debate sobre a mulher na força de trabalho e o papel da mulher no desenvolvimento capitalista.

Essa tendência talvez se explique em parte pelo fato de que existem presentemente duas correntes historiográficas que parecem correr paralelamente. Uma que aparece sob o rótulo de história do trabalho e/ou história da classe operária, e outra que aparece sob o rótulo de história das mulheres. Ambas parecem se ignorar mutuamente. Curiosamente, enquanto a história do trabalho se afasta de enfoques "estruturalistas" em busca da "experiência" dos trabalhadores, a história das mulheres na força de trabalho corre em direção contrária, oferecendo algumas das mais sofisticadas análises estruturalistas, como por exemplo, nos estudos de June Nash e Carmen Diana Deer.

Apesar da sofisticação metodológica de muitos pesquisadores e pesquisadoras, e do grande número de ensaios e livros que se publicam, e conferências que se promovem todos os anos, a maioria dos historiadores do trabalho industrial na América Latina continua ignorando o importante papel desempenhado pelas mulheres. Os pesquisadores dedicam pouco tempo a entrevistar mulheres trabalhadoras e raras vezes descrevem as percepções que elas têm do processo histórico.[29] O que é mais sério ainda é que

---

29 Ver, por exemplo, Nash e Safa (orgs.), *Women and Change in Latin America*; Nash e Fernandez-Kelly (orgs.), *Women, Men and the International Division of Labor*; Beneria e Roldan, *The Crossroads of Class and Gender: Industrial Homework, Subcontracting and Household Dynamics in Mexico*

A DIALÉTICA INVERTIDA E OUTROS ENSAIOS   175

os historiadores antes analisados parecem ignorar a especificidade desse tipo de experiência.[30] Quando se referem à mulher na força de trabalho, limitam-se a oferecer breves comentários sobre sua passividade sem procurar sequer explicá-la. Referem-se à maneira pela qual o comportamento da mulher afeta negativamente o sindicato, mas não se perguntam como o comportamento do sindicato afeta as mulheres. Quando muito atribuem a dificuldade de organizar as mulheres a "disposições naturais", ou ao caráter intermitente da presença da mulher no mercado de trabalho. Não lhes passa pela cabeça que, ao ignorar os problemas específicos da mulher e ao mantê-la excluída das posições de liderança, dos sindicatos e partidos políticos, possam ter alienado a mulher e contribuído para a sua tão decantada passividade. Mesmo quando escrevem sobre o peronismo, os novos historiadores do trabalho raramente discutem o que peronismo significou para as mulheres trabalhadoras e contentam-se em frisar a importância de Eva Perón no movimento peronista.[31] É evidente que minhas observações não se aplicam às autoras feministas, mas estas, como já foi observado, têm-se dedicado mais ao estudo das mulheres na força do trabalho, ou seu papel no desenvolvimento econômico, do que ao estudo dos trabalhadores em geral.

Como é possível a esta altura que os historiadores continuem a ignorar o papel da mulher na força de trabalho industrial? Será realmente possível entender a experiência dos trabalhadores sem examinar as relações entre homem e mulher e o papel da mulher na produção e reprodução? Acredito que não. Nenhuma história

---

City; Navarro, *Evita's Charismatic Leadership*. In: Conniff (ed.), *Latin American Populism in Comparative Perspective*; e Idem, Hidden, Silent and Anonymous: Women Workers in Argentina Trade Union Movement. In: Soldon (ed.), *The World of Women's Trade Unionism: Comparative Historical Essays*. Para uma avaliação geral da bibliografia sobre a mulher na América Latina, ver: Lavrin, Recent Studies on Women in Latin America, *LARR*, p.181-9; e Stoner, Direction in Latin American Women's History: 1977-1984, *LARR*, 22, p.101-95.

30 Em artigo publicado em 1982, chamei a atenção para essa lacuna na historiografia brasileira. A Nova Face do Movimento Operário na Primeira República, *Revista Brasileira de História*, v.2, n.4, p.217-32.

31 Navarro, op. cit.; e Fraser e Navarro, *Eva Peron*.

das classes trabalhadoras digna de respeito pode ser escrita hoje sem incorporar a mulher, não apenas aquelas que trabalham no setor industrial, mas também as esposas e outros membros da família que trabalham em empregos temporários no setor informal. Não se trata simplesmente de agregar informações sobre a mulher às abordagens tradicionais. É preciso encarar a história do trabalho e da classe trabalhadora dentro de uma nova perspectiva. Historiadores interessados na história da Europa e dos Estados Unidos tomaram a dianteira, e os que na América Latina têm estudado o trabalho no campo já o fazem há muito tempo. É preciso agora que os que estudam o trabalho industrial e a história das classes trabalhadoras sigam esses exemplos e reconheçam que a história do trabalho só pode ser adequadamente avaliada quando se introduz em cena os trabalhadores na sua totalidade.

ALGUNS ASPECTOS DA INFLUÊNCIA FRANCESA EM SÃO PAULO NA SEGUNDA METADE DO SÉCULO XIX[1]

Na história da cultura brasileira há um momento em que ela passa direta e nitidamente a sofrer influência da cultura francesa. Essa época é o século XIX. Durante anos e anos, inúmeros traços foram acrescentados à vida brasileira graças aos contatos com homens, costumes, ideias e coisas de procedência francesa. Os velhos jornais, o relato de viajantes que percorreram o país nesse período e as memórias da época oferecem excelente documentação que atesta a importância dessa influência, consignando, por vezes, choques com outras, sobretudo a inglesa.[2] Esta, reflexo do predomínio econômico da Inglaterra, manifestou-se na vida cotidiana, imprimiu traços na paisagem urbana, refletiu-se no campo político e ideológico. Ela teve o seu historiador – Gilberto Freyre. Em sua obra *Ingleses no Brasil*,[3] ele procurou fazer um inventário

---

1 Este artigo foi publicado originalmente na *Revista de História*, n.16, de 1953, tendo sido revisto para a presente publicação.

2 Caio Prado Jr. (*Formação do Brasil Contemporâneo: Colônia*, p.376), citando Martius, registra o choque entre a influência inglesa e a francesa dizendo: "... Martius observará o que ainda hoje, à primeira vista, nos parece um paradoxo: apesar do completo domínio comercial exercido pela Inglaterra, e do número muito maior de ingleses aqui domiciliados, a cultura francesa não sofreu concorrência".

3 Freyre, *Ingleses no Brasil*, p.17.

178 EMÍLIA VIOTTI DA COSTA

do muito que assimilamos dos ingleses, desde o uso do chá, da cerveja, até o bife com batatas, a residência em subúrbio, o júri e o *habeas corpus*. Não foi menos importante a ação da França. Embora não tivesse o desenvolvimento da Inglaterra, cujo progresso econômico não podia acompanhar, foi sempre uma rival no Brasil a disputar-lhe a clientela comercial e o domínio dos espíritos.[4] Sua contribuição para a cultura brasileira foi enorme e está a pedir um estudo semelhante ao que fez o autor de *Casa Grande e Senzala* sobre a influência britânica: um estudo que analise a maneira pela qual se processou esse fenômeno e os seus resultados. Pensando nisso, procuramos fazer algumas observações que sirvam como uma pequena contribuição para um estudo que algum dia se faça no sentido de preencher essa lacuna.[5]

A influência francesa esteve presente no Brasil durante todo o século XIX, acentuando-se sua importância com o passar dos anos. O resultado foi surgirem já no fim do século homens como Santos Dumont e Antônio Prado, para citar apenas dois dos mais significativos nomes da época, verdadeiros representantes do espírito francês, vivendo em ambiente brasileiro. Não constituíram eles exceção dentro de seu tempo, como se poderia imaginar, mas representaram toda uma geração de classe média e alta que se formou segundo os moldes franceses.

Na história da influência francesa no Brasil, é, sem dúvida, o século XIX o mais importante pelos seus resultados. "Vivera a colônia nos três primeiros séculos relativamente segregada da Europa não ibérica, principalmente nas regiões de maior especialização econômica e intensa endogamia",[6] onde se definira uma "paisagem social com muito de asiático, de mourisca"

---

4 Ibid., p.20.
5 Algo já foi feito nesse sentido em *Um engenheiro francês no Brasil* (Freyre, 1940). Neste trabalho, entretanto, o autor não analisa, "como fez no estudo sobre a influência britânica", os resultados da influência francesa no Brasil.
6 Freyre, *Sobrados e mucambos*, p.257.

A DIALÉTICA INVERTIDA E OUTROS ENSAIOS 179

e por vezes de africano.[7] Dessa forma, a colônia portuguesa na América se revestira de aspectos tão exóticos "do ponto de vista europeu"[8] que o século XIX, promovendo o contato direto do Brasil com a Inglaterra e com a França, depois da vinda da corte portuguesa, teve para ela o caráter de uma europeização num sentido diverso do português.[9]

O contato maior da colônia, e mais tarde do Império, com as ideias e costumes desses países estrangeiros muito modificou o panorama da antiga sociedade colonial, impondo-lhe novos hábitos, criando-lhe novas necessidades.

Até então, as influências francesas ou inglesas chegavam ao Brasil, fraca e indiretamente, através de Portugal, com raras exceções em um ou outro ponto do Brasil onde houve intercâmbio direto com ingleses e franceses. Esses primeiros contatos reportam-se aos primórdios da colonização. Inicialmente aqui aportaram os contrabandistas de madeira, na maioria de Honfleur e de Dieppe.[10] Depois desses, alguns aventureiros franceses, como Villegaignon e La Ravardière, procuraram estabelecer uma colônia da França no Brasil. Viajantes, cientistas, missionários franceses, como Lery, Thevet, Claude d'Abeville, piratas como Dugay Trouin, também aqui estiveram, antes do século XIX e favoreceram, cada um por sua vez, o intercâmbio com as coisas francesas. Entretanto, pela pouca duração e instabilidade desses contatos, pelo seu caráter esporádico, sua contribuição foi pequena, não deixando marcas muito evidentes na cultura brasileira, limitando-se sua atividade a áreas muito restritas do nosso território. Os portos do Brasil permaneceram durante o

---

7 Ibid., p.258.
8 Ibid., p.259.
9 Ibid., p.271.
10 Gilberto Freyre, em *Um engenheiro francês no Brasil* (p.22), refere-se a esses primeiros contatos dizendo: "Os produtos das primeiras atividades francesas no Brasil foram as madeiras de contrabando. Dos subprodutos interessam particularmente ao estudioso da formação social do Brasil nos seus pontos de contato com a França, aqueles mestiços arruivados e aquela provável difusão de miudezas de arte ou de objetos de fabrico francês que teriam marcado o início da influência da grande nação europeia sobre o nosso país. Influência de sangue e influência de cultura".

período colonial fechados às nações estrangeiras, ao comércio e à imigração. Sabe-se, no entanto, pelo depoimento dos viajantes e por denúncias do Santo Ofício, que alguns franceses, embora em pequeno número, conseguiram viver no Brasil antes do século XIX. Foram eles agentes divulgadores da técnica e da cultura francesa no meio em que se estabeleceram. Apesar da proibição da entrada de livros franceses durante quase toda a época colonial,[11] alguns espíritos mais esclarecidos, desde os fins do século XVIII, inspiravam-se diretamente nas obras francesas. Por outro lado, já nesse tempo algumas famílias brasileiras costumavam mandar seus filhos estudar em faculdades francesas, de preferência em Montpellier.[12] Começavam, pois, a intensificar-se no fim do século XVIII os contatos com a cultura francesa. Apareciam seus primeiros frutos em algumas regiões do Brasil. Num inquérito feito por Eduardo Frieiro (1945) na biblioteca do cônego Luís Vieira da Silva, um dos espíritos mais instruídos dentre os conjurados da Inconfidência Mineira, registrou-se uma grande quantidade de livros franceses. Eram os primeiros sinais evidentes dessa influência entre nós, prenunciadores da grande importância que ela teria cinquenta a cem anos mais tarde.

Referindo-se aos últimos quartéis do século XVIII, diz o mesmo autor: "Tudo vinha da França, ou por via francesa. A hora da América era nos dada pelo meridiano de Paris".[13] Essa influência ficava, entretanto, restrita a um núcleo muito pequeno, a um grupo de pessoas excepcionais para sua época. Limitava-se também essencialmente ao campo das ideias. A vida cotidiana mantinha seu aspecto tradicional, ainda não fora abalada pela importação de objetos e costumes franceses. Era esse o quadro até 1808 quando, com a vinda de D. João VI para o Brasil, o papel da influência francesa, até então pouco

---

11 Freyre, *Um engenheiro francês no Brasil*, p.33; Frieiro, *O diabo na livraria do cônego*, p.18.

12 Já era grande no fim do século XVIII o número de brasileiros que iam estudar na França. Caio Prado Jr., em *Formação do Brasil Contemporâneo* (p.363), referindo-se ao último quartel do século XVIII, assinala a presença de muitos brasileiros em Montpellier.

13 Frieiro, op. cit., p.58.

A DIALÉTICA INVERTIDA E OUTROS ENSAIOS 181

significativo, mudará completamente. A corte portuguesa trazia consigo hábitos de luxo europeu[14] e, para satisfazer esses costumes que se tornaram necessidades, vieram com ela cabeleireiros e modistas franceses e comerciantes ingleses. Finalmente, com a abertura dos portos, homens e coisas, de origem estrangeira, puderam penetrar livremente. Logo de início predominaram as influências britânicas. Era natural! A Inglaterra ajudara o príncipe regente e a corte a escapulir para o Brasil, e a França, na figura de Napoleão, tornara-se sua inimiga. Como recompensa pela sua proteção aquela obteve o tratado de 1810, pelo qual os produtos ingleses passaram a pagar 15% de tarifa, enquanto os de Portugal pagavam 16% e os dos demais países, 25%!

Com esse incrível tratado que os privilégios da situação política lhe haviam assegurado, firmou-se a preponderância comercial da Inglaterra no Brasil e paralelamente o predomínio da influência inglesa em quase todos os setores.[15] A influência francesa foi momentaneamente eclipsada e a Inglaterra "deu a nota" de 1808 a 1815. Só após 1816 voltaria a França a fazer-lhe concorrência, a desafiar-lhe o prestígio!

A situação política mudara. Napoleão, o inimigo de D. João VI, havia sido derrubado, os Bourbons recolocados no trono. As resoluções do Congresso de Viena, contribuindo para o apaziguamento gradual dos ânimos e a dissipação das prevenções, propiciaram à influência francesa total acolhimento no Brasil.[16] Nos conselhos da coroa, à política anglófila de Linhares sucederam as tendências francófilas do Conde da Barca. Estreitaram-se as relações entre os dois países. D. João VI, ao enviar um emissário seu saudar Luís XVIII, oficializa a cordialidade entre o Brasil e a França, consolidando definitivamente o predomínio da sua influência. O príncipe concretiza seu interesse em estreitar esses laços, convidando para vir ao Brasil ilustres membros do pensa-

---

14 Debret, *Viagem pitoresca e histórica do Brasil*, p.139.

15 Pinho, *Salões e damas do 2º Reinado*, p.17.

16 Pedro Calmon, em *História Social do Brasil* (p.291), observa: "A política de influência de D. João VI graças aos seus entendimentos com a Áustria e com a França orienta para as coisas francesas o interesse e a curiosidade do Brasil".

mento francês: Lebreton, Debret, Montigny, Taunay, Ferrez, que constituíram a famosa missão artística de 1816.[17]

Varridos os empecilhos até então existentes, homens, livros, ideias e coisas de procedência francesa penetram em larga escala nos meios brasileiros. Obras francesas inundam as livrarias. A língua é amplamente divulgada entre nós. Multiplicam-se as viagens de turismo. Comerciantes de todos os ramos, artesãos de todas as profissões, técnicos, professores, colégios de religiosos franceses aqui fundados, sábios e viajantes, refugiados políticos, que aqui aportaram em virtude das sucessivas agitações revolucionárias na França, entram a influir poderosamente "com sua técnica, com seu gosto", com os artigos que importam ou confeccionam, com sua maneira de viver e de pensar, enfim, sobre a vida, os costumes e as ideias da sociedade brasileira.[18] Daí por diante a mentalidade das elites afinou-se pelas cordas francesas, e essa influência, durante algum tempo obscurecida pela inglesa, passou a dominar quase soberana. "Linhares quisera ser um Pitt, ou um Canning, Pedro I sonhou ser um Bonaparte. A Lecor, discípulo de Wellington nas fileiras do Brasil, vai suceder Labatut, discípulo de Massena. Ao economismo inglês de 1808, o regime unitário monárquico de 1824 copiado da doutrina de Benjamin Constant. Depois de 1816, o povo continuou a comprar em Londres mas a imitar Paris."[19]

Essa influência não se manifestou nem com igual intensidade, nem simultaneamente em todo o Brasil. Sua ação foi maior em algumas regiões como Rio de Janeiro, Pernambuco, Bahia, São Paulo, onde os vários agentes colaboraram nesse sentido. No Rio de Janeiro, em Pernambuco e na Bahia essa influência já estava amadurecida e manifestava-se em toda sua plenitude desde a primeira metade do século XIX. Nessa mesma época, em São Paulo, ela apenas se esboçava e só alcançaria igual importância cinquenta anos mais tarde.

Em Pernambuco a divulgação dos costumes franceses era tal que um jornal de 1842 publicava os seguintes versos:

---

17 Barbosa, *Les Français dans l'histoire du Brésil*, p.218.
18 Souza, *Evaristo da Veiga*, p.50.
19 Calmon, *História Social do Brasil*, p.292.

A DIALÉTICA INVERTIDA E OUTROS ENSAIOS

Quão diverso vai o mundo
Meu amigo do que era
Até cá por estes matos
Outra lei p'ra tudo impera
Pasmo de ver os matutos
Como andam gadelhudos
Já vestidos à francesa
Petrimetres e barbudos
Já largarão os cachimbos
Trazem caixas de charutos
Até já cortam o fracês
Os nossos guapos matutos.[20]

Nessa mesma época, *O Carapuceiro*, outro jornal de Pernambuco, dizia: "Tudo se quer à francesa".[21]

Era o mesmo no Rio de Janeiro, onde, na corte de Pedro I, principalmente depois do seu casamento em 1829 com a princesa Amélia de Leutchemberg, filha do príncipe de Beauharnais, era bom-tom falar-se unicamente em francês, ataviar-se ao gosto francês, discutir-se ideias francesas,[22] enquanto o empertigado regimento de granadeiros e infantes alsacianos e suíços que compunham a guarda de D. Pedro I distribuía-se aqui e ali, comandado por oficiais franceses, ostentando o uniforme e o aspecto marcial dos exércitos napoleônicos dos quais haviam feito parte.[23] No Rio de Janeiro o povo extasiava-se diante das vitrinas das casas de comércio francesas, na rua do Ouvidor, tantas vezes comparada pelos viajantes à rua Vivienne em Paris.[24] Enquanto isso, em São Paulo, apenas um ou outro francês pio-

---

20 Freyre, *Um engenheiro francês no Brasil*, p.38.

21 Ibid.

22 Debret, op. cit., p.153, 289.

23 Morais Filho, *Fatos e memórias*, p.249.

24 Já em 1822, Ferdinand Denis dizia: "*On trouve a Rio entre quantité de Français que tiennent des magasins assortis a peu près des mêmes articles, presqu'autant de marchands de modes que dans la rue Vivienne, des tailleurs, des menusiers, des boulangers et des ouvriers…*". Numerosos autores fizeram posteriormente igual comparação.

neiro estabelecia-se como hoteleiro ou dono de casa de joias, e esses mesmos podiam se contar nos dedos de uma das mãos.[25] Os cronistas que percorreram o Brasil nessa época espantam-se diante dessa diferença "chocante" entre São Paulo e as cidades do Rio de Janeiro ou Recife. A influência francesa na Pauliceia permanecia restrita ao âmbito, muito fechado, das salas da Faculdade de Direito, atuando quase exclusivamente no campo das ideias. Só foi adquirir importância em São Paulo na segunda metade do século XIX. Enquanto em outras regiões ela amadurecia, aqui se achava apenas no embrião. Com igual atraso em relação a outras partes do Brasil aqui chegou a influência britânica. "Acentuou-se já no fim do segundo Reinado e começo da República, quando principiou a declinar na maior parte do Brasil, principalmente naqueles pontos – Rio, Bahia e Pernambuco, onde chegara a ser nada menos que imperial."[26]

São Paulo parecia menos penetrável às influências estrangeiras. Como explicar o fenômeno? Várias foram as condições que contribuíram para que a influência francesa penetrasse antes no Rio de Janeiro e em Pernambuco e só posteriormente em São Paulo. Recife e Rio de Janeiro contavam com a vantagem de serem portos de mar de grande movimento e sempre em contato com vapores vindos da Europa. Possuíam uma população muito maior, cujo poder aquisitivo era nitidamente superior ao do paulista, e que se habituara a um nível de vida mais elevado. Recife vivia ainda na tradição da riqueza do açúcar e o Rio possuía o exemplo da vida de luxo da corte. Para esses pontos afluíram artistas, engenheiros, comerciantes, artesãos – franceses atraídos pelas grandes possibilidades que a vida nesses lugares se lhes oferecia. Nessa época ninguém se lembraria de vir para São Paulo, onde a população era pequena, de hábitos modestos e isolada pela deficiência dos meios de transportes que dificultava qualquer tipo de comércio! Era no Vale do Paraíba, nos solares das fazendas de café, que pontilhavam essa via natural onde se respirava um pouco da atmosfera francesa.

---

25 Debret, op. cit., p.289.
26 Freyre, *Ingleses no Brasil*, p.46.

A DIALÉTICA INVERTIDA E OUTROS ENSAIOS 185

Pode-se escolher como marco da definitiva penetração da influência francesa em São Paulo a fundação, em 1864, da *Casa Garraux*: livraria, tipografia, depósitos de vinhos, de guarda--chuvas, objetos de artes etc. e que durante muitos anos desempenhou papel de importante centro difusor da cultura francesa. A partir dessa data observa-se em São Paulo a mesma procura pelos livros franceses, a mesma afluência de comerciantes e técnicos franceses, que se assinalara no Rio, na Bahia ou em Pernambuco, já na primeira metade do século XIX. A sociedade paulista *afrancesava-se* como as suas irmãs e, embora um pouco tardiamente, identificava-se com elas. Daí para diante a influência francesa em São Paulo cresceu sempre em intensidade, atingindo seu clímax com o desenvolvimento da cultura cafeeira e a melhoria dos meios de transportes no fim do século, quando fortunas brilhantes levaram para a Europa famílias inteiras de fazendeiros, quando os filhos destes, frequentando as universidades da França, ao voltar traziam consigo a insatisfação e o desejo de transplantar para sua terra, suas fazendas, suas casas, um pouco do ambiente francês que tanto lhes agradara e ao qual se haviam acostumado.

Eduardo Prado, nítido expoente dessa geração, transporta para sua fazenda "Brejão", no município de Casa Branca, "as suas comodidades de Paris". "Brejão é uma proeza do espírito, do espírito paulista que traz a Europa para os cafezais."[27]

A riqueza proporcionada pelo café permitiu aos paulistas, mais do que nunca, entrarem em contato com a cultura francesa e assimilarem-na em grande parte. Se concretizássemos a evolução da influência francesa em São Paulo num gráfico, observaríamos que esta, no início quase nula, cresceria no decorrer do século.

O conhecimento de alguns dos principais agentes responsáveis pela difusão da cultura francesa entre nós ajuda a esclarecer, em parte, o processo pelo qual se difundiu a influência francesa em São Paulo.

O papel desempenhado pelo que se costumou chamar de agentes técnicos[28] foi considerável, muito maior do que é costume avaliar-se. A melhor fonte de informações para o estudo desses

---

27 Calmon, op. cit., p.188.
28 Freyre, *Um engenheiro francês no Brasil.*

186 EMÍLIA VIOTTI DA COSTA

agentes são os jornais da época. Seus anúncios nos permitem reconstituir um quadro bem próximo da realidade.[29] Registram eles a existência de um grande número de casas comerciais e de artesãos franceses em São Paulo, na segunda metade do século XIX. Estabelecimentos comerciais de propriedade ou pelo menos de nome franceses havia-os em todos os ramos de negócios. Predominaram, talvez, no setor da moda. A casa *Au Bon Diable*, *Le printemps*, *Louise Paris*, ou a casa de Augusto Corbisier, disputaram entre si a clientela, importando artigos diretamente de Paris.

Augusto Corbisier, em anúncio de 24 de novembro de 1878, no *Correio Paulistano*, participa aos fregueses, tanto da capital como do interior, que acabava de chegar um grande sortimento de roupas brancas, enxovais, vestidos, leques, grinaldas, véus, chapéus, flores, fazendas etc., "comprado pela sua senhora mesmo em Paris". *Au Bon Diable* anuncia que "acaba de receber de Paris um grande sortimento" de costumes.[30]

Também no ramo dos calçados dominam os comerciantes ou artigos franceses. A Bota Parisiense anuncia, em 13 de maio de 1878, no *Correio Paulistano*, que "acaba de receber pelo paquete francês *Ville Rio De Janeiro*, ultimamente chegado ao porto de Santos", um esplêndido e completo sortimento de calçados. A palavra "Paris" torna-se verdadeiramente prestigiosa.[31]

Se há um grande número de comerciantes franceses no setor das modas, sua importância não é menor em outros gêneros de atividade. Os brinquedos das crianças vêm da França. A *Paradis des enfants*, da viúva Genin e filhos, uma das grandes casas de brinquedos, em anúncio de 10 de novembro de 1878 notifica ao público paulista a chegada de variado sortimento de brinquedos, "tudo comprado e escolhido em Paris, por um dos sócios da casa ultimamente chegado".

O comércio dos livros está quase todo em mãos de franceses. É na livraria Larroque, na Casa Garraux, ou na Imperial

---

29 Muitos estudos têm sido feitos utilizando-se os jornais como documentos; entre estes destacam-se os de Otávio Tarquínio de Souza e os de Gilberto Freyre.

30 Anúncio no *Correio Paulistano*, de 29 de outubro de 1878.

31 Expilly, *Le Brésil tel qu'il est*, p.271.

litografia de Jules Martin, que se compram as obras-primas da literatura francesa. Mesmo no ramo da indústria aparecem eles (açambarcando o mercado), tal é o caso da *Distillerie Française*, fundada em 1868.[32] As únicas tinturarias existentes estão na mão de franceses.[33] É na mão de um deles, Henrique Levy, que está o monopólio da importação de artigos musicais. Franceses também são os que dominam o mercado de joias, como Pedro Chiquet ou Suplicy. Os anúncios que se sucedem demonstram de maneira a não deixar dúvidas a proeminência dos artigos franceses no comércio paulista.

As casas comerciais em São Paulo, na segunda metade do século XIX, distribuem-se aproximadamente em dois grupos: as francesas e as nacionais, na maior parte das vezes também importadoras de artigos caracteristicamente franceses, a que se veem obrigadas não só pela falta de produtos nacionais como para não sucumbir à concorrência. Um exemplo: "O *Cangirão Monstro*, que oferece ao público um variado e completo sortimento de louças, porcelanas, cristais, talheres, *cristophle* 'colares anodynos eletromagnéticos de Royer, para facilitar a dentição e evitar as convulsões das crianças, e as excelentes máquinas Lhôte, para água Selts' recomendadas, como as mais simples, bonitas e baratas para o fabrico desse líquido tão útil na estação calmosa", e que recebe todos os seus artigos da casa matriz na Corte, a qual, por sua vez, recebe tudo "diretamente da Europa".[34]

A mais célebre das casas comerciais na mão de franceses estabelecidos em São Paulo, na segunda metade do século XIX, é a Casa Garraux. Começara Mr. Garraux em 1859 com uma quitanda, onde vendia, além de papéis para cartas, penas, lápis e outros artigos de escritório, números das revistas *Illustration* e *Monde Illustré*.[35] Já em 1860 funda a casa que teve o seu nome.

---

32 A *Distillerie Française* foi fundada em 1868 por Mr. Bolidair e aparece em anúncios sucessivos nos jornais da época.

33 Em 1878, a 30 de janeiro aparece o anúncio da Tinturaria Francesa situada na Rua da Imperatriz e, em 1871, a Tinturaria *Drat et Bonnet*.

34 *Correio Paulistano*, de 22 de novembro de 1878; idem, de 8 de janeiro de 1878.

35 Nogueira, *A Academia de São Paulo. Tradições e reminiscências. Estudantes, estudantadas*, p.144.

"Espírito progressista, Mr. Garraux, assinalou desde logo sua presença na Pauliceia por uma inovação no objeto de seu comércio – foi o introdutor do envelope."[36] Durante anos funcionou a sua casa como importante centro de difusão da cultura francesa na sociedade paulista. Nos anúncios que publica nos jornais, desde o ano de sua fundação, aparece toda sorte de produtos importados da França: "medicamentos homeopáticos da afamada casa Castellan e Irmãos de Paris, espelhos, quadros, jarras de porcelana, bronze, cristal, adornos de salas de visita, mesas de charão, aparadores, secretárias (*bureau de dames*), prateleiras, *chachepots*, vide *poches*, *chifoniers* etc. Gravuras para quadros, caixas de costuras, envelopes, papéis fantasias para presentes, álbuns de retratos, objetos de escritório, confeitos, brinquedos comprados na exposição industrial de Paris etc.". Além desses artigos, das mais variadas espécies, inúmeros outros, que seria longo enumerar, eram encontrados na Casa Garraux. Era também livraria e aceitava assinaturas para jornais e revistas franceses.[37] Fundada em 1860, a livraria Garraux tornou-se desde logo o centro elegante procurado pelos jovens intelectuais paulistas (Resende, 1939, p.103). Ali se reunia, em longas palestras com Mr. Garraux, o melhor da intelectualidade paulistana, continuando a tradição estabelecida no Rio de Janeiro já na primeira metade do século XIX, onde nas lojas de maior nomeada estacionavam, habitualmente durante a semana, políticos, fazendeiros, diplomatas e funcionários públicos, em amistosa palestra.[38] Muitas amizades fez o livreiro e agiu com sua casa de negócios, com os artigos que vendia e principalmente com sua marcante personalidade e cultura, como ativo agente da influência francesa entre nós.

Ao lado dessas casas comerciais, algumas das principais entre muitas outras que seria fastidioso enumerar, anunciadas não só em jornais como nos almanaques da província de São Paulo e que denotam a importância adquirida pelos comerciantes de

---

36 Ibid.
37 *Correio Paulistano*, respectivamente, de 30 de janeiro, 17 de fevereiro e 5 de janeiro de 1878.
38 Morais Filho, p.249.

A DIALÉTICA INVERTIDA E OUTROS ENSAIOS

origem francesa, alinham-se os nomes de artesãos, especialistas franceses de todas as profissões.

Vários são os cabeleireiros. Ao que parece, esse gênero de atividade estava exclusivamente na mão de franceses, como Aimé Quilliet, que em 3 de fevereiro de 1878 avisa o público, através do *Correio Paulistano*, que acaba de chegar a sua casa "um dos mais hábeis cabeleireiros de Paris que tem vindo ao Brasil" (!); Pedro Teyssier, Henri Biard, Bosignon e Pruvot dominaram a arte entre 1865 e 1877.[39] Por volta de 1884 encontramos Guntimé e Husson. Sucediam-se assim os cabeleireiros franceses em São Paulo. Além de exercer a arte, eles a ensinavam. Muitas famílias paulistas, principalmente as residentes no interior, mandavam suas escravas aprender com os mestres franceses a técnica do penteado.

Numerosos são as costureiras e alfaiates franceses radicados em São Paulo na segunda metade do século XIX: Mme. Hervieu, Mme. Martin, Mme. Pruvot, Mme. Rochat, Mme. Pascau, todas costureiras, "elegantíssimas parisienses *tout à fait chics*".[40] Muitos são os alfaiates como Jules Pourrailly, Henri Secerpelle e Pierre Bourgade.[41] Este último, num anúncio ilustrado com sugestivo *croquis*, onde se enlaçam os nomes do Brasil e da França, faz questão de publicar em 12 de fevereiro de 1878 que "São Paulo não tem nada mais a invejar da corte, pois a casa de Pierre Bourgade recebeu um hábil contramestre de alfaiataria que acaba de chegar de Paris". É esse mesmo Pierre Bourgade que, não se contentando com os lucros de tão elegante especialidade, vende em sua casa flores das mais variadas espécies.[42]

Ao percorrermos os jornais da época, observamos que os franceses predominaram não só a na venda de artigos musicais, como no ensino da música. Um dos mais célebres foi o prof. Giraudon, que ensinou piano em São Paulo por mais de 30 anos. Nessa época, ao lado das modinhas brasileiras, já em declínio, começam a aparecer numerosos anúncios de músicas francesas: fantasias,

---

39 Moura, *São Paulo de outrora, evocações da Metrópole*, p.238.
40 Ibid.
41 *Almanaque da Província de São Paulo*, 1884.
42 Em anúncio de 10 de novembro de 1878.

valsas, quadrilhas e outras músicas recém-chegadas da França. Dentistas franceses também aqui se estabeleceram na segunda metade do século XIX, como o estimadíssimo Émile Vautier, cujo nome se perpetuou numa rua do Canindé.[43] Célebres foram as parteiras, como Mme. Góurgues, que se anuncia nos jornais de 1878 como "sucessora de Mme. Chameroy" (!), e posteriormente Mme. La Borde. "Verdadeiros elementos de renovação do meio", antes delas lamentavelmente sujeito às "comadres", nem sempre hábeis, às "curiosas", nem sempre escrupulosas na higiene, ou às escravas de rudimentares conhecimentos.[44]

Outra predominância francesa nos anúncios dos jornais paulistas da segunda metade do século XIX é a de remédios, elixires e drogas as mais variadas. Não faltava a uma farmácia caseira o remédio de Le Roy, ou o *Vinho de Marsa* – tônico do Dr. Moucelot, da Faculdade de Medicina de Paris –, ou a poção antirreumática do Dr. Vaumé. Esses remédios eram vendidos frequentemente em farmácias, em muitas das quais os farmacêuticos, como o muito apreciado Camilo Bourroul, eram franceses. Ao que parece, foram eles os introdutores desse gênero de comércio no Brasil, suas boticas substituíram as velhas lojas de barbeiros, onde nos tempos coloniais se aplicavam bichas, sangravam-se doentes, vendiam-se pós e pomadas.[45]

Vários são os franceses que aparecem como hoteleiros ou donos de restaurantes. Nesse ramo do comércio eles se distinguiram no Brasil desde os primeiros tempos do Império.[46] Há ainda arquitetos aqui radicados como Charles Peyrouton,[47] e pintores como Jacques Loustalot, dignos representantes da técnica francesa.

Na arte fotográfica se notabilizaram. Os fotógrafos nacionais anunciam muitas vezes, a título de propaganda, a sua ida à

---

43 Moura, op. cit., p.238.

44 Freyre, *Um engenheiro francês no Brasil*, p.53.

45 Morais Filho, op. cit., p.240.

46 Daniel Kidder [*Reminiscência da viagem e permanência no Brasil (Rio de Janeiro e Província de São Paulo)*, p.173], quando aqui esteve, em 1838, refere-se à única casa onde se podia obter hospedagem, e que estava sob a direção de "um tal de Charles, francês".

47 *Correio Paulistano* de 1878.

França para se especializarem. Tal é o caso do aviso publicado em 14 de março de 1878, pela casa *Fotografia Americana*, que anuncia o fechamento de suas portas durante certo tempo, por ter o "proprietário desse estabelecimento de ir a Paris estudar os progressos de sua arte". Muitos outros "avisos", denotando uma grande variedade de ocupações: engomadeiras, ferradores, jardineiros, cozinheiros, encadernadores, fabricantes de carros, seges, armeiros etc., poderiam ser destacados dos jornais e almanaques. Em todos os ramos do comércio havia comerciantes e artesãos franceses, os quais dominavam pela sua capacidade e técnica e que, sabedores do apreço com que se cotavam os artigos e artesãos de origem francesa, fazem questão de acusar a sua proveniência.[48] Ora são artigos recebidos "pelo último vapor, vindo diretamente de Paris", ou é "um contramestre recém-chegado, que oferece seus préstimos"; ora são artesãos que propalam sua nacionalidade francesa com orgulho: cozinheiro francês, jardineiro francês, arrumadeira francesa. Sente-se, através desses anúncios, o prestígio com que contam as coisas e as pessoas vindas da França. Todo artigo fica imediatamente valorizado se a ele ajuntar-se a rubrica "vindo de Paris" (!). Todo artesão adquire especial prestígio se for francês.

Essa elevada consideração em que são tidos todos os artífices e objetos da França provoca, como é de se esperar, muita fraude comercial, muito abuso. O que acontece em outras partes do Brasil, em Pernambuco, no Rio de Janeiro, e que é assinalado com espanto por viajantes como Expilly (1862), Mme. Toussaint Simon (1883) e D'Assier (1867), repete-se em São Paulo, mantidas as devidas proporções. Alguns europeus que sabem falar francês tentam fazer-se passar por tal. D'Assier assinala a frequência desses abusos, dizendo "quantas vezes ao perguntar a um desses franceses improvisados o nome de seu departamento, eu os ouvi me responder: Friburgo (!)".[49] Há também por parte

---

48 Se na Pauliceia era assim, essa influência não se restringia ao centro urbano. O mascate, geralmente francês, levava-a até as fazendas (D'Assier, *Le Brésil Contemporain*, p.164).

49 D'Assier, op. cit., p.166: "*que de fois demandant a un de ces français improvisés, le nom de son departement, je l'ai entendu me répondre: Fribourg* (!)".

dos franceses no Brasil grande facilidade em se improvisarem mestres ou especialistas das artes mais disparatadas. Um auxiliar de cozinha em Paris transforma-se aqui em grande cozinheiro, quando não em alfaiate ou fotógrafo! Por outro lado, muita coisa "encalhada" vem como artigo de última moda.[50]

A quantidade de referências que aparece nos jornais dá uma ideia do grande número de franceses estabelecidos na pequena capital. A colônia francesa adquirira grande importância, chegando mesmo a formarem-se várias sociedades, entre as quais a *Sociedade Francesa de Socorro Mútuo*, para franceses ou filhos de franceses nascidos no Brasil, e a *Sociedade 14 Juillet*, fundada em 1881, pelos então magnatas da colônia francesa: Cahen Levy, B. Portier, J. Tallout, Rivière, Bourgard, Bolidair etc.[51]

A colônia chegou mesmo a manter jornais como o muito conhecido *Le messager*, onde questões brasileiras e assuntos franceses eram analisados lado a lado;[52] e mais para o fim do século o órgão hebdomadário *L'Eclaireur*, de Louis Viollet.[53]

Esses numerosos franceses, na sua maior parte simples comerciantes, modestos artesãos, contribuíram poderosamente para a evolução do pensamento e dos modos de vida em São Paulo.[54] A importância que tiveram foi pressentida por um viajante que publicou, em 1867, um livro sob o título: *Le Brésil Contemporain*, onde registra suas impressões. Observando o grande número de artesãos e casas de comércio de patrícios seus aqui existentes, D'Assier, divisando com argúcia a grande importância que tinham esses elementos na difusão da cultura que representavam, diz:

> Essa população de origem tão incerta fez, do ponto de vista do progresso da influência francesa, mais do que as frotas da velha

---

50 Ibid.
51 Moura, op. cit., p.439.
52 Barbosa, op. cit., p.439.
53 Freitas, *Tradições e reminiscências*, p.743.
54 Gilberto Freyre, em *Um engenheiro francês no Brasil* (p.16), acentua que mesmo os menos espirituais dos técnicos, como os cozinheiros e os padeiros, "também difundem cultura e modificam paisagens sociais".

A DIALÉTICA INVERTIDA E OUTROS ENSAIOS   193

monarquia, mais do que todos os artistas e que os grandes eruditos que vieram a um custo elevado. Esse "mascate" [vendedor] sorrateiro, que corre as fazendas com suas caixas de falsas joias, esse mercador sobre cujos modos seus vizinhos cochicham, são a força de propaganda de uma força inimaginável.[55]

E mais adiante, ainda na análise do problema:

> O francês vai ao encontro dos brasileiros, os seduz com sua verve gaulesa e seu inesgotável bom humor sobre todas as questões, todas as empresas, sem jamais deixar de encontrar uma solução para os negócios mais impossíveis, de reafirmar, a todo momento, palavras de audácia e de entusiasmo. Essa atividade, esse bom humor, essas maravilhas da indústria parisiense, agiam como se fossem correntes magnéticas sobre o espírito dos habitantes e, sem que se dessem conta, dava a eles o desejo de conhecer mais a fundo uma civilização que sabia produzir tantas coisas e um povo de maneiras tão atraentes.[56]

Nessas expressivas palavras está resumido todo o valor do papel desempenhado por esses pequenos comerciantes e artesãos aqui estabelecidos.[57] Da sua atividade ficaram mais

---

55 D'Assier, op. cit., p.261-2. "... *cette population d'origine si incertaine a fait, au point de vue du progrès de l'influence française, plus que les frotes de la vieille monarchie, plus que tous les artistes et les savants venus a grand frais. Ce "mascate" (colporteurs) frippon, qui court les "fazendas" (plantations), avec ses caisses de faux bijoux, cette marchande de modes sur laquelle les voisins chochottent, sont des forces de propagande d'une puissance inimaginable.*"

56 D'Assier, op. cit., p.261-2. "*Le français va au devant des brésiliens, les attire par sa verve gauloise et son intarissable gaité, aborde tous les questions, toutes les enterprises, n'est jamais a court pour trouver une solution aux affaires les plus impossibles, répond en un mot à toute force d'audace et d'entrain. Cette activité, cette bonne humeur, ces merveilles de l'industrie parisienne, agissent comme autant de courantes magnetiques sur l'esprit des habitants et leur donnent à leur insu le desir de connaître plus à fonde une civilization qui sait produire tant de choses, et un peuple de si attrayantes manières.*"

57 Essa mesma ideia foi retomada por Otávio Tarquínio de Souza (1939) e por Gilberto Freyre (1940).

que traços materiais: alguma coisa do espírito e da cultura de cada um.[58] Foram eles fontes de novos modos de vida para toda uma sociedade. Agiram como centro de propagação da cultura francesa com a irradiação comercial de produtos, intelectual de ideias e principalmente social de costumes, usos e estilos de vida.

Portanto, "esses contatos técnicos, na aparência os mais humildes, desempenharam um papel considerável nas relações franco-brasileiras consideradas habitualmente sob um ponto de vista exclusivamente intelectual e artístico e têm um grande interesse sociológico, principalmente se levarmos em conta que esses dois aspectos da influência cultural estavam estreitamente ligados".[59]

Não menos importante foi a atuação que tiveram os professores, governantes, colégios e seminários na mão de franceses aqui estabelecidos. Exerceram eles no meio juvenil, que então se formava, poderosa influência e atração. Inúmeras foram as governantas e principalmente as professoras francesas que se ligaram a famílias paulistas da elite, tomando a seu cargo a educação dos jovens. Muitas vezes residiam com as próprias famílias, passando quase a fazer parte das mesmas; outras vezes davam cursos particulares, como a estimadíssima Mme. Monfort, que entre 1878 e 1899 ensinou a crianças e moças das melhores famílias paulistanas. Alguns chegaram a mandar vir diretamente da França professores para a educação de seus filhos. Esses mestres ensinavam aos jovens paulistas a língua francesa, geografia, história, aritmética, latim. Na quase totalidade dos casos, as aulas eram dadas em francês; daí uma divulgação cada vez maior da língua e consequentemente do pensamento francês. Da França também vinham todos os livros didáticos.[60]

---

58 No prefácio ao livro de Freyre (1940), o prof. Paul A. Bastide nota à p.XXV: "*Mais les cas ne sont pas rares où le français établi a l'étranger a su apporter à son nouveau pays tout le bénéfice de ses qualités et de sa culture d'origine*" [Mas não são raros os casos em que os franceses estabelecidos no exterior levaram a seu novo país todos os benefícios de suas características e de sua cultura de origem].

59 Bastide, in Freyre, *Um engenheiro francês no Brasil*, p.XXXIV.

60 Expilly, op. cit., p.264.

A DIALÉTICA INVERTIDA E OUTROS ENSAIOS   195

O espírito assim formado no interesse pelas coisas francesas ficava muitas vezes mais conhecedor desses assuntos do que de temas brasileiros. Sugestivo é um trecho que encontramos na obra *No Tempo de Dantes*, de uma paulista que viveu nessa época: Maria Paes de Barros. Diz ela: "enquanto a gramática francesa era decorada a fundo, limitava-se o ensino do português a minguados estudos no pequeno volume da enciclopédia" (sic).[61] Fatos como esses deviam repetir-se frequentemente. Franceses aqui recém--chegados não podiam ter grandes conhecimentos da língua portuguesa e dos assuntos brasileiros.

Era inevitável, nestas condições, que os jovens assim formados, desconhecendo os assuntos referentes à sua própria pátria e mais familiarizados com o sistema, com os assuntos franceses, ficassem para sempre ligados à França, intelectual e sentimentalmente. Esses mestres transmitiram aos alunos muito mais do que o simples conhecimento de questões linguísticas, históricas ou geográficas. Deram a eles uma contribuição muito mais valiosa: um pouco do seu espírito, do seu modo de encarar os problemas, do seu método, da sua concepção de vida, enfim da cultura que representavam.

Idêntico papel desempenharam os colégios e seminários nas mãos de frades e freiras francesas. Era hábito na Paulistânia da segunda metade do século XIX que as moças estudassem em casa. Entretanto, alguns colégios iam surgindo. Além de alguns existentes na capital, fundou-se nessa época, em Itu, um colégio que teve grande repercussão nos meios paulistas: o Colégio do Patrocínio das Irmãs de São José. Este colégio foi criado, em 1858 em Itu, por irmãs oriundas de Chambery (Savoia), vindas a chamado do bispo D. Antônio Joaquim de Melo, por intermédio dos capuchinhos do Seminário Episcopal de São Paulo, também originários de Chambery, e que aqui se achavam já havia alguns anos.

Muitas moças de abastadas famílias paulistas passaram nesse colégio boa parte de sua meninice. Aí formaram sua personalidade sob a direção dessas irmãs. Os programas de estudos e a orientação do ensino eram dados pela superiora – Madre Teodora.[62] Num

---

61 Barros, *No tempo de Dantes*, p.18.
62 Madre Maria Teodora Voiron, natural também de Chambery.

curso de 7 anos aprendiam as alunas: caligrafia (francesa logo se vê), geografia, história, francês, aritmética, geometria e história natural, num *curriculum* muito semelhante ao adotado na França nessa mesma época. Além dessas matérias, aprendia-se coisas mais práticas como: trabalho de agulhas, *tricot, crochet* etc. As irmãs não perdiam a oportunidade de ensinar bons costumes e as tradicionais maneiras francesas. Nos recreios era costume as alunas cantarem em "brinquedos de roda" canções tipicamente francesas, como *Frère Jacques, Au clair de la lune, Il était une bergère qui gardait ses moutons, Malbourough s'en va t'en guerre, Sur le pont d'Avignon* etc. Essas canções aprendidas na infância serviram depois de baladas de ninar, que aquelas meninas, então já moças, cantaram para seus filhos. Para encher as horas de lazer, podiam as alunas comprar livros de história, como *Le Livre de la jeune fille en vacance*, e muitos outros que faziam sucesso entre elas. Esses livros, na quase totalidade franceses, por essa mesma época deliciavam as crianças na França.

Alguns anos depois da fundação do Colégio do Patrocínio, as mesmas irmãs de São José fundaram outro colégio, semelhante ao primeiro, em Taubaté: o Colégio do Bom Conselho, e antes do fim do século, um em Franca e outro no bairro de Santana, em São Paulo. As jovens formadas nesses colégios, vivendo num ambiente onde se respirava de manhã à noite a cultura francesa, impregnavam-se dela.

Referimo-nos aos franciscanos que tinham fundado um seminário em São Paulo alguns anos antes da chegada das irmãs de São José e que haviam sido indiretamente os responsáveis pela sua vinda. Foram eles também ativos propagadores da cultura francesa no meio paulista. No seminário que fundaram eram aceitos não somente meninos que pretendiam seguir a carreira religiosa, como outros alunos que quisessem apenas instruir-se. Permaneceram esses capuchinhos até 1870 mais ou menos, quando, em virtude de um escândalo havido com um dos frades, retiraram-se para a França. Esses frades logo que aqui chegaram fizeram correr fama da sua grande ilustração. Sob a sua orientação formaram-se rapazes que mais tarde continuaram seus estudos na Academia de Direito, ou em outras escolas do Brasil, mas

A DIALÉTICA INVERTIDA E OUTROS ENSAIOS   197

que levaram para sempre a marca da influência francesa.[63] Dos seminaristas que com eles estudaram, saíram sacerdotes notáveis pelo seu extraordinário saber, assim como grandes oradores. Basta citarmos dois dos mais conhecidos – o padre Chico e o cônego Manuel Vicente.[64]

Não só os que estudaram diretamente sob a direção de professores franceses sentiram essa influência. Indiretamente, através quer do programa de estudos inspirado no *curriculum* das escolas francesas, quer dos livros didáticos usados, todos traduzidos de mestres franceses, ela atuou mesmo sobre aqueles que cursaram colégios leigos e tiveram professores brasileiros.[65] À língua francesa era sempre dado um especial destaque em todos os estudos. O interesse despertado por ela na sociedade paulista foi tal que em quase todas as famílias abastadas entendia-se perfeitamente o francês, quando não se falava correntemente essa língua.[66]

Atestam isso os viajantes que aqui estiveram na segunda metade do século XIX e que se admiravam ao encontrar frequentemente, mesmo no interior das províncias e em vilarejos perdidos no meio de florestas virgens, alguém que era capaz de manter com eles uma longa "prosa" na sua língua pátria e que lhes mostrava uma biblioteca onde figuravam muitos dos mestres da literatura francesa. Observa o viajante francês Adolphe D'Assier:

> Aqui a língua francesa se introduziu como, no século XVIII, ela foi introduzida em São Petersburgo, como outrora o grego

---

63 Manuscrito de obra não publicada de Emília Abranches Viotti, *Recordações*.

64 A biblioteca desses frades, constituída das melhores obras francesas, quando eles se retiraram foi doada à Faculdade de Direito, segundo informa Daniel Kidder (op. cit., p.189).

65 O programa de estudos nas escolas brasileiras foi, até mais ou menos 1930, calcado nos moldes franceses. A propósito dos livros didáticos: *"dans les collèges la plupart des livres elementaires sont traduits de nos auteurs classiques"* (Kidder, op. cit., p.263).

66 Maria Paes de Barros (op. cit., p.18) atesta esse fato: "Grande e pequenos, todos no sobrado falavam francês. Também eram nessa língua os livros didáticos bem como os volumes das duas estantes que se viam na espaçosa sala de estudos".

penetrou Roma. Ela era, em certo momento, parte integrante da educação brasileira.[67]

O conhecimento da língua pôs à disposição do brasileiro toda a literatura. As obras francesas de jurisprudência, de anatomia, de cirurgia, encontravam-se nas mãos de alunos da Faculdade de Direito de Pernambuco ou de São Paulo, da escola de Medicina da Bahia ou do Rio de Janeiro. Não havendo em português livros de ciência ou filosofia, a única solução era recorrer aos livros franceses. Por isso, professores da Academia de Direito de São Paulo, como Francisco de Paula Belfort Duarte, liam assiduamente as *Horas de Trabalho* de Pelletan, a *Democracia na América* de Tocqueville, os *Tratados sobre Política Geral e Economia Política*, de Baudrillart etc.[68]

O comércio dos livros, aliás, era em todo o Brasil quase um monopólio dos franceses. Os livros vinham à sua escolha.[69] Predominavam, nestas condições, nas bibliotecas dos homens da época, os livros franceses. Já era assim desde os fins do século XVIII em Minas, quando entre as obras do cônego Luiz Vieira da Silva encontraram-se obras de Bossuet, Raynal, Metreagan, La Potière, Joseph Lafitau, Descartes, Condillac etc., ou na Bahia já no princípio do século XIX, quando entre as obras de Sabino Vieira, ilustre médico e agitador liberal em 1837, assinalaram-se as obras de Montesquieu, Tocqueville, Mignet, Rousseau etc.[70]

Se a aceitação do livro francês é grande já nos fins do século XVIII, acentuou-se mais ainda na segunda metade do século XIX.

---

67 D'Assier, op. cit., p.263: "*Ici la langue française s'est introduite elle même comme au XVIII siècle, elle s'introduisait a Saint Petersbourg, comme jadis le grec penetrait a Rome. Elle fait a cette heure partie integrante de l'education brésilienne*".

68 Vampré, *Memórias para a história da Academia de São Paulo*, p.82.

69 "Les livres venaient au choix des français, la France donnait les idées, que furent de tant influence sur la formation du Brésil" (Barbosa, s.d., p.417).

70 Frieiro (op. cit.), in Prado Jr. (op. cit., p.376), assinala a predominância no fim do século XVIII da literatura francesa entre nós: "A leitura de nossos avós, a parca leitura que se fazia nesta colônia de analfabetos em que só um punhado de pessoas sabia ler e destes muito poucos se ocupavam com coisas do espírito, é quase toda de origem ou inspiração francesa".

A DIALÉTICA INVERTIDA E OUTROS ENSAIOS 199

Os anúncios de leilões, publicados em São Paulo nos jornais de então, demonstram claramente a predominância de obras francesas nas bibliotecas do tempo. Assim é que, no anúncio de leilão publicado aos 14 de março de 1878 no *Correio Paulistano*, chama o leiloeiro a atenção para os seguintes autores que se destacavam, entre outros: Dumont, Le Sage, Say, Lamartine, Michelet, Pelletan, Tocqueville, Villemain, Hugo, Descartes, Victor Cousin, Dumas Fils, Millevoie, Bossuet etc. Lista que mais parece da biblioteca de um *honnête homme* do fim do reinado de Napoleão III ou da 3ª República. Através desses anúncios que são publicados frequentemente nos jornais paulistas da segunda metade do século XIX, penetramos nas bibliotecas de então. "A literatura francesa, e só ela no que diz respeito a filósofos moralistas e políticos, está aí abundantemente representada", diz Caio Prado Jr.[71]

Os livreiros aqui radicados recebiam os livros franceses e apressavam-se em anunciá-los ao público letrado. Pelas novidades literárias recém-chegadas, divisamos o interesse que dominava os espíritos nessa época. A livraria Popular anuncia, em 17 de novembro de 1878 no *Correio Paulistano*, as novidades literárias recém-chegadas: Patric Larroque, *Religion et Politique*, 1878; Strauss, *Six Conférences, ouvrage traduit de l'allemand*; Herbert Spencer, *De l'éducation intelectuelle, morale et physique (traduit de l'anglais)*, Paris, Flammarion, 1878; *Les Terres du Ciel*; Jacaliot, *Roi prêtes et castes*, Paris, 1877; Idem, *Les pariah dans l'humanité*; idem, *Fetichisme, Politheisme et Monotheisme*; Renan, *L'Évangile*, 1877; Hartmann, *Le Darwinisme, ce qu'il y a de vrai et de faux dans cette théorie*; Paul Janet, *Saint-Simon et le Saint-Simonisme*; Taine, *Philosophie de l'art en Italie*; Albert Reville, *Histoire du dogme de la divinité de Jésus Christ*; e outras obras de Stuart Mill, Belot, Daudet, Zola, Octave Feuillet, Victor Hugo etc. Anúncio semelhante aparece no *Correio Paulistano* de 1º de março de 1878, onde a Casa Garraux faz saber ao público a recente chegada de livros modernos. Outros autores, então em moda, aí estão: Emile Accolas, *Science Politique*; Albert Babeua, *Le Village sous l'ancien régime*; Victor Borie, *Chaix d'est Ange* etc. Livros técnicos também

---

71 Prado Jr., op. cit., p.376.

EMÍLIA VIOTTI DA COSTA

aparecem em grande número, como os de Charcot, livros sobre moléstias do fígado de Camille Darest; Dr. Isamber, *Maladies de Laringe*; Jousset, *Leçon de Clinique Médicale*; Dr. Oré, *Le Chloral et la medication intraveineuse* etc. Inúmeros livros de Direito, de Dupont, Didier, Pailhè etc., e uma série de outros volumes de história, geografia, romances, livros de viagem e filosofia.[72]

Mesmo os que moravam no interior da província estavam sempre a par das últimas novidades literárias, que lhes enviavam os livreiros amigos.[73] Os livros franceses imperavam soberanos! Ao seu lado timidamente aparecia uma ou outra obra de autor português ou nacional.

A língua francesa foi também o veículo de que se serviu o brasileiro culto para penetrar em outras culturas, como a inglesa ou a alemã. Muitas obras de autores ingleses ou alemães chegaram até nós traduzidas para o francês.[74] Entretanto, é quase exclusivamente na literatura francesa que vai o paulista da segunda metade do século XIX buscar informações que enriqueçam seus conhecimentos e que satisfaçam seus desejos de saber. Franceses eram os livros que os mestres e estudiosos de matemática, história, geografia, medicina ou direito, utilizavam nos seus estudos. Francesas também eram as obras que distraíam o espírito, nas horas em que a mente cansada procurava fugir à rotina diária, mergulhando numa outra vida – no mundo dos romances e da poesia. Não faltavam nas bibliotecas de um homem medianamente culto da segunda metade do século XIX obras de Corneille, Racine, Voltaire, Rousseau, Mme. de Sévigné, Montesquieu, La Fontaine, Lamartine, Chateaubriand, Lacordaire, Coppé, Théo-

---

72 Fizemos questão de reproduzir aqui esses anúncios, mesmo com o perigo de nos tornarmos maçantes, pelo alto significado que pode ter essa longa enumeração, que reflete o interesse da época. É nesse mesmo intuito que reproduzimos aqui mais uma lista de livros, anunciados no *Correio Paulistano* de 26-11-1861, onde aparecem livros de história de Thiers, Cantu, Baracroncourt, Michelet, Le Bas e romances de George Sand, Montalambert, Lamartine e livros de poesia de Théophile Gautier.

73 Amélia Resende Martins (1939, p.163) assinala que, mesmo em sua fazenda, seu pai era um dos primeiros a receber as novidades literárias.

74 Freyre, *Ingleses no Brasil*, p.17.

A DIALÉTICA INVERTIDA E OUTROS ENSAIOS

phile Gautier, Octave Feuillet, Victor Hugo, Balzac, Mme. de Stäel, George Sand, Feval, Zola, Flaubert etc.[75] Revistas e jornais franceses obtinham grande aceitação na sociedade paulistana. A *Revue des Deux Mondes* e *l'Illustration* eram as preferidas.[76] A Casa Garraux, em anúncio transcrito no *Correio Paulistano* aos 5 de janeiro de 1871, fazia saber ao público que aceitava assinaturas para jornais e revistas europeias (o que no caso queria dizer francesas). Entre as revistas mencionadas destacam-se: *Mode Illustrée, Conseiller des Dames et des Demoiselles, Magasin des Demoiselles, Moniteur des Dames et des Demoiselles, Modes Françaises, Monde Illustrée, Univers Illustrée, Illustration, Revue des Deux Mondes* etc. Entre os jornais: *Gazette des Hopitaux, Gazette Médicale, Gaulois* (jornal político, noticioso, literário), *Figaro* (idem), *Courrier de l'Europe, Moniteur des architects, Revue critique de Jurisprudence* etc.

Nítida a predominância de revistas de modas; mas não era apenas nesse campo que os paulistas buscavam inspiração nas revistas francesas. Também no setor técnico, como bem o indica a presença de revistas e jornais que tratam de assuntos de medicina, arquitetura e direito. O paulista de posses, ligado cultural e sentimentalmente à Europa, pela França, interessa-se pelos acontecimentos que se passam no mundo europeu e, não satisfeito com o noticiário minguado de seus periódicos, vai saciar sua curiosidade nas revistas e jornais franceses.

A influência, pois, da língua e da literatura sob a forma de livros, jornais e revistas, a favor da irradiação da cultura francesa entre nós, foi enorme. Franceses eram os compêndios em que se estudava, os romances que se liam, os filósofos que orientavam os conceitos; os livros técnicos de medicina, direito ou arquitetura,

---

75 Esses livros constavam da biblioteca de Frederico Abranches, que viveu entre 1840 e 1900. Deles tomei conhecimento através de uma lista que me forneceu sua filha. Além desses romancistas e poetas, figurava nela uma série enorme de livros de direito, história, ciências etc., todos em francês. Numa pesquisa que fizemos em outras bibliotecas do tempo, pudemos constatar esse domínio.

76 Maria Paes de Barros (op. cit., p.18) menciona uma outra revista, *L'Echo des Feuilletons*, que era assinada em sua casa.

onde ia o intelectual buscar inspiração; francesas as revistas e mesmo alguns jornais. Não podemos esquecer, entretanto, que a ação desses agentes – livros, jornais e revistas – por mais difundida que tenha sido, esteve sempre circunscrita a um grupo relativamente limitado de pessoas – de uma certa cultura, a elite –, não exercendo grande influência sobre a massa do povo.

Outro fator divulgador de cultura francesa entre nós foi o teatro. Sua ação só se fez sentir tardiamente, já no fim do século XIX, depois do grande impulso tomado pela lavoura cafeeira, quando a sociedade paulista, se refinando e se enriquecendo, torna-se cada vez mais exigente em matéria de diversão. É nessa ocasião que o público paulista assiste a representações de grandes companhias como a de Sarah Bernhardt ou Coquelin.[77]

O papel de divulgador da cultura francesa desempenhado pelo teatro ficou limitado ao âmbito das plateias e não teve como agente difusor a importância das casas de ensino, dos professores, dos artesãos e mesmo dos livros.

Na análise da maneira pela qual se processou a influência francesa em São Paulo na segunda metade do século XIX, vimos a atuação que tiveram as casas de comércio, os artesãos, os professores, colégios, os livros, revistas e jornais e o teatro, como agentes da cultura francesa entre nós. Nesse sentido foi também importante o papel das missões culturais, dos viajantes franceses que percorreram o Brasil nessa ocasião e, principalmente, dos técnicos contratados.

A ciência, a literatura e a arte francesa enviaram até nós notáveis representantes. Foi a missão artística de 1816, com Grandjean de Montigny, Ferrez, Taunay, Debret, Lebreton, Pradier e outros, o primeiro passo oficial nesse sentido. A esses

---

77 Mario de Lima Barbosa (op. cit., p.425), diz: *"Les Brésiliens aiment le théâtre en general, mais leur delection est um privilège du théâtre français que les a eduqué et a formé leur gout, au cours de cette leçon traditionelle commencé avec Coquelin, Suzanne Desprez, Le Bargy, Réjanne, Antoine, Lucien Guitry, Jena Hoding, Georges Grand, Jeanna Provost, Gabrielle Dorziat, etc..."* [Os brasileiros amam o teatro em geral, mas essa mudança é um privilégio do teatro francês, que tem educado e formado seus gostos, durante lições tradicionais que iniciaram com Coquelin...].

A DIALÉTICA INVERTIDA E OUTROS ENSAIOS 203

seguiram-se muitos outros: Saint-Hilaire, Castelnau, Tollenare, Ribeyrolles, D'Assier, Expilly, Debadie, d'Orbigny e inúmeros outros viajantes, dignos representantes da cultura francesa, que percorreram o Brasil e deixaram ampla documentação acerca da nossa história, geografia e etnografia. "Quase todas essas obras francesas sobre o Brasil indicam que à presença em nosso país, de seus autores, correspondeu, uma ação ou influência de ideias, estilos e maneiras francesas, trazidas por eles. Ação senão ostensivamente pedagógica, como a dos mestres franceses no período de D. João VI e nos primeiros tempos do império, pelo menos estimulante."[78]

Os técnicos contratados e as missões culturais que aqui estiveram a convite do governo contribuíram mais do que esses viajantes, que por aqui passaram rapidamente, para dar a São Paulo uma orientação moldada nos hábitos e na experiência francesa. Inúmeras missões francesas vieram orientar os paulistas. Até mesmo uma missão militar aqui esteve chefiada por Paul Balagny, em 1906, para instruir e reestruturar a milícia paulista, organizando a Força Pública.

Os muitos técnicos contratados pelo governo foram verdadeiros focos de difusão da cultura francesa, na pequena sociedade paulista na segunda metade do século XIX. Sua influência não se restringiu apenas ao campo referente à técnica em que eram especialistas: ensino, engenharia, arte militar etc., mas estendia--se sobre as ideias, os sentimentos, os hábitos, a vida íntima e social dessa época.

As viagens de recreio ou de estudo que os paulistas abastados faziam à Europa, e principalmente à França, contribuíram para o mesmo resultado. Tornara-se hábito entre as famílias de grandes posses enviarem seus filhos para completarem seus estudos nas universidades francesas. Esses jovens formavam seu intelecto na França e adaptavam-se durante os anos de estudos aos costumes franceses. Ao voltarem à pátria, traziam toda uma série de hábitos profundamente enraizados. Sua mentalidade sofrera a pressão dos moldes franceses, formara-se sob o calor dessa cultura, ficara

---

78 Freyre, *Um engenheiro francês no Brasil*, p.33.

marcada para o resto da vida. O método francês tornara-se o seu método. Passaram eles a ocupar no meio em que viviam a posição de divulgadores da cultura francesa.

As viagens de recreio que a elite paulista fazia à Europa, quase que anualmente, agiram de maneira semelhante, se bem que com muito menor intensidade. Em São Paulo essas viagens tornaram--se um hábito *chic* entre as famílias ricas, na segunda metade do século XIX, mas foi com o sempre crescente desenvolvimento da cultura cafeeira e com o consequente enriquecimento de muita gente, que elas se tornaram uma verdadeira obrigação. Anualmente muitas famílias paulistas transportavam-se com todos os seus membros para a França, onde permaneciam durante alguns meses.[79] De volta, traziam eles numerosas compras e, sem perceber, aquisições novas de hábitos e ideias assimilados quase inconscientemente. Esses contatos com a Europa, renovados frequentemente nessa época, foram úteis para a divulgação da cultura francesa, num determinado meio social paulista.

Por intermédio dos variados agentes: artesãos, comerciantes, artigos, livros, revistas, jornais, colégios, professores, governantes, artistas, missões culturais, viajantes de proveniência francesa, técnicos contratados, viagens de estudo ou de recreio à França, firmou-se entre nós, de modo acentuado, a influência da cultura e da técnica francesa. Cada um desses fatores agiu à sua maneira e com intensidade diversa sobre a sociedade paulista. Essa influência estendeu-se nessa época, pela diversidade de agentes, a todos os setores e manifestou-se em todos os campos: nas coisas materiais e imateriais, nas modas, na literatura, na casa, na filosofia, na alimentação, no folclore etc. Não se pode esquecer, entretanto, que ela esteve praticamente restrita a um certo grupo social cuja educação (grau de cultura) e situação econômica facilitaram os contatos com os agentes divulgadores dessa cultura.

No mobiliário, nos enfeites e quadros que adornam a casa de pessoas de um certo nível social, manifesta-se nesse fim do

---

79 Martins, *Um idealista realizador: Barão Geraldo de Rezende*, p.67, 77, 498 e 633.

A DIALÉTICA INVERTIDA E OUTROS ENSAIOS   205

século XIX a influência francesa.[80] Gravuras de François Delarue, publicadas em Paris, povoam as paredes. Estatuetas, vasos de Sèvres, enfeitam os recantos da casa. Sobre os móveis, álbuns de fotografia ricamente encadernados, vindos diretamente de Paris, guardam preciosos retratos de toda uma geração. As paredes internas já não são mais pintadas como no tempo que Saint Hilaire visitara São Paulo; finíssimos papéis estampados importados diretamente da França recobrem-nas inteiramente. A louça de Sèvres vem substituir a louça portuguesa ou a de Macau de épocas anteriores. São em aparelhos finíssimos de Sèvres que as famílias mais abastadas tomam suas refeições. Algumas vezes, adamascados vindos de Paris cobrem as mesas. Talheres de *cristofle* completam o quadro. Em algumas residências mais ricas até as maçanetas de cristal são importadas.[81] Também os jardins, principalmente os das chácaras nos arredores de São Paulo, demonstram no seu planejamento e desenho a influência dos mestres franceses: jardineiros que estiveram durante longos anos fazendo os jardins brasileiros "à moda francesa", resultando dessa tentativa um produto híbrido assaz curioso, mais tarde remodelados segundo os moldes britânicos e *ianquis*. Provavelmente também a alimentação se ressentiu da influência dos numerosos cozinheiros franceses aqui radicados. Quantos pratos novos devem ter sido introduzidos no cardápio e terão ficado definitivamente integrados na nossa alimentação?! Iguarias e vinhos franceses são durante toda essa época largamente importados: Champagne Aye, vinhos de Bordéus, Borgonha, queijos franceses etc., figuravam na mesa de muito paulista rico.

Ao lado dos produtos alimentícios, os objetos de uso como: caixas de costura, papéis de carta, tecidos, roupas, brinquedos, mostram a nítida influência gaulesa. Os penteados feitos pelos cabeleireiros franceses obedecem à estrita regra parisiense, e os perfumes consumidos vêm também de lá. A moda francesa é ditadora absoluta no que diz respeito ao traje feminino: sapatos, vestidos, roupa branca, luvas, chapéus, tudo obedece a suas regras.

---

80 Lessa, O mobiliário brasileiro nos tempos coloniais, *Estudos Brasileiros*, v.6, ano I, p.15-6.
81 Martins, op. cit., p.350.

A mulher paulista de uma certa classe veste-se e calça-se com a moda parisiense. Se a mulher é mais escrava da moda parisiense que o homem, ele também a obedece. São esses homens que, por volta de 1860, usam românticas melenas a Alfred Musset, ou a Théophile Gautier e barba a Napoleão III e vestem-se no Pedro Bourgade ou no Henri Scecerpelle, segundo os figurinos de Paris, e que muitas vezes se chamam: Danton, Lafayete, Luiz Felipe, Lamartine, Voltaire, Napoleão.[82]

Até mesmo a arquitetura manifesta a influência de franceses, como o arquiteto Charles Peyrouton. Foi um deles, Jules Martin, estabelecido com litografia em São Paulo na segunda metade do século XIX, o idealizador do Viaduto do Chá.[83] Quantos traços da preponderância francesa impressos na paisagem! Se é difícil acompanhar as provas materiais da influência francesa, mais ainda será assinalá-la no campo intelectual, onde se manifestou mais importante e duradoura.

São os novos galicismos, é o folclore enriquecido, é o declínio rápido e o quase abandono dos lundus e das modinhas tão brasileiras, substituídas pelas canções e valsas francesas.[84] No ensino, no pensamento religioso, filosófico, literário, político, na arte, há sinais evidentes da assimilação cultural, assinala-se a influência de escolas e teorias francesas. Quantas formas importadas![85]

---

82 A lista de alunos que cursavam a Faculdade de Direito nessa época bem demonstra isso, basta que leiamos Almeida Nogueira (1907), ou Spencer Vampré (1924), para o constatarmos. Igual fenômeno é assinalado por Gilberto Freyre (1940, p.40).

83 Moura, op. cit., p.101.

84 Santana Nery, em *Folklore Brésilien* (p.72), diz: *"Plusieurs de nos jeu d'enfants quelques chants que les accompangnent, presentent des analogies frappantes non seulement avec ceux de Portugal, ce qui est tout naturelle, mais encore avec ceux de France"* [Alguns cantos entoados por muitas de nossas crianças não carregam semelhanças apenas com os de Portugal, o que seria natural, mas também com cantos franceses].

85 Foi grande a influência religiosa francesa em São Paulo. Até mesmo os santos "em moda" eram, na segunda metade do século XIX, santos franceses: como Santa Joana de Chantal e Nossa Senhora de Lourdes. A filosofia de Auguste Comte encontrou em São Paulo um campo fértil para seu desenvolvimento. Por sua vez, Joseph de Maistre e Louis de Bonald foram os oráculos sempre invocados pela reação antiliberal.

A DIALÉTICA INVERTIDA E OUTROS ENSAIOS   207

Esse fenômeno não se restringe ao cenário paulista: tem caráter nacional. Essa influência não se limitou apenas aos núcleos urbanos, embora nestes tenha sido, provavelmente, mais intensa. Atingiu mesmo as zonas rurais onde imperou em muitos solares de grandes fazendas – quer da Baixada de Campos, do Vale do Paraíba, do Centro e Oeste paulista, ou do Nordeste. Mas o que não se pode esquecer é que ela atuou sobretudo num grupo de elite – no sentido mais amplo e flexível da palavra: econômico, social ou intelectual.

O estudo da marcha dessa influência e dos seus resultados é um elemento a mais para a compreensão das manifestações literárias, políticas e ideológicas do Segundo Reinado e da Primeira República. Pensamos, por exemplo, na explicação da disponibilidade de certos espíritos para com o movimento republicano por volta de 1870-1873, quando os nossos políticos se correspondiam com Gambetta e citavam teóricos franceses. Ou, ainda, na tão propalada influência da Inglaterra na organização política do Brasil imperial, que nos leva a imaginar, quando deparamos nas bibliotecas dos homens do tempo com uma bibliografia onde há, de uma maneira geral, uma predominância quase absoluta de autores franceses, que a fonte de inspiração dos nossos políticos, muitas vezes esses autores franceses, também impregnados como estavam de admiração pelo sistema inglês e cujas obras, por isso mesmo, eram cheias de citações de autores e exemplos ingleses. E neste caso tratar-se-ia de mais um exemplo da influência francesa no Brasil do que propriamente da britânica. O que é certo é que algumas ideias e atitudes desses homens do tempo, que conviviam tão intimamente com as coisas e ideias francesas, são de maneira evidente produtos de importação, nesse Brasil do Império e da Primeira República, ainda, em grande parte, uma colônia espiritual da Europa e principalmente da França.

O HISTORIADOR E A SOCIEDADE[1]

As relações entre o historiador e a sociedade caminham numa via dupla. O trabalho do historiador, queira ele ou não, é produto da sociedade e do tempo em que vive. A vivência do presente afeta a construção do passado. Ao mesmo tempo, o posicionamento do historiador na sociedade marca os limites de sua visão. Suas experiências definem suas motivações e explicam por que e para que se debruça sobre a história. Seu projeto inspira-se em problemas sugeridos pela posição que assume na sociedade. Seus temas e seu método são função dos objetivos que pretende alcançar e das razões que o levam a estudar a história. Sua própria definição do que é história nasce a partir dessas coordenadas.

Por outro lado, a versão que o historiador apresenta do passado contribui para a preservação ou para a mudança da sociedade. Isso confere ao historiador enorme responsabilidade e requer de todo aquele que se dedica a essa tarefa uma profunda reflexão sobre a natureza dessas relações, a fim de evitar que venha a descobrir tarde demais que tomou a via errada.

---

1 Aula inaugural do Departamento de História, em 1998, proferida por Emília Viotti da Costa, professora emérita da Universidade de São Paulo.

Quem ingressa no curso de História de uma universidade estará iniciando uma longa conversa que encaminhará a discussão desses problemas durante todo o curso. Justifica-se assim que, apesar da impossibilidade de levantarmos hoje todas as questões que o tema sugere, estejamos aqui reunidos para dar início a esse debate.

Quero apresentar dois exemplos que elucidam algumas dessas questões. Para isso, escolhi deliberadamente dois historiadores conservadores. Os que me conhecem ou leram meus trabalhos certamente se espantarão diante dessa escolha. Minha vida tem sido uma recusa permanente da posição conservadora, que no Brasil significa a perpetuação de uma sociedade imensamente desigual e injusta, e que é, ao mesmo tempo, a origem e o resultado do precário desenvolvimento econômico e do crescente mal-estar social que hoje atinge não só as classes subalternas como também setores da classe média. Porém, tendo em vista que hoje existe uma tendência conservadora bastante forte na historiografia, da qual os próprios historiadores que a praticam nem sempre chegam a ter consciência, achei conveniente examinar quais foram as origens e os pressupostos dessa historiografia. Para isso, nada melhor do que examinar momentos que no passado levaram alguns historiadores brilhantes a pôr em circulação uma visão conservadora e elitista do mundo, num movimento que hoje se repete, uma visão que, embora hoje se apresente como inovadora, representa de fato uma volta ao passado.

Nesta conversa quero referir-me a dois famosos autores. O primeiro, Jacob Burckhardt, viveu no século XIX (1818-1893), mas até hoje é considerado um historiador exemplar. O segundo, Philippe Ariès (1914-1984), também muito popular nos dias que correm, publicou seus primeiros trabalhos no fim da década de 1940 e teve uma de suas primeiras obras reeditadas em português nos fins dos anos 1980.

Jacob Burckhardt tornou-se conhecido no Brasil por sua obra sobre a cultura e a civilização da Renascença, não por acaso analisada na obra de Hayden White, *Meta-história: imaginação histórica no século XIX*, de onde extraí a maioria dos dados referentes à Burckhardt.

A DIALÉTICA INVERTIDA E OUTROS ENSAIOS   211

Vivendo na Europa durante o século XIX, Burckhardt, suíço de origem e de formação calvinista, foi professor durante boa parte de sua vida na Universidade da Basileia, onde ensinou de 1843 a 1852 e de 1858 a 1893. Durante sua vida foi testemunha de numerosas revoluções liberais e conflitos sociais que sucederam à Revolução Francesa e abalaram a Europa até pelo menos o princípio do século XX, quando a Revolução Russa deu início a um novo ciclo revolucionário. Politicamente, Burckhardt é um liberal que, como muitos outros que viveram numa época de grandes transformações sociais e políticas, reage negativamente às revoluções e ao processo de democratização que lhe parecem avassaladores. Algo parecido sucedeu ao nobre francês Alexis de Tocqueville (1805-1859), o qual, diante do inevitável avanço revolucionário, lembrou às elites francesas que era melhor guiar o processo do que se opor a ele. Para isso foi aos Estados Unidos conhecer a democracia. Dessa viagem resultou um livro: *A democracia na América*, publicado em dois volumes, o primeiro em 1835 e o segundo em 1840, que posteriormente tiveram numerosas edições e são até hoje lidos com proveito por aqueles que se encontram diante de dilemas semelhantes e têm os mesmos receios a respeito da ascensão das massas e do pleno funcionamento da democracia. As respostas de Burckhardt aos desafios de seu tempo são, no entanto, diversas das de Tocqueville. Enquanto este parece encontrar uma solução na noção, muito comum desde então, "façamos reformas antes que o povo as faça", Burckhardt se retrai diante do que pensa ser a massificação da sociedade, a decadência da cultura. Refugia-se no esteticismo, na "*histoire tableau*", na contemplação de tempos, a seu ver, mais "virtuosos".

Descrevendo a experiência de Burckhardt, Hayden White, o autor de *Meta-história*, comentou que Burckhardt observou um mundo em que a virtude fora habitualmente traída, o talento pervertido e o poder posto a serviço de causa torpe. Vira muito pouca virtude em sua própria época e não encontrara nada a que pudesse dar sua adesão irrestrita. Sua devoção era à cultura da velha Europa, mas a considerava decadente, uma ruína impossível de restaurar. Apenas lhe restava, portanto, relembrá-la com nostalgia.

Burckhardt desprezava a política por julgá-la incompatível com os gostos de um cavalheiro, tão incompatível quanto os negócios. Em sua opinião, a política desviava o indivíduo daquele assíduo culto da elegância, que admirava nos antigos gregos e nos italianos do renascimento. "Nunca pensaria em me tornar um agitador e um revolucionário", diria ele em 1843, quando por toda parte na Europa preparavam-se revoluções. As revoltas e insurreições que puseram um fecho à década de 1840 abalaram--lhe a fé no liberalismo. Sua querida Basileia, para onde fora com o fim de ensinar na Universidade, foi violentamente sacudida pela guerra civil, e ele sentiu que tudo que valorizava na velha cultura europeia estava sendo ameaçado pelos radicais. Na ocasião observou: "tenho demasiado conhecimento da história para saber que não devo esperar do despotismo das massas senão uma tirania futura que significará o fim da história. Quero livrar-me de todos eles, dos radicais, dos comunistas, dos industriais, dos intelectuais, dos presunçosos, dos argumentadores e assim por diante, enfim dos 'istas' e dos 'ismos' de toda espécie. Pretendo viver uma vida privada, ser um amigo afetuoso, uma boa alma, não posso ter nada a ver com a sociedade em geral".

A partir de então, Burckhardt refugiou-se numa torre de marfim. Finalmente, a partir de 1860, embora tivesse atingido o pináculo de sua carreira e fama, recusou-se a publicar. Assistia ao fracasso do liberalismo, previa como consequência o nihilismo e negava-se a entrar na luta. Julgava que seu isolamento o eximia de qualquer responsabilidade ulterior pelo caos vindouro.

Criou uma teoria da sociedade e da história a partir dessas experiências. Dedicou-se ao estudo da cultura da Renascença e da Grécia. Nos seus trabalhos voltou-se para a arte e a arquitetura. A história da cultura o atraía, focalizou a vida social das elites. Recusou-se a aceitar a existência real dos acontecimentos e encontrou justificativa na filosofia de Schopenhauer (1788-1860), autor de O mundo como vontade e representação, com quem ele convivera na Universidade da Basileia, filósofo que serviu no passado e continuaria a servir no presente de inspiração para a direita política.

A concepção de mundo de Schopenhauer satisfaria as necessidades de muitos intelectuais do terceiro quartel do século.

A DIALÉTICA INVERTIDA E OUTROS ENSAIOS   213

Sua filosofia refletia o clima que se instaurou na Europa depois da Restauração monárquica na França, quando os Bourbons foram chamados a assumir de novo o trono da França. Embora tivesse sido concebida na segunda década do século XIX, a filosofia de Schopenhauer só recebeu atenção a partir de 1850. Todo seu sistema era uma tentativa de desqualificar a história e demonstrar por que as preocupações sociais e os interesses históricos são irrelevantes. Esta visão reacionária, egoísta e pessimista expressava, segundo Hayden White, o ponto de vista da classe média alemã da época. O mundo social de Schopenhauer era um agregado de indivíduos atomizados, cada qual aprisionado dentro dos próprios desejos, indivíduos colidindo uns com os outros em movimentos aleatórios, cada um parecendo simplesmente um possível meio de satisfação egoísta para todos os demais.

No sistema de Schopenhauer, a história ocupava uma posição secundária, pois ele se fundava na convicção de que não existia uma realidade objetiva independentemente da consciência que a percebe. Para ele, que não acreditava na objetividade do processo histórico, o trabalho do historiador limitava-se a selecionar os materiais históricos, aceitando-os ou rejeitando-os à vontade, a fim de convertê-los em uma imagem agradável de contemplar. O conhecimento histórico era, pois, uma forma de cognição de segunda ordem. Algo muito parecido acontece hoje, quando se nega qualquer objetividade ao conhecimento histórico e se fala no fim da história.

A visão da história de Schopenhauer aproxima-o mais de um Tucídedes, que inventava discursos para seus personagens, do que de seu contemporâneo, o historiador Leopold Ranke, o qual vivia obcecado em descobrir o que realmente acontecera no passado e como recuperá-lo. Para Schopenhauer, a ficção era superior ao fato. Todas as instituições sociais eram despojadas de qualquer valor e todos os impulsos sociais eram vistos como erros ou falhas. Sua filosofia era profundamente narcisista. Sua visão ajustava-se perfeitamente às necessidades daqueles segmentos da sociedade que, como Burckhardt, queriam ignorar por completo as questões sociais. Era visível a repugnância de Schopenhauer pela sociedade em que vivia e sua recusa de qualquer ação pública ou privada visando a mudar a sociedade para melhor. Para ele, a história aparecia como refúgio da realidade presente, permitindo ao historiador isolar-se da sociedade em que vive – filosofia escapista, que Burckhardt partilhou.[2]

Ao estudar a Revolução Francesa, ao contrário de Tocqueville, que procurou ver o que com ela se ganhou e se perdeu, Burckhardt só viu perdas. Não é de espantar que sua visão de futuro tenha sido tão negativa quanto a de Johan Huizinga (1862-1945), autor do *Ocaso da Idade Média*, e de Oswald Spengler (1880-1936), autor da *A decadência do Ocidente* (1919), bem como outros intelectuais preocupados com a decadência do Ocidente. Dentro desse quadro, e tendo em vista sua filosofia de vida, a única decisão que Burckhardt poderia tomar era recolher-se, cultivar seu jardim, partir em busca do tempo perdido e esperar que a loucura presente se dissipasse. Talvez depois, passado o caos, a cultura mais uma vez pudesse ser revigorada. No presente, no entanto, para Burckhardt, nada havia a fazer senão deixar a cidade pelo campo e aguardar; cultivar a conversa com alguns seletos espíritos afins, exibindo um consistente desdém pelas atividades dos homens práticos ou engajados. Finalmente, Burckhardt coloca-se entre os historiadores que cultivam a história monumental e os que praticam a história antiquária ou revelam uma religiosa reverência ao passado e veem a história como contemplação do passado e fuga do presente.

Dessa breve análise pode-se concluir que existe uma íntima relação entre a obra histórica de Burckhardt, seu pensamento sobre a história, seu posicionamento dentro da sociedade de seu tempo e as teorias filosóficas que reduzem a história a um conhecimento de segunda ordem: filosofia e histórias eminentemente conservadoras, brotadas num período histórico entre a Revolução Francesa e a Revolução Soviética, período paradoxal, agitado por muitas revoluções frustradas, como as de 1848 ou a Comuna de Paris em 1871, mas durante as quais setores populares ganharam

---

2 Hayden White observa que o filósofo Nietzsche e o escritor Thomas Mann também foram inicialmente influenciados por Schopenhauer, mas logo o abandonaram, enquanto o compositor Wagner continuaria por toda vida seu fiel seguidor.

A DIALÉTICA INVERTIDA E OUTROS ENSAIOS 215

uma presença marcante na sociedade e passaram a ser vistos como ameaça por setores das classes dominantes. Há inegavelmente um vínculo entre historiadores como Burckhardt e filósofos como Schopenhauer. Produziram uma história e uma filosofia conservadoras, numa época em que o movimento operário abria novas possibilidades para a reflexão sobre a história e em que Karl Marx, confrontando-se com os mesmos eventos, procurava criar uma ciência da história que permitisse aos homens transformar a sociedade no sentido de torná-la mais democrática.

Quase um século mais tarde, depois que o mundo assistira à Primeira Grande Guerra (1914-1918), a Revolução Bolchevique na Rússia (1917), a Grande Depressão econômica dos anos 1930 e o início de uma nova guerra (1939-1945), um outro historiador, Philippe Ariès (1914-1984), definia sua posição em relação à história e à sociedade num livro publicado na França sob o título *Les Temps de l'histoire* (posteriormente traduzido para o português). O livro reúne ensaios escritos por ele, na maioria entre o fim da Segunda Grande Guerra e o início da Guerra Fria, isto é, aproximadamente entre 1946 e 1949.

Para entender Ariès é preciso localizá-lo no seu tempo e examinar a posição que ocupava na sociedade, os problemas que se colocavam no período pós-guerra, as opções que se abriam e as escolhas que fez. Só assim poderemos começar a compreender sua posição em relação à história.

Ariès, como ele mesmo nos informa, nasceu em uma família abastada, monarquista e religiosa, leitora assídua do jornal conservador *Action Française*. A família vivera parte de sua vida nas Antilhas e outra parte na França, numa cidade provinciana. Ariès pertencia a uma comunidade onde os laços de família lhe pareciam sólidos. Vivia num verdadeiro oásis, segundo sua própria caracterização, onde a preocupação com a vida pública não existia. Ariès confessa: "Porque vivia num oásis, eu vivia fora da História". A história que chegava a ele através da memória familiar era subjetiva e seletiva: falava das glórias passadas, não do sofrimento do povo. Diz Ariès: "Não era a história nua e hostil que invade e arrasta, a história onde estamos e somos, fora do frágil recinto vedado das tradições familiares". Era uma transposição poética da História, um mito da História. Absorvia a lenda, não a história. Seus contemporâneos eram São Luís, Luís XVI e os mártires da Revolução. Aos seus ouvidos atentos de criança chegavam histórias sobre os felizes tempos dos reis da França. Quando jovem devorava os livros de memórias do século XVIII, da Revolução Francesa e da Restauração. Não é, pois, de estranhar que ele nos diga que assim que foi capaz de conceber a ideia de um tempo histórico, ela se fez acompanhar de "uma nostalgia pelo passado". Ariès olhava para o passado, não para o futuro. O passado, idealizado e poetizado, servia-lhe para avaliar o presente que lhe parecia ameaçador, como parecera a Burckhardt um século antes. Na juventude dedicou-se à genealogia dos reis da França, os Capetos. Em 1946, já homem feito, ainda se apegava à história poética e repudiava a história que almejava a foros de ciência e a busca de objetividade.

Confrontando-se com os desafios que a presença do marxismo representava para os homens de sua geração, Ariès refugiava-se na história das pequenas comunidades familiares da burguesia provinciana e do campesinato.

Dedicou-se a elaborar questionários que visavam a recapturar a memória de pessoas que viviam nessas comunidades, procurando estabelecer uma mediação entre memória e história. Seu interesse correspondia aos dos setores da burguesia francesa que cultivavam cada vez mais uma nostalgia pela "antiga França", apegando-se a uma imagem idealizada, quase mítica, que construíam a respeito do passado. Pouco a pouco, a interpretação desfavorável à França pré-revolucionária, que fora hegemônica desde a Revolução, cedia lugar a uma favorável, que desembocaria nos nossos dias em uma total inversão das teorias que avaliavam a Revolução Francesa como uma grande conquista. Ela passou a ser vista por alguns como um grande desastre, numa reversão total da historiografia tradicional.

Diante da historiografia do seu tempo, Ariès fazia opção pela versão conservadora. Preocupava-se, no entanto, em dar-lhe a vida que lhe faltava. Queria escrever uma história em que os elementos humanos não perdessem nem sua individualidade nem sua singularidade. Em lugar das crônicas políticas abstratas, tradicionais, propunha uma história dos costumes. Tentando sintetizar o dilema da história naquele momento (1947), dizia:

A DIALÉTICA INVERTIDA E OUTROS ENSAIOS

"Confrontados com a história (e aqui ele se referia a história que vivia no presente e não à historiografia), criamos à direita e à esquerda uma máquina abstrata, cujas leis pretendemos no mesmo instante conhecer". Era contra essa história que lhe parecia desumanizada e abstrata, que negligenciava a experiência individual, que Ariès, como muitos outros de sua geração, se insurgira. Entre as opções de seu tempo, à esquerda ou à direita, escolhera esta. Outros tentaram dar vida nova ao liberalismo, ou promover o socialismo.

Analisando o que se passava em seu tempo, Ariès contrastava um tempo passado em que as pessoas podiam viver isoladas da política, e um tempo que ele datava de 1940, quando todos foram chamados a se definir a favor ou contra a colaboração com os alemães ou a resistência, momento em que o privado foi invadido pelo público, o que ele caracteriza como uma monstruosa invasão do homem pela história, um momento em que o pacato meio familiar parece destruído pela política. Nazismo e comunismo forçam a definição política; a politização da vida privada parece-lhe total.

Nessas condições proliferaram os testemunhos, os relatos pessoais e subjetivos. Os dramas pessoais tornaram-se história. Ao mesmo tempo que os indivíduos pareciam perder a individualidade nos movimentos coletivos, afirmava-se com maior intensidade a sua consciência de indivíduo. Essa contradição aparece em toda a literatura da época e é bem clara na obra do filósofo Jean-Paul Sartre (1905-1980), que tenta resgatar o indivíduo dentro do marxismo e faz a apologia do intelectual engajado (veja-se sobre isso "Question de méthode", em *Critique de la raison dialectique*).

Os que como Ariès se apegaram ao passado e recusaram os envolvimentos políticos, ao invés de historicizarem a experiência dos indivíduos, como faziam os autores de testemunhos do período pós-guerra, particularizaram a história, reduzindo-a à experiência do indivíduo. O testemunho, dirá Ariès, não é a narrativa desprendida de um observador que enumera ou de um sábio que demonstra, mas uma confissão.

É para o testemunho, para a memória, para a história dos costumes que Ariès se inclina. Critica a historiografia acadêmica do seu tempo por não arrebatar o público, põe em questão suas pretensões científicas, duvida da objetividade do fato histórico e compara a história com a obra de arte, argumentando que o desconhecimento da natureza estética da história provocou uma descoloração completa dos tempos que os historiadores se propuseram a estudar. Essas críticas dificilmente se aplicariam à Lucien Febvre, para quem a história era a ciência do homem, ou para seu amigo, o historiador Marc Bloch.

Os dois exemplos, o de Ariès e o de Burckhardt, revelam algo em comum. Para ambos, o presente representa uma ameaça e o passado, um refúgio. Ambos valorizam o aspecto subjetivo e estético da história e duvidam da possibilidade de um conhecimento mais objetivo. Ambos veem na história um meio de evitar os problemas do presente, ambos cresceram em um meio social protegido e ambos se defrontaram com um desafio das classes subalternas. Ambos assumiram uma posição conservadora, quando havia outras opções e outros caminhos.

Para a nova geração de historiadores o desafio ainda é o mesmo, embora os tempos sejam outros. Vivemos um momento conservador, e as opções radicais que pareciam tão claras na época de Burckhardt, que assistiu às revoluções de 1848 e à Comuna de Paris em 1872 que inspiraram as obras de Marx, e as revoluções russas, chinesa e cubana, que na época de Ariès produziriam as reflexões filosóficas de Sartre, estão em refluxo diante da crise do socialismo na União Soviética e da penetração capitalista na China comunista, enquanto políticas neoliberais e neofascistas se generalizam no mundo. O aparente declínio dos projetos socialistas e dos movimentos populares organizados, que no passado serviram de ponto de referência para as visões radicais da história, geram novamente dúvidas sobre a possibilidade do conhecimento histórico. Nega-se a existência do processo histórico. Fala-se até no fim da história. A memória toma o lugar da história, os testemunhos substituem as interpretações mais amplas. A história dos costumes vira moda. As explicações culturalistas, que tinham sido abandonadas, voltam a circular. A história parece ter perdido o rumo e voltar para trás. Esse é o fenômeno que não atinge apenas a história e os historiadores, mas que se observa nas demais ciências humanas. Nas filosofias

A DIALÉTICA INVERTIDA E OUTROS ENSAIOS

e nas artes há também uma grande perplexidade. Momentos como estes podem ser profundamente fecundos, pois permitem a experimentação, a inovação e a síntese entre o passado e o presente, assim como a busca de soluções novas, mas também podem levar a um beco sem saída se fizermos da história um exercício meramente estético e contemplativo que visa, sobretudo, a satisfazer as exigências do mercado (ou da Universidade) e os ditames dos que detêm o poder.

REFERÊNCIAS BIBLIOGRÁFICAS

ABREU, C. *Um visitador do Santo Ofício*. Rio de Janeiro: Tip. do Jornal do Comércio, 1922.

_____. *Desenvolvimento do Brasil*. [S.l.]: Edição Sociedade Capistrano de Abreu, 1929.

_____. *Capítulos de História Colonial*. [S.l.]: Briguiet e Cia., 1934.

ADAMSON, W. Leftist Transformations: A Clash Between the Feasible and the Desirable. In: *Radical History Review*, n.37, p.94-100, 1987.

ADERALDO CASTELLO, J. *José Lins do Rego*: Modernismo e regionalismo. São Paulo: [s.n.], 1961.

ALMANAQUE da Província de São Paulo de 1884.

ALMEIDA, F. *História de Portugal*, 3v. Coimbra: Ed. Fortunato de Almeida, 1925.

ALMEIDA, M. H. T. O Sindicato no Brasil. Novos problemas, velhas estruturas. In: *Debate e Crítica*, 6, p.49-74, 1975.

_____. Tendências recentes da negociação coletiva no Brasil. In: *Dados*, 24, p.161-90, 1981.

ALMEIDA PRADO, J. F. *Primeiros povoadores do Brasil*: 1500-1530. São Paulo: Cia. Editora Nacional, 1954.

_____. *La Inquisición en el Rio de la Plata*. Buenos Aires: Editorial Huarpes, S. A., 1945.

Anais da Biblioteca Nacional do Rio de Janeiro, vol. XXXVII, 1905.

ANCHIETA, Pe. J. *Cartas*: Informações, fragmentos históricos e sermões do Padre Joseph de Anchieta 1554-1594. Rio de Janeiro, [s.n.], 1933.

ANDERSON, P. *Arguments Within English Marxism*. Londres: Verso, 1980.

ASSIS CINTRA. *Nossa primeira História (Gandavo)*. São Paulo: Cia. Melhoramentos, 1921.

AZURARA, G. E. *Chronica do descobrimento e conquista de Guiné*. Paris: J.P. Aillaud, 1841.

BARATA, A. *Vida de um revolucionário*. Memórias. 2.ed. São Paulo: Alfa Ômega, 1977.

BARBOSA, M. L. *Les Français dans l'histoire du Brésil*. Rio de Janeiro: F. Briguet et Cia. Editeurs; Paris: Librairie Scientifique Blanchard, [s.d.].

BARROS, M. P. *No tempo de Dantes*. São Paulo: Brasiliense, 1946.

BARTHES, R. *Mitologias*. Rio de Janeiro: Difel, 2007.

BASBAUM, L. *Uma vida em seis tempos*. Memórias. São Paulo: Alfa Ômega, 1976.

BASTIDE, R. *Les Religions Africaines au Brésil*. Paris: [s.n.], 1960.

BEAUVOIR, S. *O segundo sexo*. Rio de Janeiro: Nova Fronteira, 2009.

BEIGUELMAN, P. *Os companheiros de São Paulo*. São Paulo: Símbolo, 1977.

BENERIA, L.; ROLDAN, M. *The Crossroads of Class and Gender*: Industrial Homework, Subcontracting and Household Dynamics in Mexico City. Chicago: Chicago University Press, 1987.

BERGQUIST, C. What is Being Done: Some Recent Studies of the Urban Working Class and Organized Labor in Latin America. In: *Latin American Research Review, LARR*, 16, p.203-23, 1981.

_____. *Labor in Latin America*: Comparative Essays on Chile, Argentina, Venezuela, and Colômbia. Palo Alto: Stanford University Press, 1986.

BEZERRA, G. *Memórias*: Primeira parte: 1917-1937. Rio de Janeiro: Civilização Brasileira, 1979.

BLANCHARD, P. *The Origins of the Peruvian Labor Movement (1883-1919)*. Pittsburgh: University of Pittsburgh Press, 1982.

BLASSINGAME, J. W. *The Slave Community*: Plantation Life in the Antebellum South. Nova York: [s.n.], 1972.

BOXER, C. *Portuguese society in the tropics*: The Municipal Councils of Goa, Macao, Bahia and Luanda, 1560-1800. Madison: [s.n.], 1965.

A DIALÉTICA INVERTIDA E OUTROS ENSAIOS

BOXER, C. *A idade de ouro do Brasil*: dores de crescimento de uma sociedade colonial. São Paulo: Companhia Editora Nacional, 1969.

_____. *Relações raciais no império colonial português, 1415-1825*. Porto: Afrontamento, 1988.

_____. *The Portuguese Seaborne Empire, 1415-1825*. Nova York: Alfred Knopf, 1969. [Ed. bras.: *O império marítimo português, 1415-1825*. São Paulo: Companhia de Letras, 2006.]

BRASIO, A. (Ed.). *Monumenta missionaria africana*. 7v. Lisboa: Agência Geral de Ultramar Divisão de Publicações Biblioteca, 1952-1964.

BUNSTER, X.; CHANEY, E. M. *Sellers and Servants*: Working Women in Lima Peru. Nova York: Praeger, 1985.

BURMEISTER, K. (Hermann Konrad). *Viagem pelo Brasil*. São Paulo: [s.n.], 1950.

CADAMOSTO, A. The Voyages of Cadamosto and other Documents on Western Africa in the Second Half of the Fifteenth Century. In: CRONE, G. R. (Org.). *The Hakluyt Society*, n.80, 1937.

CALMON, P. *História Social do Brasil*. 3. ed. 3v. São Paulo: Cia. Editora Nacional, s.d.

CÂMARA CASCUDO, L. *Antologia do folclore brasileiro*. São Paulo: [s.n.], 1965.

CANAK, W. The Peripheral State Debate. Capitalismo or Bureaucratic Authoritarian Regimes in Latin America. In: *Latin American Research Review*, LARR, 19, p.3-36, 1984.

CAPELATO, M. H.; PRADO, M. L. *O bravo matutino, imprensa e ideologia*: o jornal O Estado de S. Paulo. São Paulo: Alfa Ômega, 1980.

CARDIM, F. *Cartas Jesuíticas* (III e IV), 1550-1568. Rio de Janeiro: Imprensa Nacional, 1887.

_____. *Tratados da terra e gente do Brasil*. Rio de Janeiro: Editores J. Leite e Cia., 1925.

_____. *Cartas do Brasil, 1549-1560*. Rio de Janeiro: Oficina Industrial Gráfica, 1931.

CARDOSO, F. H. *Capitalismo e escravidão*. O negro na sociedade escravocrata do Rio Grande do Sul. São Paulo: [s.n.], 1962.

_____. *Política e desenvolvimento em sociedades dependentes*. Rio de Janeiro: Zahar, 1978.

_____. *Dependency and Development*. Berkeley: University of California Press, 1979.

CARNEIRO, E. *Ladinos e crioulos*: estudos sobre o negro no Brasil. Rio de Janeiro: Civilização Brasileira, 1964.

EMÍLIA VIOTTI DA COSTA

CARNEIRO, E. *O quilombo dos Palmares*. Rio de Janeiro, Civilização Brasileira, 1966.

_____. *Antologia do negro brasileiro*. Rio de Janeiro: Civilização Brasileira, 1967.

CARONE, E. *A República Velha (1890-1920)*: instituições e classes sociais. 3.ed. São Paulo: Difel, 1972.

_____. *A República Nova, 1930-1937*. 3. ed. São Paulo: Difel, 1977.

_____. *Movimento operário no Brasil (1877-1944)*. São Paulo: Difel, 1979.

CASANOVA, P. G. *História del movimiento obrero en América Latina*. Cidade do México: Siglo Veinte Uno, 1984.

CAVALCANTI, P. *Da Coluna Prestes à queda de Arraes*. Memórias. São Paulo: Alfa Ômega, 1978.

CHAVES, E. *Minha vida e as lutas de meu tempo*. Memórias. São Paulo: Alfa Ômega, 1977.

CHILCOTE, R. *The Brazilian Communist Party*. Nova York: Oxford University Press, 1974.

CIRIA, A. *Politica y cultura popular*. La Argentina peronista 1945-1955. Buenos Aires: Ediciones de La Flor, 1983.

COHEN, C. B.; MASCIA-LEE, F. E.; SHARPE, P. The Postmodernist Turn in Anthropology: Cautions from a Feminist Perspective. In: *Signs*, 15, II, p.7-33, 1989.

COMAROFF, J.; COMAROFF, J. *Of Revelation and Revolution*: Christianity and Consciousness in South Africa. 2v. Chicago: University of Chicago Press, 1991/1997.

CONNIFF, M. (Ed.) *Latin American Populism in Comparative Perspective*. Albuquerque: New Mexico Press, 1982.

_____. *Black Labor on a White Canal*. Pittsburgh: University of Pittsburgh Press, 1985.

CONRAD, R. *Os últimos anos da escravatura no Brasil, 1850-1888*. Rio de Janeiro: Civilização Brasileira, 1975.

CORREIO PAULISTANO (Jornal). São Paulo, anos de 1854, 1861, 1871 e 1878.

CORTESÃO, J. *A carta de Pero Vaz de Caminha*. Rio de Janeiro: Ed. Livros de Portugal Ltda., 1943.

COSTA, E. V. da. *A escravidão nas áreas cafeeiras*. Aspectos econômicos, sociais e ideológicos da desagregação do sistema escravista. (Tese de Doutorado) São Paulo, 1964.

_____. *Da senzala à colônia*. São Paulo: Difusão Europeia do Livro, 1966.

A DIALÉTICA INVERTIDA E OUTROS ENSAIOS   225

COSTA, E. V. da. Brazilian Workers Rediscovered. In: *International Labor and Working Class History*, p.217-32, 1982.

_____. *Coroas de glória, lágrimas de sangue:* a rebelião dos escravos de Demerara em 1823. São Paulo: Companhia das Letras, 1998.

CRONIN, J.; SCHNEER, J. (Orgs.). *Social Conflict and Political Crisis in Modern Britain*. Londres: Croom Helm, 1982.

D'ASSIER, A. *Le Brésil Contemporain*. Paris: Durand et Lauriel, 1867.

DAVIDSON, B. *The African Slave Trade:* Pre-Colonial History, 1450-1850. Boston: Little, Brown, 1961.

_____. *A History of West Africa*. (Edição revisada em colaboração com F. K. Bush e G. F. A. de Aziji.) Londres: Longmans, 1977.

DAVIS, D. B. Slavery and the post world War II Historians. In: *Dedalus*, p.1-29, primavera de 1974.

DEAN, W. *A industrialização de São Paulo:* 1880-1945. Rio de Janeiro: Bertrand Brasil, 1991.

DEBRET, J. B. *Viagem pitoresca e histórica ao Brasil*. São Paulo: Livraria Martins Editora, 1940.

DE DECCA, E. S. *O silêncio dos vencidos*. São Paulo: Brasiliense, 1981.

DEGLER, C. *Nem preto nem branco:* escravidão e relações raciais no Brasil e nos Estados Unidos. Rio de Janeiro: Labor do Brasil, 1976.

DENIS, F. *Le Brésil ou histoire des moeurs, usages et coutumes des habitans de ce roy royaume*. 5v. Paris: [s.n.], 1822.

DERRIDA, J. *A escritura e a diferença*. São Paulo: Perspectiva, 2009.

DIAS, C. M. (Org.). *História da colonização portuguesa*. Porto: Imprensa Nacional, 1924.

DIAS, E. *História das lutas sociais no Brasil*. 2.ed. São Paulo: Alfa--Ômega, 1977.

DIX, R. H. Populism: Authoritarian and Democratic. In: *Latin American Research Review, LARR*, 20, p.29-52, 1985.

DULLES, J. W. F. *Anarquistas e comunistas no Brasil 1930-1935*. Rio de Janeiro: Nova Fronteira, 1977.

ELKINS, S. *Slavery, a Problem in American Institutional and Intellectual Life*. Nova York: The Universal Library, 1963.

_____. The slavery debate. In: *Commentary*, p.40-54, dez. 1975.

EGAS, E. São Paulo – a cidade. *Revista do Instituto Histórico e Geográfico de São Paulo*, v.XIV, 1909, São Paulo, 1912.

ELLNER, S. *Los Partidos Politicos y su Disputa por el Control del Movimiento Sindical en Venezuela 1936-1948*. Caracas: Universidade Católica Andrés Bello, 1980.

ENNES, E. *As guerras dos Palmares*. São Paulo: [s.n.], 1938.

226 EMÍLIA VIOTTI DA COSTA

EPSTEIN, J. Rethinking the Categories of Working-Class History. In: *Labour/Le travail*, n.18, p.195-208, 1986.

ERICKSON, K. P. *The Brazilian Corporate State and Working Class Politics*. Berkeley: University of California Press, 1977. [Ed. bras.: *Sindicalismo no processo político no Brasil*. São Paulo: Brasiliense, 1979.]

_____; PEPPE, P. V.; SPALDING Jr., H. Research on the Urban Working Class in Argentina, Brazil and Chile. What is left to be Done? In: *Latin American Research Review, LARR*, 9, p.15-42, 1974.

_____. Dependency Vs. Working Class History: A False Contradiction. In: *Latin American Research Review, LARR*, 15, p.177-81, 1980.

EVANS, J. Results and Prospects. Some Observations on Latin American Labor Studies. In: *International Labor and Working Class History*, 16, p.29-40, 1979.

EVANS, P. After Dependency: Recent Studies of Class, State and Industrialization. In: *Latin American Research Review, LARR*, 20, p.149-60, 1985.

EXPILLY, C. *Le Brésil tel qu'il est*. Paris: Ed. Den. Editeurs, 1862.

FAUSTO, B. *Trabalho urbano e conflito social 1890-1920*. São Paulo: Difel, 1970.

_____. *A Revolução de 1930*: historiografia e história. São Paulo: Difel, 1970.

FELNER, A. A. *Apontamentos sobre a ocupação e início do estabelecimento dos portugueses no Congo, Angola e Benguela*. Coimbra: [s.n.], 1933.

FERNANDES, F. *A integração do negro na sociedade de classes*. 2.ed. 2v. São Paulo: Dominus/USP, 1965.

_____.; BASTIDE, R. *Brancos e pretos em São Paulo*. São Paulo: [s.n.], 1955.

FERNANDEZ-KELLY, M. P. *For We Are Sold, I And My People*: Women and Industry in Mexico's Frontier. Albany: State University of New York Press, 1983.

FERREIRA, M. N. *A imprensa operária no Brasil, 1880-1920*. Petrópolis: Vozes, 1978.

FITCH, J. S. Class Structure, Populism and the Armed Forces in Contemporary Ecuador. In: *Latin American Research Review, LARR*, 19, p. 270-4, 1984.

FOGEL, R. W.; ENGERMAN, S. L. *Time on the Cross*: The Economics of American Negro Slavery. Boston: [s.n.], 1974.

FOSTER, J. "The Declassing of Language". In: *New Left Review*, n.150, p.29-46, 1985.

A DIALÉTICA INVERTIDA E OUTROS ENSAIOS

FOSTER, J. B.; WOOD, E. M. (Orgs.). *In Defense of History*: Marxism and the Postmodernist Agenda. Nova York: Monthly Review Press, 1997.

FRASER, N.; NAVARRO, M. *Eva Peron*. Nova York: Norton, 1981.

FREITAS, A. *Tradições e reminiscências*. [S.l.]: Monteiro Lobato & Cia. Editora, 1921.

FREITAS, D. *Palmares*: La Guerrilla Negra. Montevidéu: [s.n.], 1968.

FRENCH, J. D. Workers and the Rise of Adhemarista Populism in São Paulo, Brasil, 1945-1947. In: *The Hispanic American Historical Review – HAHR*, 68, 1988.

_____. Oral History, Identity Formation and Working-Class Mobilization. In: FRENCH, J. D.; JAMES, D. (Orgs.) *The Gendered Worlds of Latin American Women Workers*: From Household and Factory to the Union Hall and Ballot Box. Durham: Duke University Press, 1997.

FREYRE, G. *Casa Grande e Senzala*. Rio de Janeiro: Schmidt, 1938.

_____. *Sobrados e mucambos*. São Paulo: Companhia Editora Nacional, 1936 (Brasiliana).

_____. *Um engenheiro francês no Brasil*. Rio de Janeiro: Livraria José Olympio Editora, 1940.

_____. *Região e tradição*. Rio de Janeiro: Livraria José Olympio Editora, 1941.

_____. *Ingleses no Brasil*. Rio de Janeiro: Livraria José Olympio Editora, 1948.

_____. *Master and Slaves*. A Study in the Development of Brazilian Civilization. Nova York: [s.n.], 1946.

_____. *Interpretação do Brasil*: aspectos da formação social brasileira como processo de amalgamento de raças e culturas. São Paulo: Companhia das Letras, 2001.

FRIEIRO, E. *O diabo na livraria do cônego*. Belo Horizonte: Livraria Cultura Brasileira Ltda., [s.d.].

GAMA, L. *Primeiras trovas burlescas de Getulino*. Rio de Janeiro: [s.n.], 1961.

GRAHAM, R. Causes for the abolition of negro slavery in Brazil: An interpretative Essay. In: *Hispanic American Historical Review*, v.46, n.2, p.123-37, 1966.

_____. *Britain and the Onset of Modernization in Brazil. 1850-1914*. Cambridge: [s.n.], 1968.

GRAZIA, V. New Subjects, New Social Commitments: An Interview with Michelle Perrot by Laura Frader and Victoria de Grazia. In: *Radical History Review*, n.37, p.27-40, 1987.

GEERTZ, C. A interpretação das culturas. Rio de Janeiro: LTC, 1989.

GENOVESE, E. Roll, Jordan, Roll: The World the Slaves Made. [S.l.]: Vintage, 1974.

GODINHO, V. M. L'Économie de l émpire portugais au XVè et XVIè siècles. Paris: S.C.V.P.E.N., 1969.

_____. Estrutura da antiga sociedade portuguesa. Lisboa: Arcadia, 1971.

GOMES, A. M. C. Burguesia e trabalho: política e legislação social no Brasil, 1917-1937. Rio de Janeiro: Câmpus, 1979.

GOULART, J. A. Da fuga ao suicídio. Aspectos da rebeldia do escravo no Brasil. Rio de Janeiro: [s.n.], 1972.

GOULD, J. For an Organized Nicaragua: Somoza and the Labor Movement, 1944-1948. In: Journal of Latin American Studies, dezembro, 1987.

_____. To Lead as Equals: Rural Protest and Political Consciousness in Chinandega, Nicaragua, 1912-1979 (Ph.D. diss.). Yale University, 1988.

GRAY, R. The Deconstructing of the Working Class. In: Social History II, p.363-73, 1986.

GROSSBERG, L.; NELSON, C. Marxism and the Interpretation of Culture. Chicago: University of Illinois Press, 1988.

GUTMAN, H. The Black Family in Slavery and Freedom, 1750-1925. Nova York: Pantheon, 1976.

HABERLY, D. Abolitionism in Brazil. Anti-slavery and anti-slave. In: Luso Brazilian Review, n.IX, p.30-46, 1972.

HALL, M. The Origins of Mass Immigration in Brazil 1871-1914. (Tese de Doutorado) Universidade de Columbia, 1970.

HALL, M.; SPALDING Jr., H. A. The Urban Working Class and Early Latin American Labour Movements, 1880-1930. In: BETHELL, Leslie (Org.). The Cambridge History of Latin America, 1870-1930. v.4. Londres: Cambridge University Press, 1986.

HAMILTON, N. The Limits of State Autonomy: Post-Revolutionary Mexico. Princeton: Princeton University Press, 1982.

HANAGAN, M.; STEPHENSON, C. Proletarians and Protest. The Roots of Class Formation in na Industrializing Worlds. Westport: Greenwood Press, 1986.

HARDING, T. A Political History of the Organized Labor Movement in Brazil (PhD) Dissertation, Stanford University, 1973.

HELENO, M. Os escravos em Portugal. Lisboa: [s.n.], 1933.

HILAIRE, S. *São Paulo nos tempos coloniais*. [S.l.]: Monteiro Lobato & Cia. Editora, 1921.

_____. *Segunda viagem ao Rio de Janeiro*. Minas Gerais e São Paulo: [s.n.], [s.d.].

HOBSBAWM, E. *Rebeldes primitivos*: estudos sobre formas arcaicas de movimentos sociais nos séculos XIX e XX. Rio de Janeiro: Zahar, 1978.

_____. *Worlds of Labour*. Further Studies in the History of Labor. Londres: Wenndenfeld and Nicolson, 1984.

_____; RANGER, T. *The Invention of Tradition*. Cambridge: Cambridge University Press, 1983.

HOLLANDER, N. C. Si Evita Viviera. In: *Latin American Perspectives*, p.42-57, outono de 1974.

HUMPHREY, J. *Capitalism Control and Worker's Struggle in the Brazilian Auto-Industry*. Princeton: Princeton University Press, 1982

HUNT, L. Penser La Revolution Française [resenha]. In: *History and Theory*, n.20, p.313-23, 1981.

HUTTER, L. *Imigração italiana em São Paulo, 1880-1889*. (Tese de Doutorado) Universidade de São Paulo, 1971.

IANNI, O. *As metamorfoses do escravo*. São Paulo: [s.n.], 1962.

IPOLA, E. *Ideologia y Discurso Populista*. México: [s.n.], 1982.

JAMES, D. Power and Politics in Peronist Trade Unions. In: *Journal of Inter-American Studies and World Affair*, 20, p.3-36, 1978.

_____. Dependence and Organized Labor in Latin America. In: *The Radical History Review*, 18, 1978.

_____. *Resistance and Integration*: Peronism and the Argentine Working Class, 1946-1976. Cambridge: Cambridge University Press, 1988.

_____. October 17th and 18th, 1945 Mass Protest. Peronism and the Argentine Working Class. In: *Journal of Social History*, 1988.

_____. Meatpackers, Peronists and Collective Memory: A View from the South. In: *American Historical Review*, dezembro de 1997.

_____. Tales Told out of the Borderlands: Doña María's Story, Oral History, and Issues of Gender. In: FRENCH, J. D. e JAMES, D. (Orgs.). *The Gendered Worlds of Latin American Women Workers*: From Household and Factory to the Union Hall and Ballot Box. Durham: Duke University Press, 1997.

JIMENEZ, M. Citizens of the Kingdom: Towards a Social History of Radical Christianity in Latin America. In: *International Labor and Working Class History*, primavera de 1988.

230   EMÍLIA VIOTTI DA COSTA

JONES, G. S. *Languages of Class*: Studies in English Working-Class History, 1832-1982. Cambridge: Cambridge University Press, 1983.

KATZNELSON, I.; ZOLBERG, A. R. *Working-Class Formation Nineteenth Century Patterns in Western Europe and the United States*. Nova Jersey: Princeton University Press, 1986.

KAZMAN, R.; REYNA, J. L. (Orgs.). *Fuerza de Trabajo y Movimentos Laborales en América Latina*. México: [s.n.], 1977.

KIDDER, D. *Reminiscência da viagem e permanência no Brasil* (Rio de Janeiro e Província de São Paulo). São Paulo: Livraria Martins Editora, s.d.

KIRK, N. In Defense of Class: A Critique of Recent Revisionist Writing upon the Nineteenth-Century English Working Class. In: *International Review of Social History*, n.32, p.2-47, 1987.

KECK, M. E. *From Movement to Politics*. The Formation of the Workers Party in Brasil (PhD diss.). Columbia University, 1986.

_____. El Nuevo Sindicalismo en la Transición de Brasil. In: *Estudios Sociológicos*, 5, p.33-86, 1987.

KENT, R. K., Palmares An African state in Brazil. In: *The Journal of African History*, n.6, p.161-75, 1975.

KLEIN, H. S. Nineteenth-century Brazil. In: COHEN, David W.; GREENE, Jack P. (Orgs.). *Neither Slave nor Free*: The Freedmen of African Descent in the Slave Societies of the New World. Baltimore: [s.n.], 1972.

KOSERITZ, K. V. *Imagens do Brasil*. 2v. São Paulo: Livraria Martins Editora, [s.d.].

KOSTER, H. *Viagens ao nordeste do Brasil*. Recife: Secretaria de Educação e Cultura, Governo do Estado de Pernambuco, Departamento de Cultura, 1978.

KRONISH, R.; MERICLE, K. S. *The Political Economy of the Latin American Motor Vehicle Industry*. Cambridge: MIT Press, 1984.

LACLAU, E. *Politics and Ideology in Marxist Theory*. Capitalism, Fascism, Populism. Londres: Verso, 1977.

LAERNE, C. V. D. *Brazil and Java. Report on Coffee Culture in America, Asia and Africa*. Londres: [s.n.], 1885.

LANE, A. J. (Org.). *The Debate over Slavery*: Stanly Elkins and his Critics. Urbana III: University of Illionois Press, 1971.

LAVRIN, A. Recent Studies on Women in Latin America. In: *Latin America Research Review, LARR*, p.181-9, 1984.

LEITE, S. *História da Companhia de Jesus no Brasil*. Lisboa e Rio de Janeiro: [s.n.], 1938.

A DIALÉTICA INVERTIDA E OUTROS ENSAIOS

LEME, M. S. A ideologia dos industriais brasileiros 1919-1945. Petrópolis: Vozes, 1978.

LESSA, C. R. O mobiliário brasileiro nos tempos coloniais. Estudos Brasileiros, v.6, ano I.

LEVASSEUR. Le Brésil. Paris: Lamiraut & Cia. Editeurs, 1889.

LEVINE, L. W. Slave songs and slave consciousness: An exploration in neglected sources. In: HAREVEN, T. K. (Org.). Anonymous American Exploration in Nineteenth Century Social History. Englewood Cliffs: Prentice Hall Inc., 1971.

LOPES, J. B. Sociedade industrial no Brasil. São Paulo: Difel, 1964.

_____. Crise do Brasil arcaico. São Paulo: Difel, 1967.

LORETO COUTO, D. Compêndio narrativo do peregrino da América. 2v. Rio de Janeiro, 1904 (primeira edição 1757).

LUDTKE, A. The Historiography of Every-Day Life: The Personal and the Political. In: SAMUEL, R.; STEDMAN-JONES, G. (Orgs.). Culture, Ideology, and Politics. Londres: Routledge; Kegan Paul, 1983.

LUNA, L. O negro na luta contra a Escravidão. Rio de Janeiro: [s.n.], 1968.

MALLON, F. Labor Migration, Class Formation, and Class Consciousness among Peruvian Miners in the Central Highlands from 1900 to 1930. In: HANAGAN; STEPHENSON (Orgs.). Proletarians and Protest, p.197-230, 1986.

_____.Dialogues among the Fragments: Retrospect and Prospect. In: COOPER, Frederick. Confronting Historical Paradigms: Peasants, Labor, and the Capitalist World System in Africa and Latin America. Madison: University of Wisconsin Press, 1993.

MARAM S. Anarchists, immigrants and the Brazilian Labor Movement, 1890-1920. [Ed. bras.: Anarquistas, imigrantes e o movimento operário brasileiro, 1890-1920. Rio de Janeiro: Paz e Terra, 1979.]

MARTINS, A. R. Um idealista realizador: Barão Geraldo de Rezende. [S.l.]: Oficinas Gráficas do Almanaque Laemmert, 1939.

MARTINS, A. E. São Paulo antigo. 2v. Tipografia do Diário Oficial, 1912.

MARTINS, J. S. Conde Matarazzo, o empresário e a empresa. São Paulo: Hucitec, 1976.

MATTOS GUERRA, G. Crônica do viver baiano seiscentista. 7v. Bahia: [s.n.], 1969.

MAURO, F. Le Portugal et l'Atlantique au XVIIe siècle. 1570-1670. Étude économique. Paris: [s.n.], 1960.

MEDINA, J. T. *Historia del Tribunal del Santo Oficio de la Inquisición de Lima.* Santiago: [s.n.], 1887.

_____. *La Inquisición en el Rio de La Plata.* Buenos Aires: Editorial Huarpes, S.A., 1945.

MENDES JR., A.; MARANHÃO, R. *Brasil história*: texto e consulta. República Velha. São Paulo: Brasiliense, 1979.

MONIZ BANDEIRA, L. A.; MELLO, C.; Andrade, A. T. *O ano vermelho*: A revolução russa e seus reflexos no Brasil. Rio de Janeiro: Civilização Brasileira, 1970.

MORAIS FILHO, A. M. *Fatos e memórias.* [S.l.]: Livraria Editora Garnier, 1904.

MORGAN, E. *American Slavery, American Freedom*: The Ordeal of Colonial Virginia. Nova York: Norton, 1975.

MORSE, R. *Formação histórica de São Paulo – de comunidade à metrópole.* São Paulo: Difusão Europeia do Livro, 1970.

MOTA, C. G. *Nordeste 1817.* São Paulo: [s.n.], 1972.

MOURA, C. *Rebeliões da Senzala.* São Paulo: [s.n.], 1959.

MOURA, P. C. *São Paulo de outrora, evocações da Metrópole.* 2.ed. São Paulo: Livraria Martins Editora, 1943.

MULLIN, G. W. *Flight and Rebellion.* Nova York: Oxford Press, 1972.

MUNCK, R. Labor Studies Renewal. In: *Latin American Perspectives*, 13, p.108-14, 1986.

_____. Labor Studies in Argentina. In: *Latin America Research Review*, LARR, 21, p.224-30, 1986.

_____. Cycles of Class Struggle and the Making of the Working Class in Argentina 1890-1920. In: *Journal of Latin American Studies*, 19, p.19-39, 1987.

_____. Movimiento Obrero, Economia y Politica en Argentina, 1955-1985. In: *Estudos Sociologicos de El Colégio de Mexico*, p.89-109, 1987.

NASH, J; SAFA, H. (Orgs.). *Women and Change in Latin America.* South Hadley, Bergin and Garvey.

_____. (Orgs.). *Sex and Class in Latin America.* South Hadley: J. F. Bergin, 1975.

NASH, J.; FERNANDEZ-KELLY, M. P. (Orgs.). *Women, Men and the International Division of Labor.* Albany: State University of New York Press, 1983.

NASH, J.; CORRADI, J.; SPALDING Jr., H. (Orgs.). *Ideology and Social Change in Latin America.* Nova York: Gordon and Breach, 1977.

NASH, J. *We Eat the Mines and the Mines Eat Us.* Nova York, 1979.

A DIALÉTICA INVERTIDA E OUTROS ENSAIOS 233

NAVARRO, M. Evita's Charismatic Leadership. In: CONNIFF, Michael (Ed.). *Latin American Populism in Comparative Perspective.* Albuquerque: University of New Mexico Press, 1982.

_____. Hidden, Silent and Anonymous: Women Workers in Argentina Trade Union Movement. In: SOLDON, Nobert C. (Ed.) *The World of Women's Trade Unionism*: Comparative Historical Essays. Westport: Conn. Greenwood, 1985.

NERY, S. *Le Brésil en 1889.* Paris: Librarie Ch. Delagrave, [s.d.].

_____. *Folklore Brésilien.* Paris: Perrin et Cie. Libraries Editeurs, 1889.

NÓBREGA, M. (Org.). *Ordenações e Leis do reino de Portugal recompiladas por mandado d'El Rei D. Filippe, o primeiro.* Coimbra: Imprensa da Universidade, 1851, 12.ed.

_____. *Diálogo sobre a conversão do gentio.* Com introdução de Serafim Leite. Lisboa: [s.n.], 1954.

NOGUEIRA, A. *A Academia de São Paulo.* Tradições e reminiscências. Estudantes, estudantadas. 8v. [S.l.]: Tipografia Vanorden, 1907.

O'DONNEL, G. Reflections in the Patterns of Change in the Bureaucratic Authoritarian States. In: *Latin America Research Review, LARR,* 13, p.3-38, 1978.

OLIVEIRA, F. *Arte da guerra do mar.* Lisboa: Arquivo Histórico da Marinha, 1937.

OLIVEIRA LIMA. A Nova Lusitânia. In: *História da colonização portuguesa no Brasil.* Porto: Litografia Nacional, 1924.

OLIVEIRA MARQUES, A. H. *History of Portugal.* v.1: From Lusitania to Empire. Nova York: Columbia University Press, 1972.

PALMER, B. *Descent into Discourse*: The Reification of Language and the Writing of Social History. Filadélfia: Temple University Press, 1990.

PAOLI, M. C. Working Class in São Paulo and its Representation 1900-1940. In: *Latin American Perspectives,* 14, p.204-25, 1987.

PEREIRA, A. *Construindo o P.C.B.* São Paulo: Editora Ciências Humanas, 1980.

_____. Documentos inéditos. Memória e história. *Revista do Arquivo Histórico do Movimento Operário,* São Paulo, 1981.

_____. *Formação do P.C.B.* 2.ed. São Paulo: Editora Ciências Humanas, 1980.

PICKERING, P. A. Class without Words: Symbolic Communication in the Chartist Movement. In: *Past and Present,* n.112, p.144-62, 1986.

PIERSON, D. *Brancos e prêtos na Bahia*: estudo de contacto racial. São Paulo: Companhia Editora Nacional, 1971.

PINHEIRO, J. C. F. O que deve pensar do sistema de colonização... In: *Revista do Instituto Histórico e Geográfico Brasileiro*, v.34, 2, 1871.

PINHEIRO, P. S.; HALL, M. M. *A classe operária no Brasil, 1889-1930*. Documentos (2v.). v.1 – O movimento operário. São Paulo: Alfa Omega, 1979; v.2 – Condições de vida e de trabalho, relações com os empresários e o Estado. São Paulo: Brasiliense, 1981.

_____. Immigrazione e movimento operario in Brasile: un'interpretazione. In: DEL ROIO, J. L. (Org.) *Lavoratori in Brasile, Immigrazione e Industrializzazione nello Stato di São Paulo*. Milão: F. Angeli, 1981.

PINHO, W. *Salões e damas do 2º Reinado*. 2.ed. São Paulo: Livraria Martins Editora, [s.d.].

PHILLIPS, L. Rural Women in Latin America: Directions for Future Research. In: *Latin American Research Review, LARR*, n.25, p.89-108, 1990.

PORTES, A.; WALTON, J. *Labor, Class and The International System*. Nova York: Academic Press, 1981.

PORTES A.; BARTON, L. Desarrollo Industrial y Absorción Laboral: Una Reinterpretación. In: *Estudios Sociológicos de El Colegio de México*, 1987.

PRADO, P. *Retrato do Brasil*. Rio de Janeiro: Briguiet Editores, 1931.

_____ (Ed.). *Primeira visitação do Santo Ofício às partes do Brasil, pelo licenciado Heitor Furtado de Mendonça*. [S.l.]: [s.n.], [s.d.].

PRADO JR., C. *Formação do Brasil Contemporâneo*: Colônia. 3. ed. São Paulo: Brasiliense, 1948.

PRETO-RODAS, R. A. *Negritude as a Theme in the Poetry of the Portuguese Speaking World*. Flórida: [s.n.], 1970.

QUERINO, M. R. *A raça africana e seus costumes*. Salvador: [s.n.], 1955.

RABASSA, G. *O negro na ficção brasileira*. Rio de Janeiro: [s.n.], 1956.

RAGA, A. *Workers, Neighbors and Citizens: A Study of Argentine Industrial Town, 1930-1950* (PhD diss.). Yale University, 1988.

RAMOS, A. *O folclore negro no Brasil*. Rio de Janeiro: [s.n.], 1935.

RAWICK, G. P. *From Sundown to Sunup*: The Making of the Black Community. [S.l.]: Praeger, 1972

REID, A. Latin American Workers. In: *Journal of Social History*, 21, 1987.

RESENDE, G. (Barão) *Um idealista realizador*. [S.l.]: Oficina Gráfica do Almanaque Laemmert, 1939.

REVISTA *Instituto Histórico e Geográfico de São Paulo*, v.6, 14 e 19.

RIBEYROLLES, C. *Brasil Pitoresco*. São Paulo: Flanarte, 1941.

A DIALÉTICA INVERTIDA E OUTROS ENSAIOS 235

RICHARDS, L. L. *Gentlemen of Property and Standing*. Anti-Abolition Mobs in Jacksonian America. Nova York: [s.n.], 1970.

RIOS, M. de los. *O Rio de Janeiro imperial*. Rio de Janeiro: Editora A Noite, 1946.

ROCHA PITTA, S. *Historia da America Portugueza desde o anno de mil e quinhentos do seu descobrimento ate o de mil setecentos e vinte e quatro*. Lisboa: [s.n.], 1730.

RODNEY, W. *A History of the Upper Guinea Coast*: 1545-1800. Nova York: Oxford University Press, 1970.

RODRIGUES, A. *Sindicato e desenvolvimento no Brasil*. São Paulo: [s.n.], 1968.

RODRIGUES, E. *Sindicalismo e socialismo no Brasil 1675-1913*. Rio de Janeiro: Laemmert, 1969.

RODRIGUES, L. M. *Conflito industrial e sindicalismo no Brasil*. São Paulo: Difusão Europeia do Livro, 1966.

_____. *Trabalhadores, sindicatos e industrialização*. São Paulo: Difel, 1974.

ROXBOROUGH, I. The Analysis of Labour Movements in Latin America: Typology and Theories. In: *Bulletin of Latin America Research*, p.81-95, 1981.

_____. *Union and Politics in Mexico*. Cambridge: Cambridge University Press, 1984.

_____. Unity and Diversity in Latin American History. In: *Journal of Latin American Studies*, 16, p.1-16.

_____. Issues in Labor Historiography. In: *Latin American Research Review, LARR*, 21, p.178-88, 1986.

RUSSEL-WOOD, A. J. R. Colonial Brazil. In: COHEN, David W; GREENE, Jack P. (Orgs.) *Neither Slave nor Free*: The Freedmen of African Descent in the Slave Societies of the New World. Baltimore: [s.n.], 1972.

SAID, E. *Orientalismo*. São Paulo: Companhia das Letras, 2008.

SALISBURY, N. *Manitou and Providence*: Indians, Europeans and the Making of New England, 1500-1643. Nova York: Oxford University Press, 1982.

SAMPAIO, T. *São Paulo no século XIX e outros ciclos históricos*. Petrópolis/São Paulo: Vozes/Secretaria da Ciência e Tecnologia, 1978.

SAMUEL, R. (Ed.) *People's History and Socialist Theory*. Londres: Routledge and Kegan. (Série: History Workshop), 1981.

SANTOS VILHENA, L. *A Bahia no século XVIII*. Bahia: Editora Itapuã, 1969.

SARTRE, J-P. *Crítica da razão dialética: precedido por Questões de método*. Rio de Janeiro: DP&A, 2002.

SAVAGE, Jr., Charles H.; LOMBARD, G. F. F. *Sons of the Machine. Case Studies of Social Change in the Work Place*. Cambridge: MIT Press, 1986.

SAYERS, R. *O negro na literatura brasileira*. Rio de Janeiro: Edições O Cruzeiro, 1958.

SCHLINGER, P. Oral History Projects in Argentina, Chile, Peru and Brazil. In: *International Journal of Oral History*, 5, 1984.

SCHNEIDER, M. Search of a "New Historical Subject": The end of worling-class culture, the Labor Movement, and the Proletariat. In: *ILWCH*, p.46-58, outono de 1987.

SCOTT, J. C. *Weapons of the Weak*. Everyday Forms of Peasant Resistance. New Haven: Yale University Press, 1985.

SCOTT, J. W. On Language, Gender and Working-Class History. In: *International Labor and Working Class History*, 31, 1987.

_____. A Reply to Criticism. In: *International Labor and Working-Class History*, 32, p.39-45, 1987.

SEGATTO, J. A. *Breve história do P.C.B*. São Paulo: Livraria Editora Ciências Humanas, 1981.

SHAZO, P. *Urban Workers and Labor Unions in Chile 1902-1927*. Madison: University of Wisconsin Press, 1983.

SIMÃO, A., *Sindicato e estado*. São Paulo: Dominus, 1966.

SIMON, Mme. T. *Viagem de uma parisiense ao Brasil*. Rio de Janeiro: Tip. Imp. e Const. de J. Villeneuve, 1883.

SIMONSEN, R. *História Econômica do Brasil*. São Paulo: Cia. Editora Nacional, 1967.

SKIDMORE, T. E. The Death of Brazilian Slavery 1866-1888. In: PIKE, Frederick (Org.) *Latin American History, Select Problems*, Nova York, p.133-70, 1969.

SODRÉ, N. W. Contribuição à História do P.C.B. Antecedentes. *Temas de ciências humanas*, São Paulo, 8, 1980.

_____. Elementos para a História do PCB. Infância. *Temas de ciências humanas*, São Paulo, 9, 1980.

_____. *Panorama do Brasil no Segundo Império*. Rio de Janeiro: Graphia Editorial, 1998.

SOFER, E. Recent Trends in Latin American Labor Historiography. In: *Latin America Research Review, LARR*, 15, p.167-76, 1986.

SOPER, K. *Humanism and Anti-Humanism*: Problems of Modern European Thought. Londres: Hutchinson, 1986.

SORJ, B.; ALMEIDA, M. H. T. (Orgs.). *Sociedade e Política no Brasil pós 1964*. Rio de Janeiro: Brasiliense, 1983.

SOUSA, G. *Tratado descriptivo do Brasil em 1587*. [S.l.]: Editora Nacional, 1938.

SOUZA, O. T. *Evaristo da Veiga*. São Paulo: Cia Editora Nacional, 1939 (Brasiliana).

_____. *Digesto Econômico*, 1948 (nov. e dez.) e 1949 (jan. e fev.).

SLENES, R. W. *The Demography and Economics of Brazilian Slavery, 1850-1888*. (Tese de Doutorado) Stanford University, 1975.

SPALDING, H. *Organized Labor in Latin America*: Historical Case Studies of Urban Workens in Dependent Societies. Londres: Harper Torch Books, 1977.

SPIVAK, G. C. Can the Subaltern Speak? In: NELSON, Carye; GROSSBERG, Lawrence (Orgs.). *Marxism and the Interpretation of Culture*. Urbana: University of Illinois Press, 1988.

STEDMAN-JONES, G. *Languages of Class*: Studies in English Working-Class History 1832-1982. Cambridge: Cambridge University Press, 1983.

STEIN, S. *The Brazilian Cotton Manufacture*. Massachusetts: [s.n.], 1957.

_____. *Vassouras, um município brasileiro do café, 1850-1900*. Rio de Janeiro: Editora Nova Fronteira, 1990.

STEIN, S. Miguel Restaing: Dodgins Blows on and off the Soccer Field. In: BEEZLEY, William (Ed.). *The Human Tradition in Latin America*. Wilmington: Scholarly Resources Inc., 1987.

STERN, S. *Peru's Indian Peoples and the Challenge of Spanish Conquest, Huamanga to 1640*. Madison: University of Wisconsin Press, 1982.

STONER, K. K. Direction in Latin American Women's History: 1977-1984. In: *Latin America Research Review, LARR*, 22, p.101-95, 1987.

STUCKEY, S., Through the prism of folklore: The black ethos in slavery. In: *The Massachusetts Review*, n.IX (3), p.417-37, 1968.

TAKAKI, R., The Black child-savage in ante-bellum America. In: NASH, Gary B; WEISS, Richard (Orgs.). *The Great Fear Race in the Mind of America*. Nova York: Holt, Rinehart and Winston, 1970.

238   EMÍLIA VIOTTI DA COSTA

TAMARIN, D. *The Argentine Labor Movement*: 1930-1945. A Study of the Origins of Peronism. Albuquerque: University of New Mexico, 1985.

TAUNAY, Visconde de. *Estrangeiros ilustres e prestimosos no Brasil*. São Paulo: Melhoramentos, [s.d.].

TELLA, T. Working-Class Organization and Politics in Argentina. In: *Latin America Research Review, LARR*, 16, p.33-56, 1981.

TELLES, J. *Movimento sindical no Brasil*. São Paulo: Livraria Editora Ciências Humanas, 1981.

THERBORN, G. *The Ideology of Power and the Power of Ideology*. Londres: Verso, 1980.

THOMPSON, P. A *miséria da teoria ou um planetário de erros*: uma crítica ao pensamento de Althusser. Rio de Janeiro: Zahar, 1981.

_____. The Politics of Theory. In: SAMUEL, R. *People's History and Socialist Theory*. Londres, 1981.

TOLLENARE, L. F. *Notas Dominicais*. Recife: [s.n.], 1905.

TOPLIN, R. Upheaval, Violence, and the Abolition of Slavery in Brazil: The Case of São Paulo. In: *Hispanic American Historical Review*, v.49, n.4, p.639-55, novembro de 1969.

_____. *The Abolition of Slavery in Brazil*. Nova York: Atheneum, 1972.

VAMPRÉ, S. *Memórias para a história da Academia de São Paulo*. 2v. São Paulo: Saraiva & Cia. Editora, 1924.

VARNHAGEN, F. A. *História Geral do Brasil*. São Paulo: Cia. Melhoramentos, 2.ed.

VIANA, H. *Estudos de História Colonial*. Rio de Janeiro/São Paulo: Editora Nacional, 1948.

VIANNA, L. W. *Liberalismo e sindicato no Brasil*. Rio de Janeiro: Paz e Terra, 1976.

VINHAS, M. *Estudos sobre o proletariado brasileiro*. Rio de Janeiro: Civilização Brasileira, 1970.

_____. *O Partidão*: a luta por um partido de massas. São Paulo: Hucitec, 1982.

VIOTTI, E. A. *Recordações* (Manuscrito).

WALLERSTEIN, I. *O sistema mundial moderno*. v.2: O mercantilismo e a consolidação da economia-mundo europeia, 1600-1750. Porto: Afrontamento, 1974.

WHITE, H. The Value of Narrativity in the Representation of Reality. In: *Critical Inquiry*, p. 6-27, outono de 1980.

WHITE, H. The Structure of Historical Narrative. In: *Clio I*, p.5-20, 1972.

_____. O Texto Histórico como Artefato Literário. In: *Trópicos do Discurso*: Ensaios sobre a Crítica da Cultura. São Paulo: Edusp, 2001.

WAISMAN, C. *Modernization and the Working Class*. The Politics of Legitimacy. Austin: University of Texas Press, 1982.

WEAVER, F. S. *Class, State and Industrial Structure*. The Historical Process of South American Growth. Westport: Greenwood Press, 1980.

WEINSTEIN, A.; OTTO GATTEL, F. (Eds.). *American Negro Slavery, A Modern Reader*. Nova York: Oxford University Press, 1973.

WILLIAMS, R. *Marxismo e literatura*. Rio de Janeiro: Zahar, 1979.

_____. *Problems of Materialism and Culture*. Londres: Verso, 1980.

_____.*Palavras-chave*: um vocabulário de cultura e sociedade. São Paulo: Boitempo Editorial, 2007.

WINN, P. Oral History and the Factory Study, New Approaches to Labor History. In: *Latin America Research Review, LARR*, 14, 1979; 15, 1980.

_____. *Weavers of Revolution*: The Yarur Workers and Chile's Road to Socialism. Nova York: Oxford University Press, 1986.

WOOD, E. M. E. P. Thompson and His Critica. In: *Studies in Political Economy*, 9, 1982.

WOOD, P. H. *Black Majority Negrœs in Colonial South Carolina from 1670 through the Stone Rebellion*. Nova York: [s.n.], 1970.

ZALUAR, E. *Peregrinação pela Província de São Paulo*. São Paulo: Livraria Martins Editora, 1953.

SOBRE O LIVRO

Formato: 14 x 21 cm
Mancha: 23 x 40,9 paicas
Tipologia: Goudy Old Style 11/13
Papel: Pólen Soft 80 g/m^2 (miolo)
Cartão Supremo 250 g/m^2 (capa)
1ª edição: 2014

EQUIPE DE REALIZAÇÃO

Capa
Estúdio Bogari

Edição de texto
Maria Angélica Beghini Morales (Copidesque)
Nair Hitomi Kayo (Preparação de original)
Tomoe Moroizumi (Revisão)

Editoração eletrônica
Eduardo Seiji Seki (Diagramação)

Assistência editorial
Jennifer Rangel de França

Impressão e Acabamento

FARBE DRUCK
gráfica e editora ltda.